ALBERTO MANSUETI

LAS LEYES MALAS

DERECHO, ECONOMIA Y RELIGION

DEAZUR*NEW YORK*2016

DEAZUR//EDITORES
DIRECTOR Y EDITOR:
LEANDRO MORALES

CUBIERTA:
DARIO OLEAGA

DISENO GRAFICO:
ELENA GERASHCHENKO

He hallado el libro de la Ley en casa de Jehová.

II Reyes 22:8

Mirad, yo os he enseñado estatutos y decretos, como Jehová mi Dios me mandó, para que hagáis así en medio de la tierra en la cual entráis a tomar posesión. Guardadlos, pues, y ponedlos por obra; porque esta es vuestra sabiduría y vuestra inteligencia ante los ojos de los pueblos, los cuales oirán todos estos estatutos, y dirán: Ciertamente pueblo sabio y entendido, nación grande es esta.

Deuteronomio 4:5-6

Esfuérzate y sé muy valiente, y cuida de obrar conforme a toda la Ley que mi siervo Moisés te mandó; no te apartes de ella ni a un lado ni a otro lado, para que seas prosperado en todas las cosas que emprendas.

Josué 1:7

Compra la verdad, y no la vendas.

Proverbios 23:23

¡Ay de los que dictan leyes injustas y prescriben tiranía!

Isaías 10:1

Así dijo Jehová: Paraos en los caminos, y mirad, y preguntad por las sendas antiguas, cuál sea el buen camino, y andad por él, y hallaréis descanso para vuestra alma. Mas dijeron: No andaremos. Puse también sobre vosotros atalayas que dijesen: Escuchad al sonido de la trompeta. Y dijeron: No escucharemos. Por tanto, Oíd naciones, y entended, Oh congregación, lo que sucederá.

Jeremías 6:16-18

Misericordia quiero y no sacrificios; conocimiento de Dios más que holocaustos.

Oseas 6:6

Entre las naciones quienes se tienen por gobernantes se enseñorean sobre sus gentes, ejercen derechos y potestades [...] y se hacen llamar bienhechores. Entre vosotros que no sea así.

Marcos 10:42 y Lucas 22:25

Conoceréis la verdad, y la verdad os hará libres.

Juan 8:32

ÍNDICE

ALBERTO MANSUETI

LAS LEYES MALAS

Prefacio

Un panfleto

Este escrito no es una monografía o ensayo académico. Es sólo un panfleto; por eso no trae citas formales o notas al pie de página. Al final trae una lista de lecturas, para investigar más a fondo, con autores y obras no muy extensas, cuyas ideas son las que aquí se exponen. Aunque los errores son responsabilidad exclusiva de su autor y firmante.

Las citas bíblicas están porque fue escrito –con igual aprecio y dedicación– para lectores cristianos y no cristianos; si bien contra el gusto y parecer de muchos cristianos que afirman ser imposible escribir para todo público y no para ellos en exclusiva, y de muchos no cristianos que piensan de igual forma. Lo siento pero en eso no puedo complacerles, porque tengo un solo discurso.

Trata de las leyes malas, que son las contrarias a la economía, a la justicia, la moral, a la razón y a la gramática, y a las leyes de Dios. Y de dos materias: religión y política, y de las conexiones entre ambas, y con las leyes malas. El escritor católico G. K. Chesterton contaba que en su país Inglaterra, había un cartelito en los "pubs" (bares) que decía así: "Prohibido hablar de religión y de política". Y se preguntaba él: "¿Y de qué se habla entonces?"

Comienzo este libro viviendo yo aún en Venezuela, a veces venía a Guatemala por unos días, invitado por Lucy Martínez-Mont, Pedro Trujillo y mis buenos amigos de la Universidad Francisco Marroquín. Y disfrutaba de muy enriquecedoras pláticas con Francisco Bianchi en su casa, sobre muchos temas que ameritaban ponerse por escrito; y el 10 de julio de 2008, cuando me mudé a este precioso país con su ayuda -y la gracia de Dios- acordamos con Paco que lo escribiría. Es por lo tanto un compromiso: una deuda.

Ya en Guatemala, y congregado en la Iglesia La Verdad y La Vida, pude leer el excelente ensayo del Dr. Emilio Núñez "El cristiano y la política", inspirador de mucho de mi escrito. Y consultar bastante al Dr. Oscar García Soto, mi "odonteólogo" (odontólogo + teólogo). Y discutir con mi amigo Guillermo W. Méndez.

La idea fue escribir un libro corto, para el lector corriente: estudiante, trabajador, empleado, empresario, madre y ama de casa, profesional o técnico de clase media. De Guatemala. Pero también de otros países, sobre los dramáticos problemas económicos y políticos de hoy, y las bases bíblicas de sus soluciones, las liberales. Un subtítulo podría ser: "Política cristiana" o bien "Gobierno y política según la Biblia". También "Liberalismo Clásico para principiantes".

1) Un libro para todo público, dirigido...:
    – A los cristianos, para mostrarles en la Escritura las buenas respuestas políticas, basadas en el concepto de Gobierno limitado, y traducidas al lenguaje y en el contexto de hoy;
    – E igual para los no cristianos, en especial simpatizantes del liberalismo clásico.

– Y a todos, para ver que sí hay salida política racional y de sentido común, justa y moral, práctica y efectiva, y no demasiado compleja.

2) Y útil como herramienta de trabajo: texto para un curso en línea o presencial, donde al cristiano se le comience hablando de la Palabra de Dios, y paso a paso de Economía Política, Derecho, Sociología, Filosofía, etc. Y al no creyente al revés: comenzando con los temas de esas materias, para luego pasar a la Biblia, como documento histórico. (En este caso el orden de los factores no altera el producto).

3) Un libro para despejar confusiones y malentendidos; no en el aire sino centrado en un tema concreto: las leyes malas, sus pésimos resultados y sus fuentes ideológicas, mostrando cómo cambiar el país para bien, mediante su derogación.

4) Introduciendo algunos conceptos novedosos como el de la justicia contributiva (viejos en realidad, pero olvidados), o desconocidos en nuestro medio, como el de "fusionismo".

Para algunos la Biblia es sólo un documento histórico. Para otros es mucho más. Pero que lo es no hay duda; todos de acuerdo. Entonces, ¿qué dice el documento histórico sobre política y Gobierno? Y en la historia, ¿cómo fue leído e interpretado, y qué impacto tuvo? Hay que contarlo y explicarlo; eso ayuda cerrar la brecha entre cristianos y liberales no cristianos, indispensable para la necesaria cooperación política de unos y otros, en el contexto del "fusionismo".

No siempre la palabra "Panfleto" fue despectiva. Por siglos designó un escrito corto, sobre uno o más temas controversiales, políticos o religiosos, en defensa de una posición tomada. Fueron panfletos los más influyentes escritos de Martín Lutero y otros Maestros de la Reforma. Fue p. ej. un panfleto la "Defensa de la libertad contra los tiranos" de Hubert Languet en el s. XVI, con base en las lecciones de Teodoro Beza, sucesor de Calvino en Ginebra. Y la "Apología de la Gracia Divina", en el s. XVII, del presbiteriano escocés Samuel Rutheford, en defensa de la doctrina de la gracia contra el arminianismo, que le llevó a la prisión, pero que puso las bases teológicas de su más famoso panfleto: "Lex Rex" (La Ley es Rey). En el s. XIX fueron panfletos los escritos del francés Frederic Bastiat, del venezolano Juan Germán Roscio, los peruanos José Gálvez (padre e hijo), el centroamericano José Cecilio del Valle y el argentino Juan Bautista Alberdi, en defensa del Gobierno limitado, como único medio de preservar la libertad.

(Si Ud. no conoce el término "presbiteriano" o la palabra "arminianismo", no hay problema: los puede investigar en un buen diccionario enciclopédico, o con Google en alguna fuente confiable. Tal vez encuentre otras palabras para Ud. desconocidas –o personajes– y pueda enriquecer su acervo de información. Por nada).

Pero el drama político que vivimos en nuestros países es un auténtico rompecabezas, y las piezas son muchas: económicas, jurídicas, morales y filosóficas, psicológicas y espirituales, etc. Sin embargo, para entender el rompecabezas deben estar todas las piezas. Y por esa causa el libro que iba a ser corto, terminó un poco más largo.

En plan de aclaraciones, permítame por favor dos pequeñas confesiones autobiográficas. La primera, que como politólogo, desde joven he tenido una "doble vida": una vida intelectual –no siempre en la Universidad– y otra profesional, en la calle. Muy ligadas. Con un pie en los libros de Ciencia Política, y el otro pie en las encuestas de opinión, mercadeo y publicidad, la prensa y radio, crítica de cine, en los partidos y las ONGs, en el Parlamento y en otras 1001 actividades vinculadas a la política práctica. Y esto en tres países: Argentina, Venezuela y Perú. Ha sido para mí de una gran bendición.

Y no es que me compare con Tomás de Aquino, pero cuando se le preguntó a él por la mayor gracia de Dios recibida (aparte la Salvación), su respuesta fue: "Creo haber entendido todos los libros que he leído". Guardando las distancias creo haber recibido del santo Dios esa misma gracia y otra más: haber comprobado por experiencias cuáles afirmaciones de los libros eran verdaderas, y en qué grado, y cuáles no. De ese modo aprendí que por cada 100 páginas de ciencias sociales en las bibliotecas, las buenas son unas 10, aproximadamente. Sólo hay que buscarlas. Pero a fin de retener lo bueno hay que investigarlo todo, según Pablo, y "escudriñarlo" (examinarlo detenida y sistemáticamente, I Tesalonicenses 5:21).

Al conocimiento verdadero no lo tomé de la Universidad. Para asimilarlo y disfrutarlo tuve que desaprender lo aprendido. Fuera de las aulas hay vida intelectual; y es mucho mejor ¡y más libre! Porque a la Universidad hoy casi nadie va a estudiar, sino a sacar un diploma, y eso la deteriora. Y con su cartulina enmarcada, el graduado promedio jamás vuelve a abrir un libro, y eso le impide conocer la verdad. Este escrito resume parte de lo que aprendí después de los claustros, en los libros y en la calle. (Otro subtítulo: "Lo que no me enseñaron en la Universidad").

Lo que Ud. va a leer contradice de frente las lecciones de las aulas. Y las enseñanzas de los verdaderos maestros actuales: los medios. Porque ahora se aprende economía, derecho y ciencia política en los noticieros de TV y sus comentarios. Y en las teleseries de Sony y Warner, donde todos los héroes son empleados del Estado: policías y fiscales, bomberos, médicos, paramédicos, enfermeras, directores y maestros de escuelas estatales, etc. Y todos los villanos son particulares: tenderos, industriales, arrendadores, pastores y sacerdotes, así como abogados, doctores y educadores privados, etc. Y cuando las series se ponen "profundas" enseñan Filosofía y Teología igualmente: a su manera. Lo mismo pasa con la psicología popular que enseñan los Reality Shows, la "ciencia" ecologista y evolucionista de Discovery Channel y NatGeo, y la versión de la historia "PC" (políticamente correcta) en History Channel.

La segunda confesión es mi testimonio. Al hacerme cristiano reformado aprendí a estudiar y amar la Biblia. Y que en todo cuanto ella enseña acerca del hombre, la sociedad y el Gobierno, coinciden las 10 páginas buenas de las ciencias sociales y Humanidades (contra las otras 90). Y entendí en conciencia que Dios no me pide dejar mis estudios y actividades, sino consagrarlas a testificar su Palabra, conforme Deuteronomio 4:5-6, en el mejor y más excelente Manual de Ciencia Política jamás escrito: la Biblia. Desde entonces eso hice, y este panfleto es parte de mi trabajo.

Introducción

Siento comenzar de modo poco simpático, pero en Latinoamérica el problema somos nosotros: la clase media. Eso nos incluye a Ud. y a mí, querido(a) lector(a).

Somos parte del problema. Porque los altos jefes de la política y la banca, la gran industria, la cultura, etc. que aprovechan del injusto sistema social-mercantilista actual, no van a cambiar. De ellos no cabe esperar otra cosa, dado su muy confortable nivel socioeconómico. No es que "no saben economía" como piensan ciertos liberales ingenuos; no saben, pero ni les interesa saber. No les conviene.

Tampoco cabe esperar otra conducta de los cientos de millones de pobres, harapientos e iletrados que votan por los Hugo Chávez, Evo Morales, los Ortega, Correa y el ex obispo Lugo, dado su muy lamentable nivel educativo.

Pero de quienes sí podemos en cambio esperar mejor conducta política es de nosotros, clase media de técnicos, trabajadores calificados, docentes, profesionales y empresarios, estudiantes, etc. Se supone que somos más educados y expertos.

12 clichés de clase media

Sin embargo, nuestro nivel de vida se hunde al paso que nuestros países. Porque no somos eficaces. Y no damos en la tecla, porque vivimos presos de clichés muy equivocados, que repetimos sin pensar, y nos inhabilitan. ("Cliché" = frase hecha). Pensamientos que nos sacan del juego. Permítame unos ejemplos:

1) "Aquí va a pasar algo" decimos, "tiene que producirse una reacción". Pero el principio físico de acción y reacción no rige en la sociedad humana. Si dejamos de hacer lo que debe hacerse, o lo hacemos mal, de modo inapropiado o extemporáneo, sencillamente no va a pasar nada.
   O va a pasar algo peor, porque en la sociedad sí rige el principio de creciente "entropía", o desmejora progresiva ante la inacción. Las reacciones se producen; pero no solas. Y las oportunidades también se producen.
2) "Es que tenemos que tocar fondo". Otro error: la sociedad no tiene "fondo", porque no es una piscina, ni un baúl. Muchos clichés son meros justificativos de la pereza: "Esperemos a tocar fondo..." cruzados de brazos.
3) "Tiene que haber un cambio". Pero "un cambio" no se hace solo; y además puede ser para peor; y de hecho el comunismo nos amaneció tras la promesa de un cambio. ¡Y vaya cambio! Pero cuando aprendemos que "un cambio" no es suficiente, y debe ser para mejor, ya tenemos la soga al cuello.
4) Y ya apretada la soga decimos: "¡Tenemos que hacer algo!" Pero "algo" no basta, porque puede ser algo inútil, ineficaz, impropio, imprudente, irracional, tal vez injusto e inmoral.

Y cuando la clase media hace "algo", no es contra el sistema, sino contra algún abuso de algún representante, y contra esa persona. Protesta contra el cierre de una televisora y por los estudiantes en Venezuela, contra un reglamento electoral tramposo y por la autonomía departamental en Bolivia, o contra los impuestos a los productores de soja y por el empresariado del campo en Argentina. ¡Pero eso no detiene la Marea Roja!

Nuestra debilidad impide que constituyamos una fuerte corriente de opinión a favor de la prosperidad y del libre mercado, que es la única vía para conseguirla. E impide que formemos un partido o varios para expresarla y respaldarla. De esa manera los socialistas ganan las elecciones y se hacen con el poder. Y una vez con el poder en la mano, los socialistas se comportan como tales: mienten, roban y abusan. ¿Cómo esperamos que se comporten?

Lo que hacemos luego es protestar, quejarnos y marchar en señal de repudio por tal o cual abuso en particular. Porque somos incapaces de elevarnos mentalmente, del plano de los hechos circunstanciales al fondo de las cuestiones, de razonar sobre principios. Rechazamos las abstracciones. Y los cristianos somos incapaces de leer TODO lo que dicen nuestras Biblias, y entenderlo de modo literal (al pie de la letra), e informadamente y con inteligencia; y por eso no somos luz para el mundo.

5) A la propuesta de libre mercado decimos "Todos los extremos son malos", como si fuesen igualmente malos la salud y la enfermedad, la locura y la cordura, la sabiduría y la ignorancia. O

en esa misma vena decimos "Todos los dogmas son malos", como si todo principio fuese un "dogma", y debiese rechazarse por el mero hecho de ser un principio, con lo que seguimos en la política sin principios, el cambalache de siempre por los puestos públicos.

6) Cuando se discute y se critica, alguien dice: "No seamos negativos"; otro cliché, que se opone al pensamiento crítico y lo anula. Así se nos imposibilita rectificar, y por tanto avanzar.

7) "Todos tenemos derecho a opinar". Pues sí; y todo el tiempo opinamos de todo. Pero las opiniones no tienen igual valor: no una opinión fundada que otra sin base. No es cierto que "Todas las ideas son respetables" porque muchas ideas son dañosas, perversas, criminales, si bien las personas que las sostienen son respetables, hasta que las ponen en práctica.

8) "Nadie es dueño de la verdad", el cliché relativista. El relativismo es la filosofía de Pilatos ("¿Y qué es la verdad?", Juan 18:38), que reina hoy en la Posmodernidad. En sus distintas formulaciones —más fuertes o más débiles— el relativismo niega la existencia de verdades objetivas, o de verdades trascendentes, absolutas e incondicionales, universalmente válidas. O en todo caso niega la posibilidad de conocerlas, entenderlas y expresarlas (escepticismo).

El relativismo se liga al irenismo: en nombre de la paz y armonía se suprime la discusión y se acalla la verdad. Eso nos angosta la perspectiva, nos quita los principios, nos destruye los valores, y nos condena al conformismo y a la pasividad. Nos estanca y atrasa

24

porque nos impide el progreso intelectual, económico, político; y aún moral, porque sirve de acomodaticia justificación a toda conducta.

9) "El problema es muy complejo..." dice el cliché que los "expertos" repiten con voz engolada y cara de profundos "...y la solución debe ser integral"; ¡otra frase hueca! Pero es que todo problema luce muy complejo hasta que se entiende y se halla la respuesta.

Si le dicen que "el problema es muy complejo" lo que significa es "Hasta ahora no he podido hallar la solución". Dígale: "OK siga buscando amigo, y avise si la encuentra". Y la solución para todo ("integral"), no la hay.

También decimos "El cambio tiene que empezar por adentro, en el interior de cada quien". Es muy probable, pero ¿cuáles cambios? Si hay leyes malas e instituciones pésimas, nada ganamos con cumplirlas y obedecerlas. Y si crean perversos incentivos para el mal comportamiento, se hace un círculo vicioso: ¿el huevo o la gallina?

10) "El socialismo es bueno en teoría". ¡Qué disparate! Si siempre trae pobreza, casi siempre sangre y muerte a raudales, y jamás funciona como se supone, ¡entonces es una pésima teoría!

11) "Todas las teorías son buenas". ¡No! Hay teorías buenas, regulares y malas. No todas las teorías son verdaderas: realistas y objetivas, racionales y éticas. Pero no siempre lo admitimos de las teorías, ni de las opiniones.

Por eso opinamos con ligereza, y confundimos opinión con saber. Aceptamos acríticos cualquier cosa que digan por la prensa. O la Internet. No siempre nos documentamos, ¡mucho menos aún investigamos las fuentes! Opinamos sin hacer las debidas preguntas, ni conocer los puntos de vista y cursos de acción posibles, los argumentos en pro y en contra. No tenemos la paciencia de rastrear antecedentes históricos a fin de ganar perspectiva. Decidimos sin pensar, y pensamos superficialmente.

12) Y por fin, nos agrade o no, los cursos de acción que producen los resultados buscados y los cambios para mejor, son políticos. No hay más remedio. ¡Ah pero "La política es sucia"! dice el gran cliché de la clase media "pura".

Y si no: "¡Política sí; partidos no!" Ese sí es ridículo. No hay alimentos sin fincas, economía sin empresas, o fútbol sin balón. No queremos dictaduras, ¡pero queremos democracias sin partidos! ¿Cómo saldremos entonces de la crisis?

¿Y cuántas veces nos hemos arrepentido de nuestro voto? Nos equivocamos mucho al votar. No aprendimos a juzgar a los candidatos. Tampoco aprendimos a usar el voto en blanco o nulo como expresión de protesta cuando ninguno de ellos sirve, y caemos en la trampa de elegir el "menos malo". Así nos va.

¿Cuál es tu "ismo"?
Un test de dos preguntas

Hay un pequeño test para saber cuál es la posición personal de Ud. Muy simple, de sólo dos preguntas:

Pregunta 1) ¿Con cuál de estas dos afirmaciones
A o B está Ud. de acuerdo?

A. "El Estado es el encargado de promover el bien
común, por encima de los intereses privados que
miran el bien particular".
B. "El Estado y los particulares son encargados ambos
de promover el bien común, cada cual en su esfera
de actividad".

La afirmación B describe en esencia el liberalismo.
Y la A el estatismo. Si Ud. eligió el estatismo (A), diga
ahora ..

Pregunta 2) ¿Está de acuerdo o no con esta
afirmación?

C. "El Estado tiene que ayudar a reducir las
desigualdades redistribuyendo la riqueza a través
de los impuestos".

C describe en esencia el socialismo. Si está Ud.
de acuerdo, su posición es socialista. Si no está de
acuerdo, pero eligió A en la pregunta 1, probablemente
es mercantilista.

De todos modos, es urgente explorar las respuestas
a preguntas como ¿Qué es mercantilismo? ¿Y
socialismo? ¿Qué es una república? ¿Qué es la izquierda?
¿Y la derecha? etc. Su examen es imprescindible para
entendernos y entender la situación de hoy y cómo
llegamos. Y cómo salir.

Mentir o perder, falso dilema

Los candidatos que se dicen "pragmáticos" afirman que para ganar elecciones hay que mentir. Y les creemos. "La verdad no se puede decir", arguyen. Otro cliché. Es falso: sí se puede decir, pero ellos no la saben, por eso no pueden.

No conocen, o al menos no conocen enteramente:

– Los principios y valores que hacen prósperas a las naciones y a sus pueblos;
– tampoco las instituciones, normas y reglas inspiradas en ellos. Por eso no son capaces de describir cómo sería la sociedad una vez adoptadas,
– ni de mostrar la vía de salida desde la presente situación, trazando la ruta de acceso hacia aquel modelo,
– ni mucho menos concretarla en una oferta política atractiva, comunicando en lenguaje llano los beneficios para todos.

Su desconocimiento del mensaje les impide transmitirlo. Por eso recurren a los lugares comunes y a las recetas de siempre, harto conocidas pero fracasadas. Y la misma ignorancia que les impide decir la verdad de cara a los comicios, les lleva a cometer los consabidos errores y desaguisados como Presidentes o en el Parlamento, una vez escogidos.

Sin embargo, hay salida si se conoce la verdad, que puede servir a la vez como Declaración de Principios y Programa o Plan de Gobierno. No para perder elecciones, sino para atraer votos; sin mentiras, dádivas, ni falsas ilusiones y promesas. La verdad puede servir también como guía para la publicidad electoral, y cartilla de

28

estudios para capacitarse los activistas y candidatos. Y sin recurrir a infames duplicidades, el mismo Programa exitoso en los comicios puede serlo también en el Gobierno, revirtiendo la tendencia de hoy, y cambiando a Guatemala para bien, y para bien de todos.

El peor problema no es que los candidatos no conocen la verdad: es que la desconocemos nosotros.

Inseguridad + pobreza = diáspora

Muchos tenemos ideas equivocadas sobre la realidad; p. ej. la diáspora nacional que provoca la falta de seguridad y de oportunidades. Se suele creer que los chapines están felices limpiando baños por monedas en moteles de Arizona o pasando frío en Canadá. Pues no. Algunos pocos tienen éxito y hacen fortuna, pero el resto pasa mucha necesidad y sufrimiento, y muchos retornan frustrados. Y no sólo ellos sufren: sus familias se resienten, se dividen y se rompen.

Da pena ver a nuestras autoridades suplicar a los Presidentes y al Congreso de EEUU para que no cierren la puerta a nuestros desesperanzados. Es como decirles: "Somos incapaces de hacer aquí los cambios necesarios para generar prosperidad. Así que por favor llévense a nuestros mejores trabajadores, profesionales y empresarios."

Cuando deberían decirles: "Estamos haciendo los cambios para tener seguridad personal y jurídica, e inversiones, empleo y riqueza, sin desarraigos ni dolorosas separaciones. Por eso ahora se multiplican nuestras empresas, y aumentan nuestras exportaciones. Así que por favor abran las puertas a nuestro comercio, que será de provecho para todos Uds. como consumidores y usuarios."

Nos falta un Gobierno que nos diga eso a los guatemaltecos. Y una fuerza político-electoral que nos muestre la verdadera salida, la explique en forma clara, y nos diga: "Esta es la fórmula para tener seguridad y buenas oportunidades de negocios e ingresos. La receta para no emigrar".

Aún estamos a tiempo

Y la receta es simple, aunque a muchos disgusta: libre mercado. Vea pues:

– ¿Sabe por qué incluso con crisis poca gente en Guate pasa realmente hambre?
– ¿Y por qué aún se producen alimentos, y hay comestibles, víveres, ropa y zapatos?
– ¿Y por qué también hay -para quien puede comprarlos- carros y viviendas, y siervos electrónicos para todos los usos, con la última tecnología?

Estas bendiciones no son gratuitas, pese a que muchos creen lo contrario y las toman por garantidas. Gracias a Dios existen porque todavía hay empresas privadas para producirlas o importarlas, en un ambiente que aún muestra alguna consideración por la acción económica de los particulares. No es así en Cuba o Venezuela.

A pesar de que el estatismo avanza, aún hay en Guatemala tejido productivo: toda una galaxia de firmas privadas y redes de negocios. Porque menguados, aún quedan restos de cierto respeto por la libre empresa:

– Los Gobiernos todavía no se han arrogado la función de producir comida, refrescos, ropa o

electrodomésticos (aunque no mucho les falta);
– aún queda libertad de competencia en muchos mercados (no todos),
– y aprecio por la propiedad privada.

Pero si Ud. está pensando en "una solución guatemalteca", o en "una solución actual", olvídese, porque básicamente la solución es igual para todo lugar y tiempo. Los principios universales, respetados y aplicados en el pasado por todas las naciones que hoy son ricas –y lo son por eso mismo– son tres: gobiernos limitados, mercados libres, y propiedad privada.

A. **Gobiernos limitados.** Los Gobiernos no son para dominar y controlar a las gentes, ni sustituirlas en sus actividades privadas; son para reprimir el crimen, hacer justicia, y contratar obras públicas de infraestructura. Y a estas funciones deben limitar su acción. Por tanto también sus poderes y atribuciones deben ser sólo los necesarias para su cumplimiento; e igualmente su presupuesto.
B. **Mercados abiertos y libres.** La economía depende del ahorro de las personas y de las inversiones de las empresas, y por ello, de acuerdos entre particulares, conforme a sus necesidades y recursos, demandas y ofertas. Por eso los mercados deben ser sin privilegios. Y libres de la violencia y el fraude. A estos fines es necesaria la oportuna acción del Estado, pero por vía de magistrados judiciales, y en base a Códigos generales.
C. **Propiedad privada.** El éxito en educación, medicina, previsión social, arte, ciencia y otras actividades no económicas, se basa en los mismos dos principios anteriores. Por eso la propiedad

31

privada, sostén y garantía de todas las libertades, debe ser respetada por todos, gobernantes y gobernados, no sólo en economía y finanzas, sino también en enseñanza y cultura, salud y deportes, cajas de jubilaciones y pensiones; y en los ámbitos de familias, partidos, iglesias y demás instituciones privadas.

¿Cuál es la salida? ¿Cuál es la solución?

Cambiar el sistema. El gobierno, las leyes y la economía actuales no se basan en los tres mencionados principios, sino en los tres contrarios:

— Estado "social" y democracia clientelar; pero no tenemos seguridad, justicia, ni obras públicas de infraestructura;
— economía mercantilista y de privilegios, y pobre;
— educación deficiente, sin valores ni principios, deficiente atención médica y jubilaciones miserables, en una sociedad cada vez más estatizada y de rodillas ante el poder.

La salida no es el cambio del mero personal. Tampoco el socialismo, democrático o no. Ni es "Enseñar a pescar" como dice otro cliché repetido hasta la náusea, tal vez el más repetido. El supuesto proverbio chino, ¡también es puro paternalismo! Porque asume que el Estado debe enseñar a la gente a ganarse la vida. Y en realidad lo que debe es derogar las 2 mil leyes malas que nos impiden ganarnos la vida porque obstaculizan nuestro trabajo y emprendimiento. No es dar pescado, ni enseñar a pescar; es: **"No impedir la pesca".**

32

La solución es cambiar el sistema entero, las instituciones y las leyes que lo encarnan. Pero sólo el Congreso tiene el poder para hacer y deshacer las leyes.

Dios y Guatemala

1) "¡Dios está en control"; "¡Dios gobierna Guatemala!" Eso le dicen a Ud. en muchas iglesias. Y agregan: "Ud. pague impuestos, no pague sobornos, y obedezca todo lo que digan las leyes y las autoridades de turno." Y ya está.

Pues si Dios está en control, no lo parece; y si es quien gobierna, no parece hacerlo bien. ¿Cómo es eso...? Es una teología equivocada. Le echa a Dios la culpa de lo malo que pasa. Vea Ud.: una cosa es el propósito de Dios y otra su voluntad permisiva. Por respeto a la libertad humana, Dios permite muchas cosas que no aprueba.

Y Dios no aprueba cualquier sistema de gobierno. ¿Ud. cree que para Dios es igual capitalismo o socialismo? Algunos creen que sí, que es como en el fútbol, rojos o cremas, y que a Dios le da lo mismo. Pero del sistema depende nada menos que la riqueza o miseria del pueblo, ¿Ud. cree que el Altísimo es indiferente, y que en Su Palabra no revela un Consejo de Dios a las Naciones?

Todos los lectores de la Biblia sabemos que ella contiene normas y preceptos buenos para la vida personal como individuos. También conocemos que la Biblia trae reglas de conducta para matrimonios y familias. Y hasta proverbios y enseñanzas útiles y aconsejables para el gobierno y la administración de negocios y empresas privadas. ¿Por qué entonces pensar que no hay principios y normas sobre los negocios públicos y el buen gobierno de las naciones?

2) En otras iglesias dicen que en la Biblia la "opción preferente" de Dios es por los pobres, y que se nos manda ayudar a los pobres. Y es verdad; pero suponen que "el socialismo es el régimen a favor de los pobres", lo cual es total y absolutamente falso. Así concluyen equivocadamente que la Biblia apoya el socialismo.

3) La enseñanza bíblica sobre política y gobierno es que hay un sistema que trae a las naciones pobreza y miseria, ignorancia, violencia y ruina. Y corrupción. Es injusto e inmoral. Y hay otro sistema opuesto, que trae justicia, seguridad, paz y prosperidad. ¿Cómo Dios va a ser indiferente?

A. Uno es el estatismo, que la Biblia llama gobierno de los Reyes o Monarquía. En este sistema usurpan los gobiernos muchísimas funciones que por su naturaleza son privadas, p. ej. hoy día industria, comercio y finanzas, educación y salud, fondos de jubilaciones y pensiones, etc. etc. Así concentran las autoridades políticas demasiado poder y acumulan demasiada riqueza, y eso es malo.

B. El otro es el sistema opuesto, de Gobierno limitado, que la Biblia llama gobierno de los Jueces o Judicatura: atribuye a los gobiernos sus funciones en seguridad, justicia y obras públicas. Y nada más.

La Biblia prescribe el segundo sistema (Deuteronomio 17:15-20) y proscribe el primero (I

Samuel 8). Y dice en Levítico 26 y en Deuteronomio 28, que con el buen sistema se goza de trabajo, tranquilidad y bienestar, y con el otro es lo contrario: crimen, pobreza, humillación, lágrimas. Y no hay término medio.

¿Tenemos en Guatemala Gobierno limitado? No. En toda América latina tenemos lo contrario: **estatismo**. Sea como **mercantilismo**, en beneficio de los empresarios oligopolistas y los ricos, o sea como **socialismo**, en provecho no de los pobres sino de los políticos que también se enriquecen mediante el poder. Entonces: ¿qué otros resultados podemos esperar? Del estatismo son los frutos que segamos, porque "Dios no puede ser burlado: lo que el hombre sembrare, eso segará." (Gálatas 6:7).

> – Isaías 5:20 es claro: la verdad existe, aunque sea negada; y la verdad es la realidad. "¡Ay de los que llaman al mal bien y al bien mal, que tienen las tinieblas por luz y la luz por tinieblas, lo amargo por dulce y lo dulce por amargo!" Y Proverbios 12:17: decir la verdad es obrar con justicia.
> – En el capítulo 8 del primer libro de Samuel, se expone la larga lista de nefastas consecuencias del estatismo: opresión, servidumbre, pobreza y miseria, injusticia, tristezas. Y como el Dios justo no quiere la plegaria de los desobedientes, al final dice: "En aquel día no atenderé sus oraciones" (I Samuel 8:18).
> – En 2 Crónicas 7:14 se lee: "Si se humillare mi pueblo, sobre el cual mi nombre es invocado, y oraren, y buscaren mi rostro, y se convirtieren de sus malos caminos; entonces yo les oiré desde los cielos, perdonaré sus pecados, y sanaré su tierra."

Por eso en las iglesias hacen rogativas, intercesiones, ayunos y clamores por el país. Pero olvidan que no dice sólo orar, sino además "convertirse de sus malos caminos". ¿Qué significa? Simple: seguir la ley de Dios, y cambiar de sistema.

Pero no hay arrepentimiento sin conciencia de una transgresión, porque no hay conocimiento ni noticia de norma violada. Lo dice Jeremías: "He aquí yo entraré en juicio contigo, porque dijiste: No he pecado" (Jeremías 2:35). "¿Se han avergonzado de hacer abominación? De cierto no se han avergonzado, ni saben tener vergüenza. Por tanto, caerán entre quienes caigan". (Jeremías 6:15). Muchos cristianos decimos caminar según la Biblia, pero ni idea tenemos que hay un sistema político prescrito y ordenado por Dios, y que vivimos todos como nación bajo el sistema opuesto, severamente condenado por Su Palabra revelada.

Razonemos a partir de la Escritura. Razonar no es algo malo, "mundano" y no "espiritual", desagradable a Dios. No reaccionemos con el hígado, como todo el mundo. En el libro de Proverbios se nos dice que "los insensatos" desprecian la sabiduría (1:7). Y recomienda "estar atento tu oído a la sabiduría" (2:2), que es lo más valioso (8:11), se busca por el camino de la humildad (11:2), y de las correcciones de la vida (15:31). Estudiemos. Hay buenos diccionarios, concordancias y enciclopedias bíblicas; no esos "devocionales", que a todo pasaje dan una interpretación "espiritual", arbitraria, a menudo extravagante y de típico sabor New Age.

En I Pedro 3:15 se nos manda estar siempre preparados (algunas versiones dicen "aparejados", o bien "aprestados") para responder ("presentar defensa") con toda mansedumbre y reverencia, a quien demande razón ("argumento") de vuestra fe ("esperanza"). Sin embargo creemos que el discernimiento no es racional sino puramente "espiritual" o sobrenatural, "místico".

Poco sabemos de historia cristiana; y así tomamos modas pasajeras por verdades eternas, ignorando cómo vivieron su cristianismo las generaciones anteriores.

El cristiano promedio tampoco se asoma por un libro no cristiano: cree que ya leyó todo lo necesario; como todo el mundo, ¡pero con un pretexto "piadoso"! Por eso hace una cita de la Escritura, y de seguido repite una opinión totalmente antibíblica, que oyó en la TV o leyó en el periódico. Y no ve divorcio o contradicción alguna porque tiene poca información, e insuficiente capacidad racional para discernir.

La ignorancia promueve el conformismo: el asentimiento acrítico a todo lo que diga o haga la autoridad política o religiosa de turno. Y el conformismo no ayuda a lo que necesitamos los cristianos en América latina: una Nueva Reforma.

Capítulo I

Conceptos

El 24 de marzo de 1804 fue promulgado en París el Código Civil francés, con la firma del Primer Cónsul Napoleón Bonaparte –próximo a ser Emperador– redactado por una comisión de cuatro juristas, con mandato de basarse en el Corpus Iuris Civilis de Justiniano.

El Corpus era el derecho romano cristianizado gracias a sus glosadores. Y los cuatro juristas eran Portalis, ex juez y funcionario prestigioso, el ex diputado Bigot de Preameneu, el Presidente de la Corte de Casación Tronchet, y uno de sus jueces: Maleville.

Entonces no había computadoras, pero en cuatro meses el proyecto fue elevado a las Cortes Suprema y de Casación, al Consejo de Estado (presidido por Napoleón), y al Parlamento. Hubo discusiones y enmiendas, pero se aprobó ante la presión de Bonaparte, quien pensaba ser recordado por su Código más que por sus victorias militares, políticas u otros méritos; y en eso no se equivocó.

Códigos y leyes

La idea de Napoleón era tener un Código general en toda Francia, con iguales derechos consagratorios de libertades para todos, en lugar de las innumerables leyes especiales —las del norte del país procedían del derecho germánico, y del romano las del sur— con sus innumerables privilegios exclusivos, para los innumerables intereses especiales. Y el Código desterró los privilegios feudales y mercantilistas a favor de las libertades individuales de conciencia, culto, expresión e imprenta, y de trabajo y comercio, educación, etc., para todos, en un estado separado de la Iglesia.

El Código Civil napoleónico tuvo grande y positiva influencia en nuestros países de América latina en el medio siglo que va desde 1880 a 1930, nuestros mejores años. Tuvimos también Códigos de Comercio, Penales y de Procedimientos, en las huellas de sus similares franceses, belgas, alemanes, italianos o suizos, garantizando nuestros derechos individuales a la vida, libertad y propiedades. Pero después, nuevas leyes nos impusieron las filosofías colectivistas de los socialismos nazi y comunista: los estatismos racial y clasista. Y comenzó la debacle.

¿Ud. cree que la Filosofía no importa? Permítame: las leyes de un país, y con ellas el comercio y la industria, así como la literatura y hasta las canciones populares, siguen unas u otras cosmovisiones filosóficas. Y hay una oposición de pensamientos: es una cosa o la otra:

A. La filosofía **colectivista** es pagana. Postula que el hombre existe sólo en entes colectivos: la aldea o el feudo, y la patria, la nación, la raza o la etnia, la clase obrera, el pueblo, la mayoría, los pobres, el sindicato, el colectivo indígena, las mujeres, etc. (o la "comunidad hispana" en los EEUU).

Para esta visión, la sociedad (la tribu ampliada) vale más que el individuo, cuyo valor como persona depende de su aporte (sacrificio) a la sociedad o al grupo. Y el Estado es el instrumento político al servicio del o los colectivos, ante el cual los derechos individuales se supeditan, sacrifican o nulifican.

B.   Para la cosmovisión cristiana en cambio Dios creó a Adán y Eva, seres humanos **individuales**. Ud. y yo fuimos creados como individuos, únicos, irrepetibles e incambiables, a Su imagen y semejanza; y como tales fuimos redimidos, comprados, y adoptados como Sus hijos. Y el Día del Juicio ante Él responderemos, cada quien por lo suyo. Cuentas separadas. Hemos sido dotados de derechos individuales, que el Gobierno debe proteger.

Por tanto en la visión cristiana nuestra valía y dignidad como personas responsables y por ende libres, no depende de holocausto a grupo alguno. Con la sociedad tenemos el deber de mantener una relación de balance entre lo que recibimos y lo que pagamos, lo cual excluye el parasitismo, precisamente porque no se exige el sacrificio de nadie en el altar del colectivo.

Nuestras relaciones comerciales y de negocios son manifestación económica de nuestras libertades, como individuos que decidimos intercambiar recursos y coordinar esfuerzos. Y nuestros derechos individuales, naturales, son anteriores y superiores al Estado, y expresión jurídica de tales libertades; no se supeditan a Gobierno, ni a colectivo o sociedad. Lo cual no niega o excluye la solidaridad humana; pero ésta no se impone: es voluntaria.

Desde los años '30 los colectivistas revivieron entre nosotros el mercantilismo, e introdujeron el socialismo, y sometieron a aquellos Códigos, y al liberalismo individualista que los inspiraba, a una tremenda campaña de difamación y descrédito, que se ve hasta en los diarios de hoy día.

¿Cambiaron los Códigos? No siempre; pero gobernantes y legisladores conservadores y "liberales", militares y civiles, comunistas y "demócratas", etc. dictaron leyes especiales, para infinidad de sectores y actividades, una tras otra: trabajo, comercio, agricultura, bancos, alquileres, transportes, seguros, navegación fluvial, marítima, aérea, salud, educación, iglesias y cultos, comunicaciones, jubilaciones, familia, etc., sometiendo los derechos individuales a las decisiones colectivas. Y como toda ley especial posterior prevalece sobre la ley general anterior en su materia, el espacio de vigencia de los antiguos Códigos se fue reduciendo a nada.

Las leyes especiales se inspiran en nociones y prejuicios antiliberales. Son las **leyes malas**. Sus efectos son desastrosos en economía, educación y cultura, familia, etc. Y la moral. Son leyes inmorales porque obligan a un comportamiento inmoral. P. ej. una ley de control de cambios multiplica sus costos a todas las empresas no vinculadas al gobierno de turno, y por ende las somete a un espantoso dilema: violar la ley o quebrar. En tales casos, las personas escogen quebrantar las leyes malas. Y así el irrespeto por la ley se hace frecuente y se contagia, extendiéndose a todas las leyes, incluso a las buenas que puedan quedar vivas.

Bill Gates, libre mercado y Google

El fundador de Microsoft no es un paladín del free market, pero se le preguntó por qué no ingresaba al mercado de los buscadores (eso fue antes de Bing), y su respuesta fue: "Por ahora no hay nadie tratando de hacerlo mejor que Google."

Ese es exactamente el espíritu del sistema de economía libre: una empresa lo hace bien, y su posición en el mercado de momento no es amenazada. Pero nadie sabe cuando surja otra que "trate de hacerlo mejor" y tenga éxito. Mientras tanto, hay una empresa líder, y duermen tranquilos sus propietarios, ejecutivos, trabajadores y proveedores.

Pero si hay acceso abierto a la competencia, mañana o pasado puede llegar quien preste mejor servicio. Y reclutará consumidores y usuarios más satisfechos, y la empresa líder dejará de serlo. Muchos puestos de trabajo se desplazarán, y sus trabajadores. Y muchos proveedores mudarán de clientes, e inversionistas reubicarán su dinero. Sin embargo los afectados cambiarán su posición para mejor y tendrán éxito, si hacen los ajustes y adaptaciones para ser más eficientes servidores, según el primer principio cardinal del capitalismo liberal –por el cual debería llamarse "servicialismo"– establecido por Nuestro Señor Jesucristo: "quien quiera ser grande, que sirva" (Mateo 20:26).

Pragmatismo y oportunismo

En América latina nos falta un proyecto para enfrentar la Marea Roja. Y debe ser ideológico. Pero quienes se dicen "pragmáticos" acostumbran con ese pretexto a eludir precisiones ideológicas. Para ellos "pragmatismo" equivale a oportunismo, en el mal sentido de ambos términos.

Sin confundir con la escuela filosófica de ese nombre (Charles Peirce y William James, fines del s. XIX), en su acepción común, "pragmatismo" es simplemente orientarse por resultados. No es algo malo: "Por sus frutos los conoceréis" (Mateo 7:16) Y oportunismo puede ser simplemente aprovechar oportunidades. Tampoco es malo.

Pero sí es malo rehuir los conceptos y las definiciones (que son los conceptos precisados); así, los resultados no son favorables, y las oportunidades se pierden. Y si una propuesta o proyecto político no describe ni explica sus posiciones, o lo hace mal, entonces sus adversarios harán las definiciones, calificaciones y adscripciones, y no de modo amigable. No siendo de izquierda el proyecto, de todas formas será calificado (y acusado) de "capitalista", "derechista" y "neo-liberal", y tal vez de "evangélico" (o militar quizá, según su conformación).

¿Qué es una República?

Se oye que nos faltan principios y valores, y son fundamentales. Cierto. Pero los principios y valores no son para quedar en el aire, en pura declamación gaseosa. Para que den sus frutos deben ser incorporados, concretados y encarnados en sistemas y leyes, reglas e instituciones que prescriban incentivos para la conducta acorde, y desincentivos para la conducta contraria. Y procedimientos. (Mucha gente dice adherir a "principios y valores", pero no quiere ni oír acerca de "normas").

Democracia y República son dos de tales sistemas:

– **Democracia** es el Gobierno de la mayoría, o por voluntad de la mayoría del pueblo expresada en el voto. Puede ser la tiranía de las masas.

– Y **República** es el Gobierno limitado, antes concebida como la forma "mixta" de Gobierno, preferible a las tres "puras": monarquía, aristocracia y democracia.

El Gobierno limitado puede ser una Monarquía constitucional, como lo fue en el s. XIX; o una democracia "madisoniana": con sufragio restringido, como lo fue a comienzos del s. XX.

P. ej. el Gobierno Constitucional de EEUU era una República, forma mixta que combinaba elementos de las tres formas puras:

– de la Monarquía –aunque no hereditaria– en instituciones como el Presidente;

– de la Aristocracia, en cuerpos gubernativos muy selectos por su composición y elección: Corte Suprema de Justicia y Alto Mando militar, a los cuales no se llega por elecciones democráticas en EEUU ni en país alguno. Y el Senado o Cámara Alta, elegida por sufragio indirecto, y no por voto popular o de base.

– Y de la Democracia, en instituciones como la Cámara Baja, de elección popular y directa, e igualmente Legislaturas y Gobernadores de muchos Estados.

Esta forma "federal" de Gobierno civil fue copiada de la forma del Gobierno "pactual" de la mayoría de las iglesias locales en las colonias americanas anteriores a 1776, con el Pastor, el Consejo Presbiterial, y los miembros de la congregación, conforme a una Constitución escrita ("Covenant" o Pacto). Porque se pensaba que la forma mixta era un antídoto eficaz contra "el ciclo político": la inestabilidad crónica devenida de las revueltas por la insatisfacción con las formas puras, consideradas las tres muy imperfectas.

La democracia liberal

Con la imposición de la democracia como único régimen legítimo, "República" designó el tipo de democracia "liberal" (palabra en uso desde la Constitución española de 1812) en la que ninguna mayoría puede ir contra institutos y reglas que consagran el principio de Gobierno limitado –en funciones, poderes y gastos– y otros principios muy valiosos, y muy básicos:

1) **Libertades individuales**. De expresión y prensa, reunión y asociación, culto, y todas las libertades civiles y políticas, incluso los derechos a la justa defensa y resistencia a la opresión. Aunque más que enumerar garantías, la mejor defensa de estos derechos es describir las funciones de Gobierno, sus competencias y atribuciones, prohibiendo expresamente a sus funcionarios atribuirse otras distintas; así lo hacen las primeras Enmiendas a la Constitución de EEUU, y por ello constituyen una Carta de Derechos individuales.

Son los derechos humanos a la vida, libertad y propiedades; y a la "procura de la felicidad", cada quien por su cuenta y ciencia, pero respetando iguales potestades del prójimo. No así los mal llamados derechos

46

colectivos o "sociales", que sirven de pretexto contra ellos, y contra las libertades económicas. Que son las garantías a la propiedad privada y al libre comercio; y el libre mercado o derecho a la libertad de competir, que involucra el deber correlativo de soportar la competencia del prójimo ¡lo que muchos detestan y temen!

Con las garantías económicas la República se completa y perfecciona, cuando a la democracia liberal se le integra la economía liberal, para brindarle prosperidad y piso social. De otro modo se crea una inmensa masa de pobres, que abre las puertas a la demagogia, y por tanto a la crónica inestabilidad social y política.

2) **Estado de Derecho**. Es el "imperio de la ley", no del gobernante ni del funcionario. Conforme a la doctrina del Derecho Natural, no cualquier locura o atrocidad puede ser legalizada, ni aún con amplias mayorías de diputados elegidos por amplias mayorías de votos según sufragio universal, como en el Tercer Reich, donde hasta el genocidio fue legal. Y como es hoy en la concepción positivista, para la cual no hay más ley que la voluntad del legislador, y que lamentablemente prevalece en nuestras Facultades de Derecho, y en nuestras democracias.
Según el Derecho Natural:

– la ley es una norma de conducta racional, justa e igual para todos.
– La igualdad ante la ley es igualdad de derechos: mis libertades deben respetar las de Ud. y viceversa. No es igualdad de resultados, ni de oportunidades. Tampoco igualdad en el voto.

47

– Y el Gobierno se limita a asegurar esos derechos de todos, sin brindar privilegios a los intereses de algunos en detrimento de otros, mediante la odiosa discriminación legal y el trato desigual, cuyo fin pretendido es igualarnos a todos por abajo, en resultados o en oportunidades.

3) **Separación de poderes o independencia del poder judicial**, según si el modelo constitucional es parlamentario o presidencialista. En el primero el Ejecutivo se subordina al Legislativo del cual procede; pero los tribunales están separados. En el segundo en cambio, se separan los tres poderes.

Muchos liberales hoy en Latinoamérica sueñan con el sistema parlamentario tipo europeo, creyendo que es mejor barrera contra el socialismo y el totalitarismo. Pero en el s. XIX muchos liberales europeos –asediados por las izquierdas– creían lo mismo del presidencialismo de EEUU. Lo cual demuestra que en sí mismo ninguno de los dos regímenes es esa barrera.

4) **Federalismo y autonomía municipal**: carácter supremo de los Gobiernos locales y subsidiario del Gobierno central o federal, e independencia del cabildo o municipio como constituyente fundamental del Estado.

Federalismo y municipalismo sí son mejores barreras; pero ningún modelo o cláusula constitucional por sí sola puede servir a esa función, si no hay una fuerte corriente de opinión convencida y dispuesta a hacerla valer, y un partido político para servir de canal operativo. Esa doble barrera es la única eficaz. Principio de Jefferson: "El precio de la libertad es la vigilancia permanente". Las únicas leyes que se cumplen solas son las científico-naturales.

5) **Gobierno por consentimiento**: la democracia debe ser efectiva y no meramente formal, y por tanto el gobernante no puede recurrir a artilugios o trampas que falseen la voluntad popular expresada en las urnas. Pero el poder no respeta voluntad popular alguna, si no hay la mencionada barrera eficaz.

Hoy en EEUU y el mundo anglosajón la palabra "liberal" significa todo lo contrario: colectivismo, intereses especiales, confusión de poderes, centralismo y arrogante prepotencia del Ejecutivo. Olvidaron el Principio de Jefferson. No erigieron barreras, o no las cuidaron. Thomas Jefferson quiso decir que la lucha por la libertad es continua y sin descanso. Y los cristianos sabemos que también es inseparable de la lucha por la verdad: "La verdad os hará libres" (Juan 8:32).

¿Qué es una economía libre?

1) Lo que no hay, lo que jamás tuvimos ni tenemos: un régimen donde los precios de los bienes económicos, servicios y factores productivos, y demás condiciones de los intercambios, son acordados por consentimiento de vendedores y compradores. Sin condiciones diferenciales conferidas por el Estado a ciertos particulares en exclusividad (los verdaderos monopolios: privilegios). Y sin coerción ni fraude.

Así los niveles de precios, ahorro, inversión, empleo, producción y consumo, etc., se determinan según los procesos de los mercados, y asimismo las ganancias, rentas y salarios y demás resultados obtenidos por los participantes.

– Es el sistema más eficiente de producción, suministro y distribución, porque a diferencia del estatismo –el sistema opuesto– optimiza el empleo de los recursos respecto de las prioridades sociales, en relación con sus asignaciones posibles.
– Y a la vez el más justo y moral porque obliga a satisfacer al cliente –el prójimo– en lugar del funcionario gubernativo, como lo explican en sus didácticos artículos el Dr. Manuel Ayau, y mi maestro, amigo y tocayo el Dr. Alberto Benegas-Lynch (h).

Las leyes naturales de los mercados son determinadas por la conducta humana, animada por el deseo natural de mejorar la propia condición, satisfaciendo las propias necesidades, y comenzando por las materiales. No como los reformistas sociales y revolucionarios nos dicen a los demás que "debería ser", y que nosotros "deberíamos" hacer. Sino como es en realidad, y como ellos hacen en realidad, que jamás descuidan su interés propio (el de ellos) y más bien lo anteponen.

Las leyes naturales de los procesos de mercado se expresan en las leyes de la economía como ciencia: oferta y demanda, utilidad marginal, rendimiento decreciente de los factores, costos y beneficios, ganancias y pérdidas, etc. Los logros o fracasos resultan entonces de las decisiones "marginales", cotidianas y continuas, según cálculo racional: trabajar o no; consumir, ahorrar o producir; asociarse o seguir solo; comprar el insumo X o el Y; emplear el recurso A o el B, etc. Ud. puede ver estas leyes en cualquier texto de Economía, que no sea keynesiano ni marxista (y cuanto más viejo, mejor).

2) Lo que hay, lo que siempre tuvimos y tenemos en cambio es el **estatismo**, un sistema donde se dice servir al colectivo, pero en la realidad se sirve a los empresarios incompetentes, y a los legisladores, políticos y burócratas que les conceden posiciones monopolísticas a cambio de dinero u otros favores, que nos degradan la moneda, y nos decretan impuestos abusivos y reglamentos que todo lo castigan. El poder crea oportunidades para la extorsión, por eso la corrupción abunda, y el compadrazgo, el amiguismo y el clientelismo.

Los marxistas critican la explotación del obrero. Pero dicen que el salario miserable deviene de la "plusvalía" del propietario; y eso es un disparate. El infortunio del obrero procede de un mercantilismo reglamentarista oligopólico, que artificialmente angosta los ahorros e inversiones de la gente, y aborta el nacimiento de nuevas firmas, potenciales fuentes de empleo y de mejores alternativas para el trabajador. No mencionan tampoco los marxistas la explotación del consumidor, el proveedor y la sociedad entera mediante privilegios legales y mercados cautivos.

En el estatismo, la riqueza depende de la transacción con el funcionario oficial. Y el éxito, del soborno, o del cabildeo y astucia para influir en la fabricación de leyes. La ganancia no depende de la capacidad, habilidad y disposición para cumplir fielmente la palabra empeñada, y para ser creativo, ahorrativo y eficiente, dejando satisfechos a clientes, empleados y proveedores. Se puede uno enriquecer sin servir y enriquecer a los demás. Por eso es ineficiente. E inmoral.

Y por eso la Biblia manda el Gobierno limitado ("de los Jueces", Éxodo 18) y se opone al Gobierno sin límites o Monarquía (aunque el Rey sea elegido, I Samuel 8). El segundo era propio de las naciones idolátricas que rodeaban a los hebreos: Egipto, Persia, Siria, Asiria, Babilonia. Muchos pasajes del Nuevo Testamento –bien interpretado– confirman esta disposición, y ninguno la contradice.

Justicia, política y sociedad

Mucha gente piensa: "El estatismo es contra los empresarios, y yo no lo soy". O contra los ricos, "y no soy rico". Falacias. A cortas o a largas el estatismo a todos nos perjudica.

Porque economía, política, justicia, educación, etc. no tienen puertas que se cierran, como los cuartos de una casa: hay relaciones e influencias cruzadas, para mal o para bien; y el estatismo no se mantiene confinado a la economía. La sociedad tiende a la consistencia, por eso lo que pasa en la economía se contagia. Compare Ud. uno y otro sistema vis a vis, en ocho distintas áreas.

1) **Economía**. El estatismo implica un Gobierno sin fronteras, con intervenciones arbitrarias del Poder Ejecutivo en todas las actividades económicas, apoyadas en la profusa y confusa legislación reglamentarista.

En un sistema de libre mercado en cambio, no es que el Gobierno no interviene en la economía: hay un Gobierno, limitado a tratar con la violencia y el fraude, mediante la ley general; y en tales casos interviene, en la economía y en toda actividad privada, pero sólo entonces, y a través de jueces.

2) **Leyes**. En el estatismo (o dirigismo) intervienen las agencias burocráticas, en base a reglamentos que llaman "leyes", numerosos, extensos y minuciosos, dictados para actividades específicas, y con intenciones "preventivas" de situaciones consideradas "no deseables", según criterios muy discutibles; y que sirven para conferir privilegios a ciertas categorías de personas o empresas.

En un sistema liberal en cambio interviene la rama judicial, mediante el "debido proceso", en los casos a juzgar; y en base a las verdaderas leyes: pocas y breves reglas abstractas y generales, para proteger los derechos básicos; y no para "prevenir" situaciones, sino para ser aplicadas sólo después de ocurrida una transgresión, debidamente comprobada. Tampoco violan principios, normas o valores fundamentales, ni sirven para conceder privilegios.

3) **Conflictos**. Los Gobiernos dirigistas intermedian en conflictos de intereses; tratan de contentar a todos, pero logran lo contrario: sus decisiones diarias dejan a todos insatisfechos, en ruidosas protestas callejeras contra "soluciones" injustas y/o antieconómicas –cuando no irracionales– y envueltos en interminables peleas y vendettas (retaliaciones), muchas liquidadas a balazos.

En un Gobierno con fronteras en cambio, los jueces intervienen sólo en conflictos de derechos, no de intereses, que no son judiciables; para los intereses son los canales del mercado: negociaciones, arreglos y contratos privados, que no son perfectos, pero sí mucho mejores y socialmente preferibles a los compromisos y dictámenes políticos del estatismo.

4) **Jueces**. Por eso el Gobierno limitado congenia más con el sistema anglosajón de la jurisprudencia que con el continental de la legislación.

En el primero el rol estelar cabe al legislador, quien busca anticipar todas las ocurrencias posibles, y el del juez es más pasivo: aplicar la previsión legal al caso bajo examen, de modo un tanto mecánico y restringido. En el segundo la ley es muy escueta, y el papel relevante y creativo es de los jueces, cuyos fallos y decisiones se adaptan mejor a los casos particulares, aunque sientan precedentes obligantes para los venideros.

5) **Corrupción e impunidad**. En un Gobierno sin límites el tráfico de influencia es enorme, porque el estatismo es omnipresente y permanente: en todas partes y en todo tiempo. Y la impunidad se extiende, porque se vende y se compra.

En cambio en un Gobierno liberal, las actividades privadas son privadas, y en ellas no intervienen los Ministros ni diputados sino los jueces, y sólo en los casos que van a Tribunales. Así la corrupción no desaparece, pero al reducirse los Ministerios, la burocracia, las compras etc., se limita a las obras públicas y poco más allá, y se reduce a niveles manejables (y castigables) con sus remedios propios: judiciales.

6) **Política y partidos**. Hoy los gobiernos reglamentan al detalle y autoritariamente las actividades de los

partidos. Les exigen que suscriban a la ideología democrática, y que la practiquen: que cada tanto hagan asambleas para renovar autoridades etc.; y que sus campañas y financiamientos se hagan conforme a los reglamentos. Y eso nos parece muy bien. Pero no está muy bien.

En una democracia liberal es distinto: con libertad de pensamiento, puede haber partidos democráticos, y otros no. Y los partidos deben competir por el favor del público: no es el legislador ni el funcionario electoral quien decide. Somos nosotros los ciudadanos quienes ingresamos, y permanecemos, o salimos de los partidos cuyas declaraciones, vida interna o forma de hacer campañas o financiarse nos desagrada –votando con los pies– e ingresando en otros de nuestro agrado, o creando otros que no existen aún.

Mucha gente apoya la reglamentación estatal de las empresas, y de los partidos, mas no de las iglesias. Sin embargo, los principios en juego son los mismos, trátese de las firmas en el mercado, los partidos, las iglesias:

El reglamentarismo restringe la propiedad privada, y así se recorta nuestra elección: la empresa, partido (o iglesia) debe someterse al reglamento y supervisión estatal, sin tener los dueños, accionistas o miembros el dominio sobre su propiedad, y sin tener que ver cómo se granjean o alienan las simpatías del público, que es quien debe aprobar o rechazar. Los derechos ya no son libertades personales sino autorizaciones o permisos, y sólo los permisados por los Gobiernos tienen acceso a los mercados, sean económicos o de cualquier clase. La gente no puede decidir.

En cambio la propiedad privada y la no reglamentación favorecen el control por el público, mediante la competencia abierta, y la multiplicación de oportunidades (empresas, partidos, iglesias), instrumentos naturales de la gente.

7 y 8) **Enseñanza y medios de comunicación**. Y es igual con las instituciones educativas –de todo nivel– y con la prensa, impresa o electrónica.

Bajo los reglamentos, los propietarios de un centro escolar, liceo, Universidad, periódico o estación de radio o TV, ya no son dueños plenos de lo suyo. Así de este modo sólo ganan los permisados por los Gobiernos. Ud. no decide: la agencia del Gobierno decide por Ud.

La propiedad privada y la libre competencia favorecen el control por el público, y por consiguiente la proliferación, diversidad y pluralidad.

En el III Reich había un Ministerio de Información, Propaganda y Adoctrinamiento, a cargo de Joseph Goebbels. Igual en Rusia bajo Stalin, y en la China de Mao. Y en Latinoamérica están las universidades de San Marcos en Lima, la UNAM en México, la Central en Caracas, la UBA en Buenos Aires o San Carlos en Guatemala, etc. En los '70 y '80 eran institutos de adoctrinamiento marxista, y centros de instrucción militar. Cuando la paz llegó, siguieron como institutos de (de)formación marxista, pero ya no con instrucción militar sino con capacitación política y electoral. No es de extrañar que hoy sus egresados son gobiernos, y hagan según las ideas que les inculcaron.

Y en EEUU casi todas las Universidades, de Harvard para abajo. La diferencia es que algunas de ellas son aún nominalmente privadas, aunque muy sometidas al sector estatal por la vía del financiamiento. Hay excelentes estudios, como "Estrechamiento de la mente en EEUU" por Alan Bloom (1987). Y otros libros más populares: "Lavado cerebral: las universidades adoctrinan a la Juventud" (Ben Shapiro); "Caída Libre de la universidad americana: cómo corrompen la mente y la moral de la generación siguiente" (Jim Nelson Black); e "Intelectuales idiotas: Cómo la ideología hace que gente inteligente tenga ideas estúpidas" (Daniel J. Flynn).

Cuando los papás (anglos o hispanos) envían a sus chicas y chicos a la universidad en EEUU, asumen que van a ser cultos, brillantes y agudos, y capaces de ver los problemas desde varios ángulos y no de un solo lado. Pero no; sólo hay una opinión en las universidades: la de izquierda. No hay debate. A los estudiantes se les enseña a no pensar demasiado y se les convierte en socialistas, ecologistas radicales, ateos, racistas y narcisistas, y fanáticos de las ideas más bizarras. Casi como retardados mentales, y cauterizados morales. Porque Al Gore cree que los automóviles son una "amenaza mortal para la seguridad de todas las naciones". Y el padre de los "derechos animales" –profesor de Princeton– cree que alimentarse de animales es inmoral, pero no el tener sexo con ellos (o ellas).

Sin sentido común ni moral, a la izquierda no le importa si algo es bueno o malo, verdadero o falso, plausible o ridículo, sólo si sirve a su causa y avanza su agenda. Por eso en EEUU la mayoría demócrata actual (y los "conservadores compasivos" del Partido Republicano) también se compone de radicales de los '70 y '80... ¡como en Argentina, Venezuela, Nicaragua, El Salvador y Guatemala!

Pero con salvedades: el encogimiento cerebral en nuestras universidades es gratuito excepto en las privadas, y en EEUU la gente paga por su veneno. Y paga su TV cable y su literatura popular, y por los DVD para escuchar a los rockeros supermillonarios guitarrear contra el capitalismo y glorificar a al Che, a fin de hacerse perdonar su ostentosa riqueza por los jóvenes adoctrinados. (De paso vea Ud. la superioridad del capitalismo: ¿no es mil veces más eficiente la Propaganda y Adoctrinamiento con las industrias privadas disquera, fílmica y del entretenimiento, con Woody Guthrie y Pete Seeger, John Lennon, Jane Fonda, Joan Baez, Serrat, Arjona etc. que un gris y burocrático Ministerio goebbelsiano?)

¿Qué es capitalismo y qué socialismo?

1) **"Capitalismo"** es un término peyorativo o despectivo. Los socialistas lo acuñaron para el sistema de Gobierno limitado ("gendarme nocturno"), que en el pasado hizo ricos a países muy pobres hace 300 o 200 años: Suiza, Holanda, Escocia, Inglaterra y EEUU.

Gobiernos limitados, en fines y funciones, en poderes y derechos, y en gastos y recursos; mercados abiertos y libres; propiedad privada.

Es el sistema de los "milagros" económicos de posguerra en Europa y Japón, y luego en los "tigres" de Asia: Hong Kong, Taiwán, Corea del Sur. E igual hoy en las regiones autónomas (capitalistas) de China. Su virtud: permite crear riqueza para todos. Se basa en la libre y abierta competencia, con igualdad de oportunidades jurídicas, aunque no de hecho, cosa imposible.

No es perfecto, aunque es muy superior a cualquier otro para generar ahorros e inversiones, que llevan a la formación o "acumulación" de capital. Es ideal para los trabajadores, porque la competencia incrementa sus oportunidades de empleo y opciones para escoger entre numerosos empleadores, y la acumulación de capital aumenta su productividad e ingresos reales. Y quienes mejor lo saben son los propios obreros: ellos se trasladan, casi siempre con sacrificios y altos costos, desde sitios donde hay relativamente menos libertades y oportunidades, a destinos donde hay (relativamente) más; y nunca a la inversa.

2) **Estatismo** es el sistema contrario, el que tenemos y tuvimos siempre en Latinoamérica, excepto y sólo de modo muy parcial entre 1880 y 1930. Sus rasgos esenciales son los tres contrarios: Gobiernos sin límites; mercados con privilegios y ligados a la política; y propiedad privada inexistente o con severas restricciones.
El estatismo viene en dos variedades: el primero es malo, y el segundo mucho peor.

3) **Mercantilismo** es un sistema de privilegios para oligarquías económicas, que permite crear riqueza sólo para unos pocos, y la inmensa mayoría sigue en la pobreza. Y la pobreza se junta con la ignorancia, y ambas engendran el socialismo, sistema de privilegios para oligarquías políticas, que no crean riqueza para nadie sino que la destruyen.

4) **El socialismo** debe ser analizado y juzgado por los medios que emplean sus impulsores, y por sus resultados reales, y no por aquellos resultados ideales que ellos de palabra y en el papel dicen perseguir, en sus discursos, sermones, clases y charlas. Hay dos subespecies de socialismo:

– el reformista, democrático o girondino (menchevique), se impone por la propaganda engañosa;

– el revolucionario o jacobino (nazi o comunista: bolchevique), que usa la intimidación, la coerción y las armas: stalinista, mussolinista, hitlerista o maoísta.

Mediante el toma y dame político, en casi todo el mundo las izquierdas blandas y las derechas antiliberales combinan socialismo democrático con mercantilismo, creando y repartiendo privilegios para oligarquías políticas y económicas a la vez. Siempre fracasan. Y tras los inevitables fracasos de estas combinaciones irrumpe siempre el ala más dura, comunista y radical. Así es otra vez en Venezuela, Bolivia, Ecuador o Paraguay, con Presidentes que ahora la clase media repudia, pero que como candidatos contaron con buena parte de sus votos.

¿Qué es izquierda y qué es derecha? (y el "centro")

No le tenga miedo Ud. a la palabra "Derecha". Desde la revolución francesa de 1789 los socialistas se llaman a sí mismos "de izquierda", y nos llaman "de derecha" a sus adversarios como insulto, y para presionar y amedrentar. Aunque es cierto que los socialistas ahora no tienen exactamente las mismas ideas que antes -ni sus oponentes- no es verdad que los términos han perdido vigencia o los conceptos se han desactualizado; eso es mentira. Pero conviene rastrear desde su origen los significados de las dos palabras, para comprenderlos bien.

1) Durante las sangrientas revoluciones europeas de 1820, 1830, 1848, 1871 y 1917-18, se llamó **Izquierda** a la fuerza ideológica y política que en nombre del socialismo atacó violentamente el Gobierno limitado, el capitalismo y la propiedad, la ética socialmente aceptada ("victoriana") y las instituciones tradicionales: matrimonio, familia y religión. En estas trágicas masacres los socialistas asesinaron aldeas completas de gentes, y diezmaron pueblos y villas, y barrios o sectores enteros en muchas ciudades. ¡La izquierda no anda con miramientos a la hora de exterminar!

2) **"Derecha"** se llamó entonces a la muy heterogénea alianza de factores sociales, económicos, religiosos, militaresypolíticosquereaccionaron("reaccionarios") resistiendo con vigor y firme determinación a las izquierdas: elites urbanas, clase media de las villas o burgos ("burguesía"), Iglesias, ejército, los monárquicos (constitucionales y absolutistas) y los tradicionalistas y conservadores. Y liberales. Pero también mercantilistas. Pero ya en el siglo XX, desde las revoluciones mexicana (1911) y rusa (1917), las derechas se perdieron en nostalgias románticas y defensas de privilegios, y fueron incapaces siquiera de poner contención a las izquierdas.

3) Y dos tipos de facciones ultrasocialistas emergieron: las del fascismo y nacional-socialismo, y las del comunismo o socialismo internacionalista ("proletario"). Las segundas acusaron falsamente de "derecha" (¡extrema!) a las primeras. Pero no hubo grandes diferencias; sólo lucha por el poder. Sean camisas rojas, negras o pardas, sus "logros" fueron los mismos: hambre, miseria, opresión, guerras sin fin, campos de concentración, torturas, muerte y sufrimientos. Balas y sangre. Pol Pot y Che Guevara.

4) Aunque después de 1945 se fue imponiendo el demosocialismo de camisa blanca, en sus ediciones escandinavas, anglosajonas -laborismo o new deal- o a la francesa, y árabe, sionista, iberoamericana, negras, tercermundistas, etc. Tampoco hubo muchas diferencias, y no mucho mejores fueron los frutos observables:

—estatismo: Estado intervencionista, ineficiente y parásito;
—gasto público desbordado, con impuestos exorbitados, y en muchos casos astronómicas deudas estatales;
— degradación de la moneda e inflación de precios, y con alto desempleo;
—regulaciones paralizantes y anticompetitivas, con improductividad e ineficiencia en las empresas privadas;
—inseguridad en las calles, injusticia en los tribunales, y corrupción galopante;
— y por último, pero no menos destacable: medicina y educación políticamente subordinadas a los Gobiernos y de calidad muy pobre, y jubilaciones y pensiones indignas y miserables.

Conclusión 1: si izquierda es el señorío del Gobierno sobre las personas y entes privados, el deterioro de la ley y la justicia independiente, el reparto estatal de la propiedad ajena, y la destrucción de la familia, entonces ser de derecha no es necesariamente pecado, delito o deshonra.
Es cierto que la derecha mercantilista favorece los privilegios, injustos y por ende inmorales. Pero la derecha cristiana y liberal -no mercantilista- sostiene

la propiedad privada contra las expropiaciones, invasiones, robos y secuestros; afirma la ley y el orden contra el crimen y la anarquía; apoya el trabajo, el ahorro, la inversión y la producción contra el distribucionismo populista, y la creación de riqueza contra la pobreza, y la familia contra su depauperación y desaparición. Nada de malo.

Conclusión 2. Los remedios a los errores, desmanes y crímenes de la izquierda proceden de la derecha. Pero cuando es mercantilista y antiliberal no son eficaces, y entonces la izquierda resurge, como castigo a la derecha indolente, ineficaz e inoperante.

Conclusión 3. Insultante debe ser considerada la palabra "izquierda", por sus fracasos, tan evidentes y obvios, que ahora el socialismo, aunque manteniendo su esencia, decidió abandonar el leninismo y hasta el marxismo como fundamento "científico", y cambió a Lenin por Gramsci, y ya no es proletario sino de clase media. Tampoco es racionalista ni ateo, dice ser cristiano o islámico, y en todo caso "espiritual", solidario e "inclusivo", ecológico, feminista, étnico, y anticonsumista. Apela no a la razón sino a emociones y sentimientos. Y excepto por anti-USA ya no es nacionalista, ahora va de la mano con el Gobierno Mundial (ONU) y el estatismo globalizado.

5) ¿Y el **"centro"**? Es el intento de esconderse en una fórmula de compromiso, en la práctica siempre estatista, mucho menos que óptima, e intrínsecamente inestable. O es un subterfugio para evitar la definición.

Seguridad primero

Esta es la oferta política que se espera. Según las encuestas, la gente desea Gobiernos que les permitan obtener estos resultados, y de acuerdo a este orden de prioridades:

–Seguridad y justicia
–Prosperidad: empleos dignos e ingresos satisfactorios
– Educación excelente
–Atención médica oportuna y de calidad
–Seguro de salud, y una vejez tranquila y libre de zozobras

Todo se pueden lograr, y sin esperar demasiado tiempo, ni con indecibles sacrificios. Basta deslegislar (derogar leyes malas) y cinco reformas, en cada una de las áreas mencionadas, que tratamos más adelante.

Brindar seguridad pública es el fundamento y razón de ser del Estado como institución, y su primera e inexcusable función. La segunda es administrar justicia pública. Y la tercera es contratar y mantener puentes, carreteras y caminos, y otras obras genuinamente públicas. Sin embargo, la inseguridad reina por doquier, la justicia falta, y casi no se emprenden nuevas obras públicas de infraestructura, ni se mantienen las existentes. ¿Por qué? ¿Por la corrupción y la indolencia? Sí las hay, pero otra es la causa.

La causa es el problema de fondo; el Estado ha usurpado toda suerte de disímiles funciones, privadas por naturaleza: hacer negocios de toda suerte y hasta poseer y manejar empresas comerciales, industriales y de servicios; educar a párvulos y adolescentes; brindar cuidados médicos a los enfermos, y administrar fondos de jubilaciones y pensiones para ancianos, viudas y huérfanos.

Y el Estado no es para eso. Es para prevenir los crímenes, mediante su represión y tratamiento legal cuando son cometidos, y hacer justicia cuando los particulares no llegan a resolver por sí mismos sus diferencias; y para obras de infraestructura. Nada más. Pero esas funciones son descuidadas y abandonadas, porque los Gobiernos pretenden abarcarlo todo. Así obstaculizan e impiden a la acción privada cumplir sus funciones propias naturales: productivas y comerciales, educativas, médicas, y administración de fondos jubilatorios.

Neo-liberalismo en el papel

¡No se confunda Ud.! Vamos despacio. En los '80 el economista John Williamson se hizo famoso entre sus colegas con su libro "IMF Conditionality". Expuso por primera vez el recetario que después sería el "Washington Consensus". Enunciado como un Decálogo, en diez verbos, era así:

1) imponer disciplina fiscal;
2) reducir las tasas de impuestos y aumentar así la recaudación total;
3) reorientar el gasto público hacia la atención médica básica, la educación primaria y la infraestructura;
4) liberalizar las tasas de intereses;
5) mantener un tipo de cambio "competitivo";
6) eliminar restricciones no arancelarias al comercio exterior, y reducir poco a poco los aranceles hasta un arancel efectivo promedio de 10 % a 20 %;

7) liberalizar el flujo de inversión extranjera directa;
8) privatizar las empresas estatales;
9) eliminar las barreras al ingreso y salida del mercado, reduciendo trabas legales;
10) fortalecer los derechos de propiedad privada.

¿Es bueno eso? Más o menos. Algunos mandamientos sí, otros no. Y otros son discutibles, en sí mismos o en sus consecuencias e implicaciones:

– es buena la disciplina fiscal, pero recortando gastos, no aumentando ingresos (1-2);
– la jerarquización de las funciones estatales es imprescindible, y es función del Estado construir obras públicas, mas no enseñar (3), y en todo caso la ayuda estatal a la educación de los pobres puede ser con cupones;
– es malo manipular el tipo de interés (4); pero también el tipo de cambio (5);
– ¿por qué no arancel cero? (6) ¿y por qué desregular los mercados (9) y la inversión extranjera (7), pero no la nacional, o la repatriada?
– es bueno privatizar los monopolios estatales (8), pero no para hacerlos privados sin dejar de ser monopolios.
– El monopolio viola el derecho de propiedad (10) de los otros. Monopolio no es una empresa grande, ni una empresa sola en un mercado. Es la que goza de privilegios especiales en impuestos, insumos, materias primas, aduanas, seguros, relaciones laborales o con los bancos, etc., otorgados como especiales y exclusivos favores políticos por Gobiernos y Legislaturas.

66

– El fortalecimiento de los derechos de propiedad exigen registros de los títulos debidamente certificados, tal como Hernando de Soto predica con insistencia. Pero establecer registros de propiedad sin las demás reformas significa una sola cosa: cobrar más impuestos. Para ser liberales, las reformas han de ser simultáneas. De lo contrario los gobiernos harán sólo la parte que les conviene, del modo que les conviene, para lo que les conviene.

Neo-liberalismo en la práctica

¿Se aplicó ese Neo-liberalismo? Más o menos.

Desde los '90 hubo y hay reformas y medidas económicas muy mal concebidas y peor ejecutadas por los Gobiernos, el FMI, el Banco Mundial y Universidades asociadas. Si se observa de cerca lo ocurrido en la realidad -más allá del papel- hubo muy graves fallos; y de liberalismo poco y nada:

1) El Estado no redujo drásticamente sus funciones. No conforme con su rol de diputado o senador, juez, policía y soldado, diplomático y contratista, quiso seguir de maestro y educador, médico, odontólogo y bioanalista, promotor deportivo, científico, artístico y cultural etc., y ductor general de la sociedad. Y en lo económico apenas admitió cambiar en algunos casos su papel de propietario de empresas por el de gerente y director general.

2) En consecuencia los Gobiernos no redujeron competencias, poderes y prerrogativas, ni tamaño ni presupuesto. ¿Personal? A veces, muy poquito.

3) Tampoco se redujo el gasto estatal, ni cesó el endeudamiento público. Las privatizaciones fueron fiscalistas, y capitalizaron a los Gobiernos. Los monopolios estatales fueron privatizados sin dejar de ser monopolios, para exigir precios muy por encima del real valor de mercado de los activos, sólo a tiro de grandes complejos empresariales y consorcios internacionales apalancados por grandes Bancos. Y que después recuperaron sus enormes inversiones con elevadas tarifas, para usuarios y consumidores tan pobres como antes, o más.

4) No aceptaron eliminar la inflación como medio de financiarse, sólo reducirla:

A. Siguió la emisión de papel sin respaldo real (metálico u otro), porque inflando el dinero costean los Gobiernos sus actividades usurpadas a los particulares. Y porque los primeros receptores de los billetes salidos de la imprenta (los Gobiernos y sus socios) se benefician a costa del resto.

B. Siguió la banca de reservas fraccionarias; no se pasó al muy justo y sano sistema de reservas 100 %. Por cada depósito, los bancos prestan varias veces más, por encima de sus reservas, y de tal modo aumentan a placer los medios de pago. Así inflan la masa de crédito, ayudando a los Gobiernos a financiar las actividades usurpadas, y los manejadores y receptores de crédito inflado se benefician a costa del resto.

C. Siguió la manipulación artificial de las tasas de interés a la baja, estimulando el endeudamiento. Con inflación y altos impuestos le impiden a la clase media hacer ahorros y así capitalizarse; pero le alientan a contraer créditos esclavizantes.

5) La inflación fue parcialmente reemplazada por el IVA y otros tributos, y los aranceles fueron sustituidos por los derechos antidumping, pero la presión tributaria no se redujo, al contrario.
6) No se derogaron las leyes malas; todo lo contrario: también subió la presión reglamentaria.

– Los monopolios privatizados fueron encuadrados en los reglamentos pero sin someterse a la justa dictadura de la abierta competencia.
–Según la nueva ortodoxia económica, los controles de precios fueron reemplazados por las leyes del Consumidor y "pro competencia".
–Según la nueva "política correcta" se introdujeron costosos reglamentos laborales, ecoambientalistas y de "género", de la niñez y adolescencia, indígenas, discapacitados, etc.
–Y las burocracias se extendieron a toda la economía y a la vida nacional entera, impidiendo a las iniciativas individuales expresar su creatividad y fructificar.

7) El viejo modelo cepalista de sacrificio de la exportación en aras del mercado interno se cambió por el opuesto: sacrificio del mercado interno en pro de la exportación, pero siempre con la planificación central. Sólo cambiaron sus objetivos y modalidades, y los sectores protegidos, pero no el proteccionismo.
8) La integración latino o centroamericana, caribeña, andina o mercosurista, no hizo liberación

comercial. Sus listas de excepciones siempre fueron más extensas que los propios acuerdos, y letra chica mata letra grande. La visión de "bloques" políticos no es de Milton Friedman ni de la Escuela de Chicago; es más bien típica de la teoría "dependentista" del subdesarrollo de los '50 a los '70: Raul Prebisch, André Gunder Frank, el ex presidente brasileño Fernando Henrique Cardoso, Enzo Faletto, Celso Furtado, Enrique Iglesias, Osvaldo Sunkel y Pedro Paz.

En resumen: los cambios fueron pocos, mal orientados, muy alejados del libre mercado. No idóneos y/o insuficientes. ¡Neo-mercantilismo!

¿Beneficiarios? Los privilegiados. El resto siguió pobre. Y los mismos fallos hay ahora con esas políticas. Eso sí: basta que a la izquierda no le guste una medida para que le endilgue el sambenito de "Neo-liberal" y proceda a su descalificación inmediata sin más trámite ni argumento. Por ej. en Venezuela, la oposición socialista (no hay otra) ¡llama Neoliberal a Chávez!

Enorme es la confusión terminológica, porque para disfrazar las realidades que les son adversas y evadir su responsabilidad, los Gobiernos enredan las palabras. Ejemplo: el colectivismo gentilicio. Dicen "Francia decidió"; o bien "así hacen los coreanos" cuando se refieren a los Gobiernos francés o de Corea. Según Hayek es un fraude semántico. Otro ejemplo: en una "Cumbre" reciente declaró un Presidente latinoamericano: "los países ricos deben aumentar su ayuda a los países pobres". Lo que dijo en realidad fue que sus Gobiernos deben transferir más dinero de sus contribuyentes a los Gobiernos de los demás países y sus clientelas políticas.

Bla-bla-bla-bla: "30 años", "consenso", continuidad, "gobernabilidad", "sacrificios"

1) Nos dicen que la solución es a largo plazo, "30 años". Pero piense Ud.:
   – Si las reformas que aplican no son las debidas, no habrá solución ni en 30 siglos.
   – Pero si lo son, la tendríamos en 30 meses, o menos: ahorro, inversiones, empleos y prosperidad que son frutos de los negocios y empresas particulares y no que haya que esperar de los Gobiernos. Tampoco se tardan siglos.

2) Nos dicen que se requiere "consenso" (acuerdo unánime):
   – Si las medidas que aplican son las malas, entonces el consenso es desastroso. Desde hace mucho tiempo y hasta hoy hay consenso, a favor del estatismo.
   – Y si son las buenas, el consenso no sería necesario, bastando acuerdo mayoritario.

3) Y nos dicen que el problema es la falta de "continuidad". Pero si las políticas son malas, la continuidad es ruinosa. De hecho continuidad hay, desde hace muchos años, en el estatismo; y por eso vamos así de mal.

4) Para ocultar los fracasos, ahora los estatistas nos dicen que "es que no hay gobernabilidad". Eso es la para ellos deseable condición por la cual todas las gentes obedecen sin chistar todas las órdenes y decretos de los Gobiernos. ¡Pero eso es imposible! Aunque ahora usan la gripe y otras pestes y calamidades para forzar este conformismo masivo, a nivel global, ayudados por los medios.

5)   Tampoco es cosa de "exigir sacrificios". Dicen algunos candidatos que decir la verdad es "exigir sacrificios". ¿Sacrificios? Sacrificios son los de ahora. Holocaustos, reales sacrificios humanos: crisis, inseguridad y violencia, recesión, con desempleo y subempleo, pobreza, miseria.

Entonces, ¿cuáles políticas proponer? Vamos al siguiente capítulo, pero evitando las generalizaciones apresuradas e injustas:

– Así como casi todos los empresarios son mercantilistas, no por eso vamos a arremeter contra "los empresarios" en general;
– y casi todos los artistas son socialistas, pero no por eso vamos a ir contra "los artistas";
– de la misma forma, casi todos los cristianos son misticistas –entienden la fe como poco amiga de la razón–; pero así no son todos "los cristianos";
– y casi todos los políticos son estatistas; pero no por eso estamos contra "los políticos".

Le invito a que sigamos...

Capítulo II
Políticas

En América latina hemos vuelto al socialismo, otra vez, como en los '70. Esta vez con Chávez, Correa, Evo Morales, los Ortega, los Kirchner y Cía, todos auténticos discípulos de los Teólogos de la Liberación, de los Velazco Ibarra y los Velazco Alvarado, de los Montoneros.

Frente a ellos, toda una generación de líderes e instituciones liberales —encargadas de promover ese pensamiento— han fracasado estrepitosamente. ¿Por qué? Entre otras razones, porque sólo se muestran contra los Castro y los Chávez, y en el mejor de los casos contra el socialismo como sistema, pero han sido incapaces de formular un programa político positivo, para estar a favor. Incluyendo todas las reformas pendientes, al menos desde los años '90. En pro del libre mercado como salida. Y que sirva para relegitimar el capitalismo.

En Venezuela por ejemplo, chavistas, antichavistas e indiferentes creen que el capitalismo es malo. Y que el socialismo no es algo malo. (Lo malo es Chávez, dicen sus oponentes). Esa vieja creencia sostiene a Chávez. Eso se llama "legitimidad del socialismo". A Chávez, las marchas no le hacen mella. Lo único que puede quitar a Hugo Chávez del poder es una corriente de opinión contraria al socialismo como tal, reivindicadora del sistema opuesto. Eso se llama "deslegitimar el socialismo". Y la vía es relegitimar el capitalismo. Pero no es con puras marchas, críticas y quejas; es con un programa de reformas, concreto y positivo.

Y no es tan difícil. Para acabar con los sacrificios humanos bastaría con sólo dos políticas:

– Garantizar seguridad, justicia e infraestructura los Gobiernos, asignándose los poderes y los fondos suficientes para cumplirlas y no más.
– No impedir ni obstaculizar a la función privada el producir y ofrecer los bienes y servicios económicos, educativos, médicos y previsionales, mediante los mecanismos propios del mercado.

En otras palabras, aplicar a los Gobiernos la antigua sabiduría de sentido común resumida en cuatro refranes populares:

– "Lo perfecto es enemigo de lo bueno"
– "Quien mucho abarca poco aprieta"
– "Zapatero a tus zapatos"
– "Mucho ayuda quien no estorba".

El problema es ontológico

¿Hay alguna manera de hacer que el estatismo funcione? Pues NO, por una razón de orden filosófico, ontológica, que destaca y subraya la Filosofía realista.

– ¿Por qué los Gobiernos no hacen funcionar la economía, ni los hospitales o las escuelas del

Estado? Porque los Gobiernos no son para eso. Esas funciones no son de la naturaleza (esencia) del Estado. No es cuestión de incapacidad, deshonestidad, desidia, falta de voluntad o mala voluntad, como creen los voluntaristas.

– ¿Se cortaría Ud. las uñas con un abrelatas? No. Cada ente (ser) es para su función propia: para cortar el cuchillo, y para sentarse la silla; la mejor silla del mundo no corta, y el cuchillo más perfecto no le deja sentarse. Por más y mejor voluntad que Ud. ponga. No es cuestión de "reingeniería" de los Gobiernos ni de "reinventar" el Estado. El problema no es económico, jurídico, político, de diseño administrativo ni social, si bien en todos esos órdenes tiene importantes manifestaciones y graves consecuencias.

La ontología, la más importante rama filosófica, estudia el ser, lo que es en tanto es, como sustancia o sustrato de los fenómenos observables, y la esencia: conjunto de propiedades distintivas de cada ente, la cual determina sus operaciones y resultados. "¿Se recogen uvas de los espinos o higos de los abrojos?" (Mateo 7:16). No son los Gobiernos la vía idónea para fines o funciones distintas a las suyas: represivas. "No en vano llevan espada" dice Pablo, y añade "para eso pagáis tributo" (Romanos 13:4-6). El Estado es una institución, al servicio de sus fines propios, de orden represivo. Y las instituciones son entes cuyas acciones y resultados son conformes a su naturaleza. No de otra manera.

Para qué sirve la espada

El estatismo supone un concepto muy idealizado (romántico) del Estado y de los Gobiernos que lo representan, como si fuesen o pudiesen ser agentes económicos y financieros, empleadores, educadores, rectores, mentores y hasta tutores de la sociedad. Pero el Gobierno es sólo "un freno para contener las manifestaciones más groseras del pecado" (Calvino).

El éxito del capitalismo se debió al Gobierno limitado, y la Reforma protestante fue de gran influencia al recordar que todos somos criaturas falibles, golpeadas en nuestro entendimiento y nuestra voluntad por una realidad tremenda llamada "pecado". En consecuencia, no podemos ni debemos esperar demasiado de los gobiernos. Son vanas las ilusiones estatistas del Humanismo secular, e ingenuas las esperanzas de progreso y cambio de la naturaleza humana mediante la educación universal. El Gobierno es sólo un mal necesario, resultado de la desobediencia y caída del hombre. Necesario solamente para tres apremiantes urgencias: defensa nacional y policía; tribunales de justicia; y caminos, carreteras y puentes para facilitar la comunicación y el comercio. Nada más. Sólo una herramienta algo tosca e imperfecta, para tareas algo rudas, aunque de vital importancia.

– Sus instituciones tienen cinco notas o rasgos esenciales y característicos que se acomodan y ajustan muy bien a sus funciones: fuerza, jerarquía, uniformidad, formalismo, y disciplina vertical.
– Y los entes privados lucrativos y no lucrativos tienen exactamente los cinco opuestos: consenso, orden plano, variedad, informalidad y disciplina horizontal. Compare Ud. una y otra en cada dimensión:

1) **Fuerza vs. consenso**. El orden social nace de un pacto o acuerdo tácito, por el cual aceptamos o decidimos vivir en sociedad, respetando ciertas reglas mínimas de convivencia. Y el Gobierno es para contener por la fuerza a quienes las violan gravemente: asesinos, ladrones, estafadores, etc. Las cuotas o "contribuciones" a los gastos comunes (tributos, a la tribu) también terminan siendo "impuestas" por la fuerza, a causa de los renuentes "free riders" (coleados): quienes pretenden viajar gratis aprovechando los beneficios del orden social sin pagar. Eso es todo. Pero la fuerza es de la esencia del Estado. Sin la capacidad de ejercer violencia, y sin la coerción mediante la fuerza, ¿cómo combatir al enemigo en la guerra, y cómo perseguir y apresar al criminal? ¿Cómo aplicar penas a los reos de delitos? ¿Cómo colectar impuestos? De hecho la ley del número propia de la democracia mayoritaria es un recordatorio de la fuerza física potencial.

En cambio no hace falta la fuerza para fabricar zapatos o camisas, ni para enseñar o para curar, procesos voluntarios que no requieren la espada. Las entidades privadas no son para forzar o imponer sino para negociar y acordar, voluntariamente, a fin de comerciar, producir, educar, curar, cuidar, etc. Se basan en arreglos y contratos, conforme un orden voluntario y consensual, "espontáneo" aunque no del todo, porque el Estado es condición sine qua non para el mercado libre, sólo que un Estado limitado. Porque sí se requiere la espada para el transgresor, para quien mata, roba o secuestra, que no impida a la gente fabricar, cultivar, enseñar o aprender, curar o hacerse curar. Pero se requiere que tampoco lo impida el poder de la espada: que sea limitado.

Esta diferencia de naturaleza es la primera y más importante, y en buena parte las otras cuatro derivan de ella.

2) **Escalas jerárquicas vs. entes planos**. El Estado requiere obediencia, por eso las jerarquías verticales y rígidas son esenciales; y altamente funcionales en el ejército, diplomacia, policía, judicatura, servicio civil, etc., para el cumplimiento de sus deberes. No así en las organizaciones privadas y mercados libres; ellas requieren iniciativa antes que obediencia. Por eso conforman un orden plano u horizontal, y algo plástico -maleable, adaptable- como se recomienda a las empresas mercantiles y a las asociaciones voluntarias.

3) **Uniformidad vs. variedad**. La unidad de comando es consustancial a las organizaciones jerárquicas, y el centralismo. Siendo el Estado, el "monopolio de la fuerza", no puede haber sino un solo ejército, un solo cuerpo diplomático, un sólo poder judicial, etc. ¿Cómo podría ser de otro modo? En cambio en los mercados hay competencia, policentrismo y diversidad. En las empresas hay multiplicidad y variedad, y han de competir unas con otras, y para eso basta que el Estado a ninguna confiera monopolios mediante estatutos legales de preferencia.

4) **Solemnidad vs. informalidad**. Formalidad y hasta solemnidad son esenciales en las relaciones diplomáticas, los tribunales, la policía y la contratación de obras públicas. Porque las decisiones deben ser públicas, notorias, visibles, y quedar firmes. De otra manera, ¿Cómo hacer la guerra? ¿Cómo pelear contra el crimen? ¿Cómo dictar justas sentencias? ¿Cómo licitar y adjudicar contratos honestos? Pero

en las relaciones entre particulares no es necesario tanto formalismo, y es perjudicial: a las empresas y organizaciones voluntarias conviene la flexibilidad, agilidad y adaptación.

5) **Disciplina vertical vs. horizontal**. En el sector público, premios y castigos le llegan al funcionario desde arriba, los jefes; en el privado, las recompensas y las penas son utilidades y pérdidas, y le llegan al empresario y al accionista desde los costados: consumidores, proveedores y competencia. La disciplina de los mercados libres no es menos sino quizá más severa y exigente; precisamente el problema del Estado es que no tiene el rigor de ese "cuadro de resultados" o libro de ganancias y pérdidas que le indica a la empresa si va mal o bien.

Conclusiones:

– Los cinco rasgos naturales del Estado son apropiados para sus fines, siempre y cuando se mantengan limitados. De otro modo ¿cómo garantizar seguridad externa e interna, aplicar multas y penas tan severas como la capital, y contratar con eficacia y decencia?

– El Estado no ha servido ni sirve para sembrar ajos o papas, fabricar tornillos, educar a los niños y jóvenes (o a los adultos), sanar a los enfermos, ni atender a las "viudas y huérfanos". Ni servirá.

Pero si no obstante su incapacidad ontológica, los obcecados políticos estatistas (y las gentes que siguen votando por ellos) insisten en dotar a los Gobiernos de omnímodos superpoderes y toneladas de dinero para hacer lo que por naturaleza no pueden hacer -como cortarse las uñas con un hacha- con ello sólo logran acumular un inmenso poder y una inmensa riqueza en pocas manos;

– así serán inevitables toda clase de abusos,
– entre ellos la corrupción. Porque todo ese poder y esa riqueza terminará corrompiendo en mayor o menor medida a sus jefes, directivos y funcionarios. Que necesitarán impunidad.
– Y tarde o temprano van a comprar a la policía y a los tribunales y oficinas de administración de justicia,
– que serán de esa forma inutilizados para perseguir, capturar y encausar a los criminales, que saldrán impunes.

Es a las entidades particulares -empresas, bancos, escuelas y centros de enseñanza, clínicas, cajas de jubilaciones y pensiones- y no a los Gobiernos a quienes cabe actuar en los mercados, herramientas quizá menos toscas e imperfectas que el Estado, para tareas más delicadas, de no menor importancia.

El estatismo no funciona

Los Gobiernos han usurpado funciones para las cuales sus rasgos esenciales son disfuncionales. ¿Cómo ha sido? ¿Cuándo comenzaron?

1) Empezaron en el s. XVIII con la educación, asumiendo que los padres no enviarían a sus hijos a la escuela si no fuesen forzados a hacerlo; que la educación estatal sería "gratuita"; y además "neutral" en materia religiosa.

El primer supuesto es históricamente falso: por siglo los padres han enviado a sus hijos a la escuela sin ser obligados. La gratuidad no es tal, es financiamiento con impuestos. La neutralidad tampoco:

Es catequización en la religión del Humanismo secular iluminista, evolucionista, idólatra y políticamente estatista. Además la calidad de la educación estatal ha sido y es muy pobre en todos los países: los niños de primaria no salen bien en las pruebas de lectoescritura y comprensión, ni de aritmética elemental. Tampoco los bachilleres en las de ciencia y cultura general. Y la formación profesional de los universitarios es harto defectuosa.

2) Pero el Estado no retrocedió. Al contrario; en tanto la democracia se extendía, a más de escuelas, liceos y Universidades, del s. XIX al XX asumieron los Gobiernos hospitales, y cajas de jubilaciones y pensiones. Buscaban con ello control sobre la masa electoral no sólo a través de los niños y jóvenes, sino también de los enfermos, ancianos y viudas.

En sus nuevas funciones el Estado también ha sido y es poco eficaz, corrupto y despilfarrador. Pero con el pretexto de cumplirlas todas, viejas y nuevas, reclamó más potestades, y más impuestos.

3) Por supuesto los dineros no les alcanzan a los Gobiernos. Crearon los "nuevos" impuestos directos e indirectos, ya conocidos por los romanos. Primero a los Ingresos -cuando la I Guerra Mundial-; y después a las transacciones, a las ventas o al consumo.

81

4) Tampoco les alcanzó el dinero. Recurrieron entonces al endeudamiento masivo en muy gran escala. El crédito público ya no fue un recurso extraordinario para ocasiones extraordinarias y emergencias, y se hizo corriente y ordinario; pero a niveles astronómicos, nada ordinarios.

5) Y aunque degradar o envilecer las aleaciones en los metales monetarios era un truco ya muy utilizado en la Antigüedad, desde el s. XIX reclamaron los gobiernos para sus Bancos Centrales (imprentas de billetes) nada menos que el monopolio de la emisión de un dinero cada vez más desligado del oro/plata y depreciado.

Con ese recurso, cada cierto tiempo, para crear una ilusión de prosperidad y bienestar, provocan un "auge" económico artificial, expandiendo los medios de pago circulantes. El consumo así se incrementa, pero las tasas de interés se distorsionan, y se desequilibran las proporciones entre dineros destinados a consumos, ahorros e inversiones. Los bancos y las gentes se llenan con billetes de puro papel, que pierden poder de compra, y las bolsas de valores se inflan con "burbujas" especulativas.

Usan para ello tres instituciones estatistas, que distorsionan los mercados, y les impiden servir a las humanas necesidades:

– el dinero de papel y sin respaldo que emiten masivamente,
– la banca de reservas fraccionarias, que multiplica aún más los medios de pago, y
– los recortes artificiales en los tipos de interés decretados oficialmente.

Pero tarde o temprano la realidad llama a la puerta. Los recursos son escasos. Los capitales invertidos en ciertos sectores han implicado forzosamente la desatención de otros, y nos guste o no, la parte financiera de la economía tiene que ajustarse a la economía no financiera (mal llamada "real", como si la financiera no lo fuese).

La gente no lo sabe y muy pocos economistas lo admiten, pero este es el origen y causa de los "ciclos" de la economía, con sus crisis y recesiones que inevitablemente devienen con posterioridad a cada fase alcista e inflacionaria, y de las cuales los estatistas culpan al mercado y a la "codicia" empresarial por las ganancias.

Pero es el estatismo y su codicia de poder y control lo que desordena y empobrece a la economía. Y a la sociedad entera. Siempre. Fíjese Ud.:

– En los años '20, las manipulaciones con la oferta monetaria, el crédito y los intereses en EEUU expandieron brutalmente la masa de dinero y medios de pago a niveles inéditos. La inflación creó al principio una bonanza artificial, meramente ilusoria, y temporal: los "locos", "felices" o "ruidosos" años '20. Pero pasó enseguida lo que siempre pasa con la inflación: los agentes económicos leyeron las señales equivocadas, previendo como rentables inversiones que no lo eran. Y tomaron erróneas decisiones de inversión, que después debieron corregir; y ahí fue cuando los precios se hundieron, y llegó la crisis o fase recesiva del "ciclo económico" producido por el estatismo en 1929. La economía ya era global, y la crisis se propagó.

– Después en 1933 llegó el Presidente F.D. Roosevelt, socialista rico como casi todo socialista, y en lugar de aflojar las riendas sobre los mercados hizo todo lo contrario: decretó bruscos aumentos en los aranceles, el gasto público y los impuestos. Y leyes de salarios mínimos, y controles de precios y actividades productivas y comerciales. Así agravó y prolongó la recesión. Sin embargo fue imitado por Gobiernos de los demás países.

Resumiendo: para pagar los gastos del activismo estatal en educación, salud y fondos jubilatorios, masivamente decretaron impuestos, emitieron dinero y contrajeron deudas. Con ello generaron graves problemas en la economía: recurrentes ciclos de inflaciones, carestías, crisis, desempleos y pobrezas.

6) ¿**Rectificaron** entonces los Gobiernos, devolviendo a la sociedad y a los mercados sus funciones, y atendiendo mejor a las suyas propias? No, para nada. Más bien todo lo contrario. A lo largo del s. XX, los políticos, burócratas y "sabios expertos" culparon al laissez faire, y con sus reglamentaciones pretendieron "resolver" todos los problemas causados por sus impuestos abusivos, la emisión de dinero aguado, y los cuantiosos empréstitos. Para ello metieron sus manos "visibles" en la economía entera:

– primero en el comercio, transporte, banca y servicios;
– después en la producción industrial;
– y por último en las actividades agropecuarias. Así no remedian los males, los agravan y multiplican.

7) Un par de ejemplos aleccionadores sobre estatismo: alcohol y drogas. A comienzos del s. XX el Gobierno de EEUU decretó la prohibición de ambos, apelando así a su recurso propio: la fuerza. En ambos casos el tráfico ilícito a muy altos precios trajo consigo poderosas bandas criminales, violencia y corrupción. Con las bebidas alcohólicas terminaron estas tragedias cuando el Gobierno rectificó. Pero con las drogas otros Gobiernos del mundo siguieron los mismos pasos, y siendo muchos ya no rectificaron, y pagamos las consecuencias.

Catálogo de "soluciones" fracasadas

Se pretende resolver los problemas con "soluciones" que fracasan porque soslayan el aspecto ontológico. Entre otras, las siguientes

1) Más poder y más dinero. Es la solución "práctica", la que con más frecuencia se aplica -p. ej Obama-; y lo que hacen las leyes malas: confieren a los gobernantes mucho más derechos y más competencias, y más recursos. Pero si esa fuese la solución, ¡ya los problemas estarían resueltos hace tiempo!

2) Más ciencia gerencial y técnica organizativa. La "solución" positivista que recomiendan los "expertos" que cobran jugosos honorarios como asesores y consultores. No sirve: la gerencia más actualizada y la más sofisticada técnica administrativa en manos del Estado no pueden hacer que haga algo que no es de su naturaleza. No puede una fábrica de pan producir tractores. O viceversa.

3) Mezcla Gobierno-particulares, borrar la diferencia entre lo público y lo privado. Un disparate, mixto

de hacha y cortauñas, híbrido de silla y cuchillo que sirva para cortar y para sentarse. Este monismo (unitarismo) es la semilla del totalitarismo.

4) Más democracia. La democracia también sirve para lo suyo: el cambio incruento de los gobernantes por el voto de la mayoría. Pero no es la panacea para todo mal; y la voluntad popular, aún mayoritaria, no puede cambiar la naturaleza del Estado.

5) Más ética. Esta es la "solución" aparentemente cristiana. Pero no funciona; y por eso han fracasado tantos gobernantes y funcionarios cristianos. El problema no es de moral personal de los directivos; por eso el remedio no es cambiar unos por otros, sino cambiar el sistema irracional, injusto e inmoral, corrupto y corruptor.

6) Más "solidaridad": muy hipócritamente los Gobiernos y los medios de prensa a su servicio insisten y repiten su exigencia de que los ricos den más dinero a los pobres. Pero ¿cómo? si cada vez más pobres y menos ricos.

7) Más esfuerzo. Exigen los políticos a la gente -sobre todo a los jóvenes- que se superen, que estudien y trabajen más, como si los Gobiernos no tuviesen parte alguna en la responsabilidad por las crisis, recesiones y sufrimientos.

8) Más socialismo. En esta receta desemboca el Gobierno Mundial que se nos está imponiendo hoy. En los días de Stalin los socialistas en Rusia y en todo el mundo discutían sobre si era o no viable el "socialismo en un solo país". Ahora la ONU ha zanjado la cuestión, y nos lleva al socialismo planetario.

9) **Liderazgo**. En esta más insisten: hoy los libros más vendidos son los de liderazgo. Cada 6 meses una

nueva moda, y un concepto nuevo en liderazgo, con su "gurú". Al estilo nazifascista, franquista y maoísta, el énfasis no es en las instituciones sino en las personas, y en la personalidad "carismática" del líder resuelvetodo y salvapatrias.

Una obsesión con el liderazgo nos hace creer que todo es cuestión de dar con el Superman, y entregarle todo el poder. Nos impide ver que el problema no son los reyes, es el sistema: las instituciones encarnadas en las leyes. ¿Líderes? Adolf Hitler era un líder. Tenía una "visión", y el "carisma". No carecía de "propósito"; y era muy coherente y fiel a lo que creía su "misión". Amaba muchísimo a su patria, la adoraba. Y tenía mucha "fe", le sobraba. Y autoconfianza. E igual Benito Mussolini, Lenin, Stalin, y Lee Iacocca.

¿Qué ha resultado de este insistente énfasis en el líder mesiánico? En las empresas, una gerencia narcisista e infatuada, con salarios muy por encima de sus logros, en ausencia de un contexto de libre mercado, el más apto para premiar los buenos desempeños y castigar los malos en términos de servicios. En las iglesias, cristianos inmaduros, y Super-pastores. Y en la política, un caudillismo cada vez más autoritario.

Gobierno fuerte, pero limitado

Esa es la solución, la salida. Pero "limitado" no es débil. Es fuerte pero con fronteras:

– en fines y funciones: seguridad, justicia y obras públicas de infraestructura;
– en derechos y atribuciones: las facultades estrictamente necesarias para el cumplimiento de sus funciones; y no más poder.

– en gastos y recursos: los indispensables para sus funciones; y no más dinero.

Un Gobierno sin fronteras se dispersa. Acumula ilimitadas facultades y recursos, y debilita la economía, el matrimonio, la familia y la sociedad civil. Con semejante concentración de poder y dinero, quedan en letra muerta los principios republicanos. Y no es fuerte: es obeso. Es blando y débil con los intereses especiales, a los cuales siempre cede. Tiene grasa, no músculo, ni nervio. Obeso, es propenso a ineficiencia, lentitud, torpeza y corrupción.

Sólo un Gobierno limitado puede ser fuerte; y debe serlo, para resistir y decir "no" a todo género de presiones de los innumerables intereses especiales. Y así garantizar los mercados libres y la propiedad privada, su consecuencia y resultado en el orden de la economía, así como la libertad individual lo es en el ámbito de la vida personal.

¿Y la ética? Mucha gente cree que el problema es la corrupción; y que todo cambiaría con sólo tener personas honestas y eficientes en el Gobierno, la administración y el Parlamento. Pero cuando el estatismo prevalece, sus poderosos desincentivos tornan imposibles la eficacia, la eficiencia, la honradez y la práctica de la virtud cívica. Los funcionarios no sirven o se corrompen. Sólo un Gobierno limitado es eficiente y ético.

Un Gobierno sin límites no es ético porque se basa en una triple usurpación: de funciones, de competencias, y de recursos. Y es imposible ser eficaz en un sistema ineficaz, racional en un medio irracional, moral en un ambiente inmoral.

Hay que cambiar el sistema

A. **Hoy los Gobiernos no son limitados.** Por eso hay ineficiencia, clientelismo y corrupción. Por eso la seguridad y la justicia faltan o son defectuosas, y la criminalidad desborda. Insuficiente es la infraestructura. Hay demasiados poderes y dineros a disposición del poder político, supuestos para promover la economía, pero que la paralizan. Y para atender la educación, atención médica y jubilaciones; pero la iniciativa privada podría hacerlo mucho mejor en mercados libres, aunque con cupones estatales transitoriamente para la población más pobre.

B. **Nuestros mercados no son libres.** Una abigarrada legislación estatista favorece a los monopolios, y atenta contra los negocios, las empresas y el empleo, y los ingresos reales de la población y su nivel de vida. Las leyes malas se inspiran en prejuicios y sentimientos contrarios a la economía y a la creación de riqueza; y son la principal causa de la pobreza. Y con la inseguridad, la pobreza es causa principal de la emigración y caldo de cultivo del socialismo.

C. **La propiedad privada casi no existe.** La propiedad es para que personas, familias e instituciones crezcan sanas y fuertes, y se desarrollen. Pero demasiada gente carece de propiedades; y hay demasiada propiedad y controles estatales en tres instituciones dependientes de los Gobiernos y de la política:

– La **educación**. El estatismo ahoga la creatividad y la competencia, y por ende la calidad. Hay dos sectores educativos: el estatal es propiedad del

89

Estado, y el otro es de nombre privado, pero dirigido por los Gobiernos en planes de estudio, objetivos y contenidos. Ambos distan de la excelencia, aunque la calidad del primero, que es para los más pobres, es aún inferior.

– La **atención médica** es igual: malos hospitales estatales para los pobres, y mejores aunque carísimas clínicas privadas para el resto; pero no hay competencia.

– Y lo mismo en las **jubilaciones y pensiones**.

Buenos ejemplos en China

Las regiones autónomas -es decir: capitalistas- de China continental, siguen ahora el ejemplo de los "tigres" asiáticos. Se localizan principalmente en el litoral marítimo y los litorales fluviales de China roja. Son ya más de tres docenas. Las imitan en India, y un poco en Rusia también, porque son tan exitosas que su producción abastece a toda la masa de China socialista y su inmensa población, condenada a una economía y una vida parasitaria. Y además, son las regiones chinas que exportan al resto del mundo. Así es con el socialismo, hasta que a veces un día los prósperos productores sometidos se rebelan contra los parásitos, pero no siempre ocurre.

Compare Ud. ahora el desempeño económico de las zonas o áreas capitalistas de Asia, con la calamitosa condición actual de las economías del resto de Asia, de Africa entera, de América latina. Y de Europa y EEUU.

A. La recesión económica en EEUU presenta rasgos y magnitudes comparables a la de 1929, y también esta vez se extiende a Europa y a otras regiones del orbe.

– Iguales síntomas: carestía, desempleo, pérdida de eficiencia y empuje competitivo.

– E iguales causas, diagnosticadas ya por la Escuela austriana de Economía: es la fase recesiva del ciclo económico provocado por el estatismo. (Sin embargo esta Escuela de pensamiento es marginada de las Universidades acreditadas).

– Y como en los años '30, los mismos remedios falsos: dinero inflado recién impreso a manos llenas para "rescates", y "protecciones" para industrias, empleos, bancos etc., todas "curas" que no curan ni siquiera alivian los males sino que los agravan.

B. La economía china asciende pujante, impulsada por sus regiones capitalistas: las inversiones y los empleos se multiplican, y crecen los salarios reales, el consumo y el ahorro. Prueba irrefutable ven a diario los grandes operadores mayoristas en la industria global del turismo: crecientes flujos de chinos, que embarcan cada año para los más atractivos destinos. Y repiten. Sustituyen a los viejos turistas de EEUU y Canadá, España y otros países europeos. ¿Quién va a salir de turismo cuando está a punto de perder su casa, o no puede pagar la hipoteca, o su banco está a punto de hundirse, o su empresa de quebrar, o su empleo de perderse (si aún lo tiene) o en peligro su fondo de pensión?

¿La diferencia? **Las leyes malas.** El digesto legislativo del capitalismo asiático es mínimo comparado con las toneladas de normas "proteccionistas" occidentales a cada sector, contra peligros reales o supuestos. Son como muletas eternas, como las "defensas" que describe el psicoanálisis: en la emergencia pueden servirle a un individuo para evitarle angustias y tensiones procedentes de factores amenazantes, y permitirle un funcionamiento normal, pero a corto o largo plazo provocan graves trastornos.

¿Dónde están los verdaderos remedios? ¿Cuáles son "las sendas antiguas" del profeta Jeremías? Gasto fiscal reducido, impuestos bajos, libertades económicas en el comercio y la producción, moneda sana, banca solvente.

Y si a Ud. no le convencen los remedios demasiado antiguos, piense por un momento en la reaparición reciente de males viejos, que creíamos superados:

– lobos atacando a las granjas en las campiñas del norte de Europa, reaparecidos tan pronto los Estados creyeron que su misión era enmendar la plana al Creador y "proteger la fauna silvestre";
– piratas atacando a las naves en alta mar, reaparecidos tan pronto los Estados olvidaron que su misión es reprimir el empleo de la violencia por los particulares excepto en defensa propia;
– sangrientos, criminales y fanáticos guerrilleros de Sendero Luminoso, reaparecidos en las montañas del Perú, mientras Fujimori era juzgado;
– hambrunas en Africa, que nunca desaparecieron del continente cuyos líderes políticos son más reacios a la economía de libre mercado.

Sigamos, por favor. ¿Ya ha comenzado a leer Ud. la Biblia?

Capítulo III
La Biblia

Las leyes malas son expresión y resultado del estatismo; y vimos que la buena Filosofía realista no apoya el estatismo. Pasemos a la Biblia ahora, que según muchos cristianos apoya el socialismo. Pero no es así; al contrario: prescribe el sistema o modelo de Gobierno con fronteras. Le invito a que hagamos juntos un estudio bíblico en este capítulo.

Mientras fue bien interpretada, la Biblia tuvo un gran impacto político; y la historia lo registra. Dios cambia vidas de personas, y de naciones también. Pero no de cualquier modo o a nuestro modo o gusto, sino a la manera como dispone Su Palabra. Nuestra civilización occidental y cristiana se edificó en base al principio de Gobierno limitado, seguido por reyes medievales como Alfredo el Grande de Inglaterra y Alfonso el Sabio de España; y después por gobernantes cristianos de Suiza, Escocia, Países Bajos e Inglaterra, y los Padres Fundadores de los EEUU. Estos países se desarrollaron al cumplir con este postulado, clave y "secreto" del buen gobierno: el mejor Gobierno es el que gobierna menos.

Pero lamentablemente, ya en los ss. XIX y XX, las gentes en esos países —creyentes y no creyentes, ricos y pobres, doctos e indoctos, políticos y seguidores— se dejaron seducir por teorías contrarias, y se alejaron paulatinamente de la fórmula bíblica, y les sobrevinieron dificultades sin cuento, hasta hoy en día.

Ud. puede creer o no que la Biblia es un escrito inspirado por Dios, pero como documento histórico, muchas cosas que dice podemos comprobar todos por la experiencia, del pasado y del presente. Suficiente y concluyente es la evidencia a favor del Gobierno Limitado. Y no se diga que esa enseñanza no es válida porque no pertenece al Nuevo Testamento. Cuando Jesús predicó en el Sermón del Monte sobre la validez e integridad de los mandatos de la Escritura "hasta la jota y la tilde más pequeñas" (Mateo 5), se refería al Antiguo Testamento. El Nuevo Testamento no existía entonces, ni cuando Pablo enseñó (s. I dC) a su joven discípulo Timoteo que no sólo una parte sino "toda la Escritura" (Antiguo Testamento) es inspirada por Dios, "y útil para enseñar, redargüir, corregir, y para instruir en justicia" (II Timoteo 3:16).

Y como observaron los autores cristianos de los primeros siglos –los Santos Padres de Oriente y de Occidente– la Revelación es una sola e íntegra, y ambos Testamentos, hebreo y griego, se explican e interpretan el uno al otro. Por ejemplo Jesús dice "Al César lo que es del César" (Mateo 22:21); pero esa frase implica: "Y nada más". No implica "¡A pagar todo impuesto!" como se enseña hoy, en contra del principio de justicia contributiva enseñado en el Antiguo Testamento.

Hasta entrado el s. XX, y sobre todo en el campo, leer la Biblia en familia era costumbre en el norte de Europa y EEUU. La gente repasaba sus pasajes y episodios, y comentaba y compartía sus sabias enseñanzas, y las relacionaba con su circunstancia cotidiana, y con el más amplio contexto social y nacional. Después que esa costumbre se perdió, el intervencionismo gubernamental y el socialismo irrumpieron. No es casualidad.

¿Qué dice el Antiguo Testamento?

Para comentar los incontables pasajes, capítulos y hasta libros completos del Antiguo Testamento que tratan y enseñan sobre política, se requeriría otro panfleto, y varios se han escrito en 20 siglos de historia cristiana. Pero veamos aquí los que no se citan, o se citan incompletos o fuera de contexto, o son malinterpretados en sentido estatista. Sólo los más importantes.

1) El "Éxodo" o La Salida del despotismo y la servidumbre en Egipto fue entre 1290 y 1250 a.C. Conducidos por Moisés en el desierto, los israelitas huyeron de los trabajos forzados por cuenta del Estado a que los obligaba el Faraón Ramsés II. La travesía duró 40 años porque en medio de las penurias, se añoraron pequeñas comodidades como carne de pescado, ajos y cebollas (Números 11:1-6). La esclavitud puede tener sus compensaciones, y por eso la servidumbre puede ser voluntaria. Así los hebreos vacilaron y retrocedieron. Pero ya asentados en el país, una nueva generación experimentó la libertad bajo leyes justas, al menos por un tiempo, en medio de pueblos sometidos por crueles tiranías estatólatras.

2) Los cinco primeros libros (Pentateuco) son los de las leyes. Algunas son religiosas, relativas a la adoración y culto. Otras son normas sólo morales, sin sanción expresa para el caso de su violación. Pero también hay leyes jurídicas, casi todas con sus penas por incumplimiento:

– Derecho de familia (Deuteronomio 25) y sucesiones (Números 27).

– Derecho de las obligaciones (Génesis 24:9 y Deuteronomio 15) y contratos (Génesis 21:27-32 y 31:44; Éxodo 22:25; Levítico 25; Deuteronomio 23:20, 24:10-13).

– Derecho notarial y registral (Génesis 21:27-32; 23:1-18; 32:1-21; Levítico 25:23 y sgtes. y Números 27:7-11).

– Derecho penal
(Éxodo 21:12 y 20; Deuteronomio 5).

– Derecho procesal
(Deuteronomio 16:18 y 19:15).

– Hay por último Derecho Constitucional, y teoría jurídico-política del Estado (Deuteronomio 4 y 17). Y también Filosofía del derecho (Génesis 18:16-19; Levítico 19:18 y 26:14 y sgtes.; Deuteronomio 17; 19:21 y 28).

3) Las normas claves son mandatos puramente negativos:

– no tener dioses falsos, una garantía contra la adoración del Estado;

– no matar, robar o codiciar, ni mentir, garantías de los reales derechos humanos a la vida, a la propiedad y a la verdad. (Éxodo 20 y Deuteronomio 5).

Algunas leyes corresponden a instituciones que no se avienen con los tiempos actuales, v.gr. la esclavitud, la condena penal del adulterio, y tal vez la pena de muerte. Pero para aplicarlas se establecieron otras instituciones cuyos principios sí son de validez universal, v.gr. dos: debido proceso y Gobierno limitado. Vea Ud.:

4) **Debido proceso**. Se dispone que serán designados "jueces y oficiales de justicia" para aplicar las leyes (Deuteronomio 16:18-20) en un proceso con dos testigos y defensa. Sobre todo en la pena de muerte. Eso se llama civilización. Barbarie es cuando la pena de muerte se ejecuta sin debido proceso, de manera no civilizada y antihumanitaria, como era antes de esta legislación bíblica, la cual fue un progreso. Y como lo hacen hoy las "policías bravas" en Latinoamérica, bajo la ley de fuga o "resistencia al arresto": en un callejón, en medio de la noche, sin testigos, juicio ni sentencia, y sin oportunidad de defensa legal alguna, mientras Ud. duerme.

5) **Gobierno limitado**. Si el pueblo quiere reinado, Deuteronomio 17:16-20 dispone sus fronteras constitucionales: "El rey no aumentará para sí caballos, ni hará volver al pueblo a Egipto para aumentar caballos, porque Jehová os ha dicho: No volváis nunca por este camino. [...] plata ni oro amontonará para sí en abundancia. Y cuando se siente al trono de su reino, escribirá para sí en un libro una copia de esta ley, del original al cuidado de los sacerdotes levitas. Y lo tendrá consigo, y leerá todos los días de su vida, para que aprenda a temer a Jehová su Dios y guardar todas las palabras de esta ley y estos estatutos, para ponerlos por obra. Para que no se eleve su corazón sobre sus hermanos, ni se aparte del mandamiento para un lado o para otro; a fin de que prolongue sus días en su reino, él y sus hijos, en Israel".

6) **Deuteronomio 28** establece las bendiciones del Pacto: los buenos resultados por cumplir con las buenas leyes, en sus primeros 14 versos. Y los resultados malos por incumplirlas, en sus

54 restantes. Por eso los primeros Presidentes cristianos en EEUU tomaron posesión jurando sobre la Biblia abierta en este capítulo precisamente.

7) El libro de Josué narra la colonización y conquista de Canaán, hacia 1200 a.C. A partir del verso 30 el capítulo 8 describe la solemne lectura (y copia escrita) de toda la ley en el monte Ebal; pero especialmente Deuteronomio 28. "También escribió allí en piedras una copia de la ley de Moisés, [...] Y todo Israel, y sus ancianos, oficiales, y jueces, estaban de la una y de la otra parte junto al arca [...] Después de esto, leyó todas las palabras de la ley, las bendiciones y las maldiciones, conforme á todo lo que está escrito en el libro de la ley. No hubo palabra alguna de todas las cosas que mandó Moisés, que Josué no hiciese leer delante de toda la congregación de Israel, mujeres y niños, y extranjeros que andaban entre ellos".

8) Desde tiempos de Josué, los hebreos tuvieron jueces locales. Y nacionales: Débora, Gedeón, Sansón y otros, según el libro de ese nombre. En principio eran funcionarios locales. Porque cada una de las 12 tribus tenía territorio propio; y tradiciones culturales, himno y bandera, costumbres particulares, y hasta un acento típico al hablar. Por eso practicaron la autonomía y el federalismo "pactual".

Hubo **tres niveles de gobierno**: municipal, regional y federal.

A. Un juez era reconocido en su aldea cuando las gentes y familias buscaban su protección (defensa y seguridad); le llevaban pleitos y asuntos a resolver (justicia); le encomendaban contratar la construcción de puentes y caminos (obras públicas), y para los gastos le pagaban sus diezmos (justicia contributiva: impuestos limitados, no excesivos, y planos, iguales para todos).

B. Si el juez de aldea desempeñaba bien las tres funciones públicas, adquiría prestigio, y de otras aldeas demandaban sus servicios, y su autoridad se ampliaba a toda la tribu, y era reputado como juez de tribu.

C. Y si lo hacía bien, gentes de otras tribus requerían de sus servicios, su autoridad ganaba en extensión, y era reconocido como juez de Israel.

La confederación de las tribus fue una sociedad sin Estado, pero no sin leyes. Y con Gobierno, aunque limitado, y sostenido con moderado ejercicio de la fuerza, no con presión compulsiva de propaganda adoctrinante ni coacción violenta. La reunión de los jueces constituía un Consejo, colegiado.

9) Pero el capítulo 9 del libro de Jueces comienza con Abimelec, caudillo en rebeldía contra el gobierno colegiado.

– Alegó que "ser gobernado por uno es mejor que ser gobernado por setenta". Liderazgo personalista y mesiánico, ¿le suena familiar?
– Buscó apoyo en la turba étnica (tribalismo colectivista: "yo soy de vuestra propia sangre"), y "alquiló hombres ociosos y vagabundos que le

siguieron" (¿suena conocido?) con una suma de dinero que obtuvo ¡de un templo! (¿No es eso una campaña electoral?)

– Y sigue el capítulo 9 con la parábola de la zarza inútil, gran lección de Ciencia Política: si los emprendedores productivos se automarginan de la política, llegarán los Abimeleques con sus ociosos alquilados.

10) El Libro de Jueces termina con un testimonio: "En aquella época aún no había rey en Israel, y cada quien hacía lo que bien le parecía." (Jueces 21:25) Es un elogio a la libertad reinante, y no una queja por supuesta anarquía y un anhelo de caudillazgo, como malenseñan socialistas y estatistas. Gobierno limitado no es anarquía.

Anarquía es sociedad sin Gobierno. No es ningún "ideal" como sueñan los anarquistas de hoy, de izquierda y de derecha. Es la triste realidad que tenemos, cuando los gobiernos se extralimitan y se convierten en bandas de saqueadores, olvidando y pervirtiendo las leyes justas y decretando las malas, y así se impone la ley de la selva: la del más fuerte y poderoso.

11) Al libro de Jueces sigue el de Ruth, destacando las firmes conexiones entre la propiedad privada y la familia bajo la ley, y de ambas con la previsión social estrictamente privada "para la viuda y el huérfano".

12) El régimen de los Jueces duró más de 200 años. En días de Samuel -años 1030 a 1010 a C.- los jueces se corrompieron. Y en vez de cambiar de jueces, el pueblo quiso cambiar de sistema, y pasar al

modelo de las demás naciones –una revolución– con un "líder carismático" o Rey todopoderoso que les dirigiera. Entonces Dios advirtió que se les sometería a esclavitud. "Y clamaréis aquel día en oración a causa de vuestro rey que os habréis elegido, mas Jehová no os responderá en aquel día" (I Samuel 8:18, las oraciones no bastan).

I Samuel 8 es el **manifiesto liberal** más antiguo registrado. Inspirador de todas las luchas por la libertad política en la historia. Léalo despacio por favor. Y es profético, vea la esclavitud hoy: la gente se afana día y noche trabajando para una improductiva y enorme clase política y su burocracia parasitaria, y a sus clientelas. Sin tiempo para nada.

13) Hay otras numerosas advertencias contra los Gobiernos exaltados, excedidos en sus límites, v. gr. en los libros de Isaías, Jeremías y los otros Profetas escritores; y contra el pueblo que los enalteció o permitió. Las gentes descuidaron su vigilancia y los reyes abusaron de su poder, en contra de la Ley de Dios, por eso la nación israelita se debilitó y dividió (930 a. C.), fue conquistada y masivamente deportada.

14) Ya el libro de Génesis narra que el Emperador Nimrod fue castigado por querer hacer de Babel un imperio mundial estatista, y de su inmensa Torre un imponente símbolo de su poder (Génesis 10 y 11). Y dice que Abraham compró la cueva de Macpelá para la tumba de Sara a precio de mercado en vez de tomarla gratis (Génesis 23). Y que su hijo Isaac fue tan rico entre los filisteos que su riqueza les provocó a envidia (Génesis 26:14).

15) Y ello debe considerarse para interpretar a José. Y es que José es clave en la Historia de la Salvación. Pero la Biblia debe leerse con criterio: "sabiduría para discernir entre lo bueno y lo malo" (según pide a Dios el rey Salomón, para poder gobernar, I Reyes 3:9). Como Premier de Egipto, dirige José una gran operación especulativa de compra de tierras por el Estado, y favorece así a su familia. (Génesis 41) No se puede decir de tal corruptela, usual en un país estatista, que la Biblia lo aprueba como norma general para los Gobiernos, ¡ni sea ejemplo a seguir!

16) En el libro de Éxodo, Aarón y su hermano Moisés funcionan por separado como respectivos jefes de la iglesia y del gobierno, tal y como debieron hacer Samuel y Saúl. En II Crónicas 26:16 el rey Uzías de Judá, famoso por guerrero, quiso asumir el rol de un sacerdote, y por ello fue castigado y murió leproso. (En el Nuevo Testamento Caifás y Herodes son el Sumo Sacerdote y Rey, respectivamente). No se ve al gobierno metido en asuntos de iglesia. Ni de economía o negocios, en la medicina o en la caridad. Son funciones privadas.

17) Ni el Gobierno se entromete en la enseñanza. Deuteronomio 6:2-7 y 6:20-25 encarga la educación a padres y abuelos, no a los Gobiernos. Es el precepto hebreo "belimadten otam et benejem" (enseñarás a tus hijos y a sus hijos) muy comentado en el Talmud.

18) En Daniel 1, a los jóvenes nobles israelitas en la corte del rey Nabucodonosor de Babilonia, se les ofrecen regias becas en la enseñanza oficial, con viandas y lujos. Pero los prudentes jóvenes rechazan la oferta. Y no es sólo por preferir la

102

comida kosher como nos enseñan ahora, sino por preferir la enseñanza de la Ley de Dios a la del gobierno sin límites según el modelo babilónico.

En las edades posteriores las Sinagogas y las Yeshivás serán escuelas privadas de los judíos en todo el mundo; hasta hoy. Y de los cristianos, las Escuelas Dominicales, y las escuelas, liceos y universidades cristianas, privadas, sin fondos públicos.

19) La obligación de restituir la tierra a las familias cada 50 años es citada por los socialistas como una **reforma agraria** estatista. Pero el Jubileo (Levítico 25) no es para redistribuir la propiedad sino para proteger a la familia. Es para conservar y recomponer o rehabilitar el patrimonio familiar, cuando ha sido desmembrado. Por eso cada 50 años las tierras retornaban al acervo de la familia, y así podía ser que pasaran de un rico a un pobre ¡o de un pobre a un rico!

20) Sobre el **préstamo a interés** hubo en la Edad Media mucha confusión, que retrasó varios siglos el desarrollo económico de Europa y el mundo. Para una comprensión inteligente del asunto, Deuteronomio 23:19-20 debe interpretarse conforme a otros pasajes sobre el tema, v.gr. Éxodo 22:25 y Levítico 25:35-37. Distinguen el crédito comercial del préstamo caritativo:

A. Para ayudar a una persona que ha sufrido un revés y caído la pobreza, no sirve darle una limosna o cantidad simbólica para salir del paso. Eso tranquiliza la propia conciencia pero no resuelve el problema, ni ayuda.

B. Caridad real con el pobre es en cambio prestarle una suma significativa, para que se recupere, y luego devuelva. Ese préstamo de caridad es el que no devenga intereses, a diferencia del comercial o normal.

Sin embargo la condena medieval de los intereses no salió de la Biblia sino de la tesis sobre la esterilidad del dinero ("Pecunia non parit pecunia") procedente de Aristóteles, que en eso se equivocó.

21) Saúl, primer Rey de Israel, gobernó entre 1020 a. C. y 1000 a. C. más o menos. Cuenta el libro I de Samuel que también Saúl se envaneció y pretendió usurpar las funciones del sacerdocio. Dios entonces ordenó a Samuel consagrar secretamente a David. Y Saúl, airado, enloqueció de envidia, y desesperado por sus continuas derrotas militares, se suicidó.

22) El rey David ofendió gravemente a Dios con un pecado sexual, y luego una muerte: II Samuel 11. Pero también con un censo: II Samuel 24, y Dios parece más ofendido con el censo, en comparación. El censo es el medio para decretar impuestos, hacer la guerra y controlar a las gentes; sin embargo David parece no arrepentirse del censo, a diferencia de sus otros dos pecados.

23) II Samuel 15 en adelante narra una historia parecida a la de Abimelec, con un hijo de David llamado Absalón, demagogo que se ganó la simpatía de la turba ignorante. II Samuel 15:11, "Y fueron con él 200 hombres de Jerusalén convidados por él, los cuales iban en su sencillez, sin saber nada". Simplones. ¡Como ahora!

24) En II Samuel 24 el Ángel del Señor manda a David comprar a un particular –Arauna el jebuseo– el terreno para edificar el templo en lugar de confiscarlo, y David obedece.

25) No obstante sus debilidades y fallas, en general David respetó las reglas del **Gobierno limitado**, e Israel se engrandeció como nación. Luego, por 40 años reinó Salomón, hijo de David. Gracias a los frutos de las políticas del período anterior –¡otra lección de Economía Política!– Israel tuvo gran prosperidad. La seguridad en las vías de transporte expandió el comercio. Pero I Reyes habla del gran lujo en la corte. Y es que ya en la segunda mitad de su reinado, cayó Salomón en la pompa, la promiscuidad, la idolatría, el afán de poder y riquezas, y el olvido de la Ley. "Mandó a buscar caballos" y amontonó "el oro y la plata".

26) En I Reyes 12 se cuenta del deseo del Rey Roboam de agrandarse a sí mismo y a su gobierno, incrementando los impuestos y las cargas al pueblo, en contra del principio de la justicia contributiva: impuestos justos son sólo para pagar los gastos estrictamente públicos, causados por las tres funciones gubernamentales propias.

Este episodio es crítico. Muchos pastores hoy no lo entienden, y por eso ven sólo los detalles, en este caso el mal consejo de los jóvenes. Pero la Biblia es clara: la división del reino y todas las desgracias de los judíos fueron por causa de la **injusticia contributiva** para enaltecer al gobierno central. Jeroboam encabezó la revuelta de los contribuyentes y el reino se dividió en dos: el Reino de Israel del Norte con capital en Samaria, y el de Reino de Judea en el Sur con capital en Jerusalem. Samaria cayó bajo la dominación asiria en 721 a. C.; y Judea resistió aún por casi un siglo y medio, y también cayó.

27) Jezabel, esposa del rey Acab, es una intrigante que incita a su marido a cometer un crimen alevoso: expropiar o estatizar la viña de Nabot (I Reyes 21). Ella era de Siria-Fenicia, un país sin leyes, donde los reyes hacían su antojo. Pero esos aún no eran los días más aciagos de Israel: todavía había leyes, por eso ella tuvo que tramar una farsa judicial para despojar de su empresa al propietario.

28) El pasaje "Dios pone y quita reyes" (Daniel 2:21) es otro que alude a la Historia de la Salvación: la crónica de las intervenciones del Omnipotente con ese propósito divino. Pero en los ss. XVII a XIX esta frase fuera de su contexto se usó para legitimar el supuesto **derecho absoluto** de los reyes coronados a imponer su voluntad, y el supuesto deber consiguiente de **obediencia ciega** y acrítica a las autoridades políticas de turno; y ahora es igual con los Presidentes.

29) En los libros de Reyes y Crónicas desfilan muchos gobernantes crueles e impíos, todos ellos encumbrados contra la voluntad del Altísimo, y por la voluntad del pueblo, cuya voz NO es la de Dios. El Dios que juzga a las naciones (Joel 3; Mateo 25:31-46) les permitió entronizarse para castigo de todos, ante la reiterada violación de Sus leyes por parte de las autoridades y de toda la nación entera, y para recordar a todos las malas consecuencias de semejante pecado.

Los libros de Isaías y Jeremías (y Lamentaciones, y el deuterocanónico de Baruc) incluyen represiones a los gobernantes abusivos que se exceden en su poder y atribuciones, y a los sacerdotes, profetas y pastores que les consienten.

30) Cualquiera sea su **perspectiva escatológica** —sobre el fin de los tiempos— y la interpretación que Ud. prefiera de las profecías a futuro en el libro de Daniel, es evidente que en el sueño de Nabucodonosor (Daniel 2) y en la visión de las cuatro bestias (Daniel 7) se representan imperios mundiales estatistas, y que Dios no los ve con buenos ojos. ¡Se comparan con bestias feroces y predadoras! (E igual es en Apocalipsis 13).

31) II Reyes 22 describe el **modelo de reforma**: la del rey Josías. Por Hilcías (un sacerdote) y el escriba Safán (un intelectual) recuperaron la Ley, que estaba olvidada, perdida en el Templo. La leyeron y además la entendieron. Y la aplicaron. Pero no sólo la parte religiosa o de culto, como nos dicen, sino entera y completa, y eso incluye las partes de la Torah sobre la Constitución, justicia contributiva, etc. ¡Las gentes se arrepintieron y desandaron sus malos caminos!

32) El hallazgo del libro de la ley en el templo impresionó al profeta Jeremías, en 15:16 se "come" el libro. Ezequiel nació cuando el libro fue encontrado: más o menos en el año 630 a.C., y en 3:1 se "come" el libro también. En Ezequiel se condena a los gobernantes que olvidan las leyes de Dios (caps. 11 y 20), a los falsos profetas (cap. 13), a los idólatras que les consultan (cap.14) y a los malos pastores (cap. 34).

33) Los libros de Esdras y Nehemías son del período posterior al Exilio, cuando el pueblo retorna, hacia

107

530 a.C. Describen la reconstrucción del (segundo) Templo, de la ciudad y de la nación, también en base a toda la Ley de Dios, como cuando Josías. Nehemías era de la tribu de Judá, y su familia de Jerusalén. El libro de Nehemías, gobernador de Judea, es la Memoria y Cuenta de un gobernante, a Dios. Un libro eminentemente político, tanto como los de Josué o Jueces.

34) Eclesiastés 9:13-15 pinta el caso del sabio ignoto. Hermosa leyenda, y muy verosímil. Una pequeña ciudad, cercada y sitiada por un poderoso caudillo guerrero con fuerte armamento, albergaba un hombre pobre e ínfimo, ignoto (de casi nadie conocido), "mas sin embargo sabio, y conocedor del camino de salida, que podría haber salvado la ciudad. ¡Pero nadie quiso escucharle!" ¿No es lo que ocurre hoy: pocos los enterados, y nadie quiere escucharles?

35) Los primeros capítulos del libro de Proverbios exhortan a cultivar la inteligencia, como muchos otros pasajes bíblicos, y hasta libros completos, llamados "sapienciales" como el mismo Proverbios, Job, Eclesiastés, y el Libro de la Sabiduría. Dice el Salmo 32:9: "No seáis como el caballo, o como el mulo, sin entendimiento".

El **misticismo** contrario a la razón es por completo ajeno a la Biblia y a la tradición bíblica. La Escritura es concluyente en pro del Gobierno limitado: "No confiéis en los príncipes" dice el Salmo 146:3. Pero para entender bien la Palabra de Dios, el creyente debe primero que nada hacerse pensante. Ser creyente y devoto no se contradice con pensar, todo lo contrario.

36) El Salmo 149 exhorta a la alabanza y al cántico, como muchos otros. Pero termina así: "Exalten a Dios con sus gargantas, y espadas de dos filos en sus manos, para ejecutar venganza entre las naciones, y castigo entre los pueblos; para aprisionar a sus reyes con grillos, y a sus nobles con cadenas de hierro; para ejecutar en ellos el juicio decretado; Gloria será esto para todos sus santos. Aleluya" (Salmo 149:6-9).

¿No le parece antiestatista, y hasta subversivo esto de "aprisionar a los reyes con grillos y a sus nobles con cadenas"? Por pasajes como este la Biblia es el **antídoto** eficaz contra el socialismo y toda forma de estatismo y abuso gubernamental. De costa a costa hay en los EEUU hay una franja geográfica que se conoce como "Bible Belt" (cinturón bíblico). Leyendo estos pasajes tan claros en su contenido antiautoritario, ¿cómo asombrarse de que allí no entrara el New Deal en los '30 ni el kennedysmo en los '60?

37) Oseas 4:6 se cita incompleto. Dice: "Mi pueblo pereció por falta de conocimiento". Y ya, fin de la cita, como si la causa de las desgracias populares fuese falta de conocimiento de Ciencia Política, estadísticas, Economía, etc.; que no es despreciable, si es ciencia verdadera. Pero Oseas es más específico: habla de falta de ciencia y conocimiento "de la Ley de Dios".

38) Entre los libros deuterocanónicos (mal llamados apócrifos) hay uno llamado Sirácida o Eclesiástico. El capítulo 38 trae un extenso, bellísimo y profundo poema dedicado al trabajo, en los versos 24 a 34. Compara el trabajo manual de los obreros, artesanos y jornaleros, con el trabajo intelectual

de los sabios, estudiosos y doctos, insistiendo que el primero no es inferior al segundo.

39) El Libro de Proverbios y otros "sapienciales" dan consejos sobre administración, negocios y empresas o "**Mayordomía**", asumiendo que el buen sentido y la sabiduría son para emplearse tanto en asuntos públicos como privados. Advierten p. ej. sobre contraer empréstitos de modo irresponsable (esto es: más allá de la propia capacidad de endeudamiento, tomando en cuenta los ingresos razonablemente previsibles).

Por eso las lecciones bíblicas sobre Gobierno Limitado y Mayordomía se complementan. Vea Ud.:

A. Aún bajo un Gobierno Limitado, todo agente económico –sea obrero, estudiante, empresario o pensionado– debe ser previsivo y cuidadoso en sus cálculos, puntual y diligente, honesto en sus tratos, y en el cumplimiento de sus promesas y acuerdos. De lo contrario no va a prosperar, aún con un Gobierno impecablemente limitado, al cual no debe culpar por su propia torpeza.

B. Pero lo opuesto es verdad también: los Gobiernos estatistas no deben culpar a empresarios o trabajadores por las consecuencias de sus propias malas políticas. Y un agente privado aunque sea preciso en sus cálculos, empeñoso y trabajador honesto y cumplido, va a fracasar si el Gobierno es acaparador y atropellador, ligero en sus cálculos, deshonesto en sus tratos, incumplidor de promesas y acuerdos, indolente en sus actividades propias, y usurpador de las ajenas. El ambiente será empobrecido, y los mercados deprimidos. Con escasísimo poder adquisitivo en las gentes, ¿quién hace ventas? ¿quién prospera sirviendo?

C. Sin embargo hoy se enseña una "Teología de la Prosperidad" que raras veces toma en cuenta la enseñanza bíblica sobre Mayordomía, y jamás la del Gobierno limitado. Lo cual confunde a los liberales no muy familiarizados con las teologías. Cierto que para esta Teología prosperitaria es una bendición la riqueza; pero la Biblia no dice que surge por "decretos" u otros medios mágicos como creen los místicos, sino con Gobierno Limitado y Mayordomía. La magia es típica de la religión falsa: la religión verdadera y revelada manda al hombre a hacer la voluntad de Dios; en cambio la religión falsa e inventada pretende lo contrario: mandar a Dios a hacer la voluntad del hombre.

D. De modo análogo a esta Teología, algunos liberales predican trabajo duro, esfuerzo, creatividad, iniciativa empresarial y buena gerencia, pero sin tomar en cuenta el contexto estatista. Como si las personas pudiesen prosperar en un sistema opresivo y empobrecedor. Es una fuerte contradicción: si en el contexto del estatismo la prosperidad fuese posible por puro esfuerzo personal, ¿por qué somos liberales entonces? ¿para qué cambiar el sistema? ¡seríamos estatistas! Trabajo, creatividad, virtudes, competitividad y gerencia en el sector privado es condición de la riqueza; pero la otra es Gobierno limitado en el sector político, y no hay sustituto.

111

Por eso es recomendable también a los liberales y libertarios estudiar bien la Biblia. Y para el cristiano buscar una mejor comprensión de la Escritura en Economía Política y Gobierno, con autores como Mises y Hayek, y por supuesto con los austrocristianos, entre otros Ronald Nash, Gary North, Mark Skousen y Stephen Perks.

¿Y qué dice el Nuevo Testamento?

Hay menos enseñanza política, por la simple razón de que ya está expuesta en al Antiguo. Pero no se contradicen uno y otro.

1) Para comenzar le tengo un ejercicio: lea la parábola de los talentos, Mateo 25:14-30. Y piense. Y compare con Mises, von Hayek, Schumpeter, Milton y Rose Friedman y Cía. ¿Conoce Ud. una mejor apología del capitalismo que la parábola de los talentos? Pues yo no, así que si Ud. la conoce por favor avíseme, muchas gracias. Y si le parece que esa parábola no es una apología del capitalismo, entonces le tengo otro ejercicio: aprender bien qué es el capitalismo. Para eso, mucho sirven Mises y los otros. Pero después de aprenderlos, por favor relea Mateo 25. Muchas gracias.

Los cristianos sabemos que nuestras vidas personales y familiares deben ser renovadas y reformadas conforme a la Palabra de Dios. Pero renovación y reformas también necesitan la educación, las empresas y la economía, la política: la sociedad en general. Necesitan amoldarse a principios y leyes conforme a la justicia y a la sabiduría de Dios. Y eso es construir el Reino de Dios ("de los Cielos" le llama Mateo porque los judíos no podían pronunciar el santo nombre de Dios). Construir el Reino es la tarea pendiente que Cristo nos encomendó a los cristianos para esta vida. Y lo hizo por medio de unas parábolas que enseñan los principios del Reino. Una de ellas: la de los talentos.

La parábola de los talentos es antecedida por la parábola de las diez vírgenes, sobre estar preparados para la Segunda Venida de Cristo; es decir: ocupados haciendo la tarea. Unas líneas antes –Mateo 24 al final– se nos hace responsables: se nos dice a los cristianos que vamos a ser juzgados conforma hagamos o no la tarea. Y no se alude al infierno, sino a las recompensas que vamos o no a tener, según seamos o no fieles a la encomienda.

Luego de la parábola de los talentos, que es sobre buenas y malas inversiones, viene la parte sobre **solidaridad** e insolidaridad, donde los versos 35 y 36 dicen: "tuve hambre, y me disteis de comer; tuve sed, y me disteis de beber; fui forastero, y me recogisteis; estuve desnudo, y me cubristeis; enfermo, y me visitasteis; en la cárcel, y vinisteis a mí." Las implicaciones son claras: la solidaridad ha de seguir a la productividad. Sin producción no hay riqueza, ¿de donde va a salir el dinero para solidaridad?

Por otra parte, la **caridad** no es la única forma de ser solidarios. Un capitalista que invierte produce muchos bienes y servicios para el mercado, y crea muchos empleos. ¿No es solidario? Después de todo, los fabricantes de ropa y calzado, ¿no visten y calzan a los desnudos? Y los productores y vendedores de alimentos ¿no dan de comer a los hambrientos? Las cadenas hoteleras, ¿no dan alojamiento a los viajeros?

2) "Mi Reino no es de este mundo" (Juan 18:36) porque procede de lo Alto; es "para" este mundo. No obstante el pasaje se cita hoy en apoyo de la idea contraria: que este mundo tiene derecho a darse sus propias leyes, independiente de Dios.

Pero este mundo es creación de Dios, quien le dio sus leyes, naturales (como las de la Economía) y positivas (resumidas en el Decálogo), en perfecta armonía unas con otras, para su bien y no para su mal. Al contrario: el mal en el mundo es resultado de la **desobediencia** a la ley revelada, de la religión del humanismo secular, del hombre rebelde que se da a sí mismo su propia ley positiva, de espaldas a su Creador y a sus leyes naturales, como las del mercado.

3) "Al César lo que es del César" (Mateo 22:21) significa dar al Estado lo suyo; ¡pero no más! La justicia contributiva exige impuestos limitados (I Reyes 12), bien sean colectados para las autoridades judías (el Antiguo Testamento) o romanas (el Nuevo). Aunque el dicho se cita hoy para justificar lo opuesto: dar al César cualquier cosa que se le antoje reclamar como propia: impuestos, comercio e industria, educación, trabajo, medicina, seguros, etc. Eso es cesarismo; y es anticristiano.

4) El principio de justicia contributiva es expresado por Juan el Bautista en Lucas capítulo 3:12-13 "Llegaron unos publicanos para ser bautizados, y le dijeron: Maestro, ¿qué haremos? El les dijo: No exigir más de lo ordenado". Alude a la Torah; es contra los impuestos excesivos, no es contra la "mordida" como interpretan los estatistas.

114

5   ¿Y el episodio del joven "rico" tan citado por Chávez? Según Mateo 19:26, el joven desde niño conocía y seguía los mandatos de la moral y de la justicia según la Ley; por eso era rico. Era un observante. Lo que Jesús le enseñó fue que eso no le servía para ganar la vida eterna; y a no apegarse a la riqueza. No le dijo que ser rico es malo, sino el apego desordenado y el amor a la riqueza (como al poder); y sobre todo: que la salvación no es por obras. Pero esta interpretación puede lucir anticatólica, por eso muchos se confunden con la "Teología de la Liberación" y su sesgo anti-riqueza.

6) Raras veces se mencionan enseñanzas netamente antisocialistas, v. gr. en Juan 12 se ve a Judas tomando a los pobres como pretexto para robar de la bolsa del grupo que guardaba como tesorero (Juan 12:6). Es la mejor definición de socialismo en la práctica: abultar el tesoro colectivo con dinero "para los pobres" que al final es para robar sus tesoreros, gerentes y administradores. El primer socialista de los Evangelios no es Jesús sino Judas Iscariote.

7) Sigue Juan 12:8 con la respuesta de Jesús al comunismo: "Pobres siempre habrá entre vosotros"; pero no dice que siempre serán la inmensa mayoría. Lo que Jesús tiene en mente es la Ley constitucional de la Torah. En un gobierno limitado, como bajo los jueces, Josías y Nehemías, la clase media era mayor en número que los ricos y los pobres sumados. De tal modo:

– los pobres estaban a cargo de sus familias, y en su defecto de la asistencia privada;
– y se preservaba el orden social y la estabilidad

115

política, como quería Aristóteles, que en eso no se equivocó.

8) El publicano Zaqueo (Lucas 19) no devuelve dinero propio sino del "saqueo". "Publicanos" eran los colectores, tenidos como los peores y más extremos transgresores, al nivel de las rameras según Mateo, ex publicano arrepentido y convertido (Mateo 9:9). Y no sólo por colectar para Roma, porque el impuesto excesivo ya era pecado en el Antiguo Testamento. El episodio de Zaqueo es una revuelta de contribuyentes como la de Jeroboam; y en la España medieval muchas sublevaciones de "pecheros" invocaron el precedente de Lucas 19.

9) En Juan 2:13-17, se ve a Jesús sacando a latigazos del Templo a unos vendedores, mas no por hacer un mero comercio –como dicen los socialistas– sino por comerciar con la religión. Eran los **mercaderes religiosos**, los pastores y "líderes" que se enriquecen pretendiendo vender por dinero los dones de Dios, contra quienes Lutero "protestó".

10) Es el pecado de "simonía", así llamado por Simón el Mago, gnóstico de Samaria. En Hechos 8:9-25 (y en los Santos Padres Ireneo, Justino e Hipólito) se informa que este Simón ofreció a Pedro y a Juan comprarles el poder de transmitir el Espíritu Santo. Se nos dice que Simón se arrepintió. Pero no tal vez sus "clientes". El pecado de simonía no es sólo de quien pretende vender sino también de quien pretende comprar con su dinero los dones de Dios: los feligreses "aprovechados".

116

Y es que los malos a menudo tienen a Dios en los labios. Pero sólo en los labios. Dice el Salmo 50:16-17 "Al malvado dijo Dios: ¿Qué tienes tú que hablar de mis leyes y tomar mi pacto en tu boca, siendo que tú aborreces la corrección, y te echas a tu espalda mis palabras?"

11) Y Jesús en Mateo 7:21-23: "No todos los que me dicen Señor, Señor entrarán en el Reino de los Cielos, sino los que hacen la voluntad de mi Padre". Que es la Ley del Padre: Teonomía. "Muchos me dirán entonces Señor Señor, ¿acaso no profetizamos en tu nombre? ¿en tu nombre no echamos demonios e hicimos milagros? A estos diré: Jamás os conocí; apartaos de mí, hacedores de maldad."

12) Jesús no fue un agitador, pero al rey Herodes le llamó "zorra" (Lucas 13:32). Y a los fariseos les dijo "falsos e hipócritas", y "vívoras" (Mateo 23). Y en su cara que "las prostitutas y los publicanos les precederán en el Reino de los Cielos" (Mateo 21:31).

En los Evangelios, el carpintero y Rabbi (Maestro) Jesús de Nazareth casi siempre enseña; pero no siempre sobre cosas "puramente espirituales" como creen los místicos. Sobre muchos y diversos asuntos como la productividad, y la caridad y el amor, la justicia y la verdad, el adulterio, el diezmo y los impuestos, etc. Y negocios y política, matrimonio y ayuno.

Y acerca del Padre de los israelitas Abraham. Y sobre el Reino de Dios, la Salvación y el Mesías prometido. Y la Ley de Moisés, y sus 613 mandamientos: 365 negativos, uno para cada día del año, y 248 positivos, uno para cada hueso y órgano del cuerpo, dicen los judíos, resaltando que la Ley es integral: para todo el hombre, espíritu, alma y cuerpo, e individuo, familia y sociedad. Y sobre su cumplimiento o incumplimiento. Y sobre las diversas interpretaciones de las Escrituras y la Tradición Oral y sus formalidades. Y sobre los Profetas y el Apocalipsis de los días postreros y la resurrección. De todas estas materias enseñó Jesús. Y se involucró en discusiones y controversias.

Jesús polemiza. Con los aristocráticos sacerdotes del Templo, saduceos la mayoría y fariseos la minoría. Con los estrictos y santurrones fariseos, y con los Escribas y Doctores de la Ley -los otros rabbis- casi todos de ese partido. Con los hedonistas y acomodaticios saduceos, mundanos y comprometidos con el cesarismo. Con los revolucionarios zelotes, fanáticos políticos anti-Roma y mundanos de izquierda. Y con los esenios, fanáticos religiosos y escapistas del mundo. Las enseñanzas de Jesús no se comprenden sin el contexto de las distintas creencias y convicciones de estos grupos —saduceos y fariseos, zelotes y esenios— categorías que se prolongan hasta el mundo judío de hoy. Y el mundo cristiano.

13) ¿Y sus Apóstoles? ¿Eran controversiales? En Hechos 15, Lucas cuenta de tremendo altercado entre los dos mayores, Pedro y Pablo: la controversia judaizante. ¡Airado estaba Pablo con los judíos que demandaban circuncidarse a los gentiles! Y a las iglesias gentiles escribe cartas –¡muy polémicas!– donde les amonesta sobre diversos errores doctrinales, confusiones y malas conductas, como a las de Galacia y Corinto. E igual las de los discípulos directos de Jesús: Pedro, Juan y Santiago.

14) La de Judas comienza así: "pese a la gran solicitud que tenía de escribiros acerca de nuestra común salvación, me es necesario escribiros para

exhortaros a que contendáis con ardor por la fe que una vez fue dada a los santos" (Judas 3).

¿Y la Historia de 20 siglos de Iglesia Cristiana? ¿No es en buena parte una larga sucesión de controversias ...?

15) El cap. 5 de Hechos describe a los judíos cristianos vendiendo sus posesiones, y entre ellos Ananías y Séfora, otro episodio siempre citado a favor del socialismo. Pero la lección de Pedro no es contra la propiedad privada, sino acerca de no mentir.

¿Y por qué los judíos cristianos de Jerusalén vendían lo suyo a los no cristianos? No por ser comunistas, sino porque avizoraban la inminente invasión romana, el juicio de Dios sobre la ciudad. "La Gran Tribulación" que Jesús profetizó en Mateo 24, el castigo a Israel por su rechazo al Mesías. Señal del fin del Viejo Pacto, de la dispensación judía; pero no el fin del mundo. Fue en el año 70 dC., cuando las legiones romanas conquistaron Judea y entraron en el Lugar Santísimo del Templo desplegando sus estandartes rojos: un escándalo, la "gran abominación". Pero esta interpretación "preterista" de la escatología puede lucir antijudía, por eso muchos prefieren la escapista (y prosionista) exégesis "futurista".

16) Y a los primeros cristianos de Judea que practicaron el comunismo de bienes no les fue bien. Tanto se empobrecieron, que Pablo tuvo que organizarles una colecta (I Corintios 16). Y a los de Tesalónica seducía el socialismo porque les gustaba vivir del trabajo de los demás; y Pablo les amonesta con el segundo principio cardinal del capitalismo: "El que no trabaja, no come" (II Tesalonicenses 3:10).

17) En el cap. 13 de su Carta a los cristianos de Roma, Pablo recomienda obedecer a las autoridades (y a Timoteo, orar por ellas). Estos son pasajes que con frecuencia citan los socialistas cristianos en apoyo de la obediencia ciega al Estado.

Pero la obediencia cristiana a los gobernantes NO es **absoluta e incondicional**, sino en cuanto las autoridades guarden sus límites. Pablo, el firmante de la carta, desobedeció a las autoridades establecidas, y por ello fue condenado, no a multas sino a prisión y a muerte. Y también muchos destinatarios de su Epístola fueron torturados y ejecutados por desobedecer.

18) El párrafo completo de I Timoteo 2:2, que manda orar por los reyes y autoridades, dice que ellas "están en eminencia para que vivamos quieta y reposadamente". ("En paz y tranquilos" dicen otras traducciones). O sea: que el gobierno existe y cobra impuestos para brindar seguridad y administrar justicia. Gobierno limitado.

19) Sigue I Timoteo 2:4 diciendo que Dios "quiere que todos los hombres sean salvos y vengan al conocimiento de la verdad". La verdad acerca de la Salvación es parte de la verdad, la más importante para el hombre, pero no toda la verdad. "No he rehuido anunciaros todo el consejo de Dios" dice Pablo en Mileto (Hechos 20:27). No sólo una u otra parte sino toda Palabra de Dios, entera, sin excluir el consejo político. Y Pedro en su segunda carta, después de recomendar la práctica de la virtud, manda agregar conocimiento: "Poniendo todo empeño, añadid a vuestra fe, virtud; y a la virtud, conocimiento". (II Pedro 1:4-5)

20) Santiago reprende a los ricos en el capítulo 5 de su Carta, muy citado por los socialistas. Pero lo que se condena en ese y otros pasajes −parábola del rico y el mendigo Lázaro, Lucas 16:19-31− no es la riqueza sino el amor a la riqueza. La Palabra del Dios "de Abraham, Isaac y Jacob" −tres ricos multimillonarios− no condena la riqueza en sí misma, ni siquiera cuando es mucha; sí condena el robo y la envidia. Y el apego. Tampoco condena la actividad sexual en sí misma, sino la actividad sexual desordenada, fuera de su límite que es el matrimonio.

La enseñanza bíblica sobre la riqueza no pregunta ¿a cuánto asciende? sino ¿cómo fue obtenida? y enseguida ¿cómo es empleada? No es censurable la que procede del trabajo y el honesto intercambio voluntario, y que se emplea en las necesidades, sin apego. (Aunque Job, Proverbios y Eclesiastés apuntan a la tendencia de los ricos a presumir de su riqueza. Pero también de su poder, hasta de sagacidad y supuesta sabiduría. Y no es necesario ser rico para ser presumido).

21) La caridad es deber moral, no político: la espada no es para redistribución. Y la caridad tiene límites: en sus Epístolas a los Tesalonicenses Pablo destaca que vive de su trabajo "para no ser a nadie gravoso" (I Tes 2:9) y manda "amonestar a los ociosos" (I Tes 5:14) porque "no comimos de balde el pan de nadie" (II Tes 3:8).

22) Sobre la profecía escatológica de Apocalipsis hay distintas escuelas interpretativas. Sin embargo, y aparte la profecía, es claro que desde los días de Génesis y el Imperio de Babel con su Torre,

pasando por Daniel, Dios no ha cambiado su opinión contraria a las grandes bestias: el cesarismo judío aliado al imperio romano (Apocalipsis 13) o cualquier imperio mundial que pretenda unificar a todas las naciones bajo un Estado mundial con una religión mundial. (Apocalipsis 17).

En cuanto a la profecía:

A. Para las escuelas preteristas Apocalipsis anticipa el juicio de Dios sobre Jerusalén: el fin de la Antigua Alianza, que fue en el año 70 dC. (P. ej. el Anticristo de Apocalipsis es el César Nerón, cuyo nombre transliterado en números da la cifra 666).

B. Para las escuelas futuristas es una profecía sobre el fin del mundo, e inminente. Esta predicación no es nueva: la hubo muchas veces. En tiempos de Agustín, cuando el fin del Imperio Romano. Y en el año 1000 hubo gran pánico, y grupos como el de la Paz de Dios en 1033, año del supuesto aniversario de la muerte y resurrección de Jesucristo (cuya fecha exacta es incierta, y la de su nacimiento). En campos y aldeas, miles de campesinos ayunaron en procesiones y penitencias, exigiendo a los nobles hacer la paz, renunciar a sus riquezas y practicar la virtud. Cuando la época del absolutismo y las guerras religiosas, y luego durante las revoluciones francesa y rusa, fueron muy populares los predicadores del inminente fin del mundo. Y en el s. XIX J. Nelson Darby y Scofield con el "dispensacionalismo", y ahora Hal Lindsay, y La Haye & Jenkins con "Dejados atrás".

23) Con esta doctrina hay ahora una enorme industria religiosa de libros, filmes y cassettes que genera muchos millones de dólares al año. Vea Ud.: hay derecho a hacerse multimillonario sirviendo a clientes y usuarios en el mercado. Pero ¿los pastores y ministros? Es diferente porque hay un peligro: hacer del Evangelio un negocio, y torcer la doctrina, enseñando aquello que la gente quiere escuchar, y paga por escuchar. "Motivados por su avaricia, harán mercancía de vosotros con mentiras" dice II Pedro 2. La bolsa de las iglesias no es para sufragar los gastos de los pastores solamente, sino también para el servicio de culto, y para "las viudas y huérfanos": la obra social.

Pero Ud. tal vez se pregunte, ¿entonces la Biblia puede **interpretarse** de distintas formas? Pues así es, y ha sido por siglos. Pero de interpretaciones distintas puede ser objeto cualquier texto, sobre todo si es antiguo, p. ej. de Homero, Cicerón, Horacio o Virgilio. La multiplicidad de interpretaciones es inevitable.

24) ¿Y puede **malinterpretarse**? Sí. Pero tanto así como hay hermenéuticas torcidas, también están las verdaderas, que se ajustan al lenguaje, y al contexto inmediato y mediato. Y las que ejercen violencia al texto, y tendenciosas e interesadas, y muy arbitrarias y caprichosas, y hasta fantasiosas.

De nuevo: todo y cualquier texto se puede interpretar mal si se quiere, o por error; y con la Biblia siempre ha ocurrido: en Mateo 4:6 el viejo Satanás cita el salmo 91:11-12 descontextualizado. En Génesis 3:1

también cita torcidamente la Palabra que Dios había dado a Eva y Adán.

Nadie dijo que la Biblia es un libro fácil; ni que es fácil distinguir en cada caso entre unas y otras interpretaciones. Pero esto no conduce al relativismo: hay interpretaciones falsas; y las hay que se ajustan a la verdad. Eso sí: las distintas exégesis bíblicas tienen muy diferentes consecuencias prácticas.

Ejemplos:

A. Interpretaciones,
– si Ud. adopta alguna teología sacerdotal, tenderá a aceptar lo que diga su sacerdote o su pastor;
– si Ud. adopta la teología del sacerdocio universal de los fieles (cada creyente es sacerdote) entonces hará interpretación individual (mas no arbitraria) de la Escritura. Pero Ud. deberá investigar, comparar y razonar, como los estudiosos bereanos (Hechos 17). Por supuesto que el estudio concienzudo de la Palabra de Dios lleva tiempo, y el tiempo es recurso escaso y no renovable, y algunas horas al día –o al menos a la semana– deberá sacrificar Ud. a otras actividades e intereses. Pero vale la pena.

B. Fin del mundo,
– si Ud. adopta una interpretación futurista de la profecía escatológica y además cree que el fin del mundo es para ya mismo, entonces no importa mucho el destino de nuestra cultura ni el avance del Reino de Dios. Ni el sistema político o económico. Y la acción política

tampoco tiene mucha relevancia. ¿Para qué?

– distinto será si Ud. cree que el mundo tendrá fin –así como tuvo principio–, y que será juzgado por Jesucristo en su Segunda Venida; pero no hay razones suficientes para creer que es para ya mismo; en Mateo 24:36 dice Jesús: "El día y hora nadie sabe, ni aun los ángeles de los cielos, sólo mi Padre".

C. Justicia contributiva,

– si Ud. no mira mucho el sentido de la palabra "publicano", y disfruta todas las interpretaciones "espirituales", no le dará mayor importancia al asunto. Y señalará como deber cristiano el pagar todos los impuestos.

– distinto es si Ud. toma la Biblia en serio y literalmente. El impuesto abusivo es un robo, un despojo legal: los gobiernos nos quitan parte del fruto del trabajo. Nos esclavizan. La excusa es que se nos devolverá ese dinero "en salud y educación". ¿Es eso conforme a la Escritura? ¿Se interpreta así ahora? ¿Fue interpretada así en el pasado?

Veamos primero las 5 clases de cristianos de ahora, y luego los 10 principios judeocristianos o bíblicos de Gobierno, y después algunos testimonios del pasado.

Cinco clases de cristianos

En EEUU entre el 70 y el 80 por ciento de las gentes, según las encuestas, se identifican a sí mismos como "cristianos", y en apariencia y comparación con el resto lo son en cierta manera, cada cual a su modo. Porque no todos dentro de este gran grupo de "cristianos" son similares en creencias, actitudes y conductas.

En septiembre de 2006 Christianity Today y Editores Zondervan encargaron a una firma consultora de opinión un estudio empírico sobre las creencias, comportamiento y actitudes de los cristianos. Una muestra estadística de personas autodenominadas cristianas y mayores de 18 años fueron encuestados sobre sus creencias y prácticas religiosas. Los resultados ponen de manifiesto que hay cinco segmentos o categorías distintas de cristianos, que los encuestadores para distinguir y clasificar llaman así: activos, profesantes, litúrgicos, privados, y culturales.

– un 19 % de cristianos "activos" toman en serio la salvación por medio de Jesucristo, su relación personal con Dios, y su compromiso con Su Palabra, que no sólo leen y estudian sino que enseñan y tratan de poner por obra en todos los aspectos de su vida y no sólo en el culto;
– un 20 % de cristianos "profesantes" tienen iguales creencias y fe que los activos, pero no iguales acciones y conductas;
– un 16 % de cristianos "litúrgicos" muestran un alto nivel de actividad "espiritual", sirviendo en la iglesia y en la comunidad, pero sus creencias personales no son las de los Grandes Credos, y sus orientaciones políticas son de izquierda, como los de las dos categorías siguientes;
– un 24 % de cristianos "privados", segmento mayoritario y más joven: creyentes en Dios y en "hacer bien las cosas", tienen su Biblia pero no la leen, y son "espirituales" (místicos) pero no van a la iglesia;
– finalmente un 21 % de cristianos "culturales": no se interesan en su relación con Dios, ni en la Biblia ni en iglesias; no creen en Jesús como condición necesaria y suficiente para salvación, creen que hay

muchas maneras de satisfacer a Dios, favoreciendo el universalismo en teología.

Por eso el 81 % de los cristianos –uno de cada cinco– tienden a hacer dualismos, separaciones radicales u oposiciones tajantes:

- *lo material de lo espiritual,*
- *la naturaleza de la gracia,*
- *la Fe de la razón,*
- *la Religión de la vida ordinaria,*
- *la Iglesia de la sociedad.*

Los estudios del Dr. Peter Hammond demuestran que un 29 % del contenido de la Biblia se refiere a la vida personal, y el 71 % a cuestiones sociales, políticas y nacionales. Pero las gentes –cristianos y no cristianos por igual– viven bajo la ilusión de que la Biblia no dice nada de estructuras sociales, modelos constitucionales o problemas y asuntos políticos.

Y como la Biblia "no dice nada", ¿qué hacen los cristianos? ¿Qué opinan acerca del rol de los gobiernos, la educación, los negocios, la inflación, la redistribución de la riqueza y la acción social? Adoptan los puntos de vista del sistema del mundo. No siguen el consejo de Romanos 12:2 "No os conforméis a este siglo, sino transformaos por medio de la renovación de vuestro entendimiento"; en cambio de ello se adaptan al sistema, se amoldan y ajustan al actual estilo predominante –hoy de izquierda– en lugar de ser "sal para la tierra" y "luz para el mundo" (Mateo 5:13-16). Así las opiniones y puntos de vista más frecuentes entre los cristianos son las mismas del humanismo secular: estatismo, mercantilismo, socialismo, ecologismo, feminismo, etc.

Gracias a Dios hoy en día existen muchos ministerios cristianos dedicados a este tema de los principios, valores y normas de gobierno según la Biblia. Entre ellos destacan los siguientes:

- Institute for Christian Economics, EEUU, liderado por el Dr. Gary North;
- The Acton Institute, EEUU, orientado por el Padre Robert Sirico;
- Kuyper Foundation, Londres, Gran Bretaña, dirigido por Stephen Perks;
- Kingdom Watcher, Nueva Zelandia, a cargo del Prof. Ron McKenzie;
- Frontline Fellowship, en África del Sur, conducido por Peter Hammond, a quien seguimos de cerca en su exposición sobre los diez principios bíblicos o judeocristianos de gobierno civil.

Los diez principios bíblicos de gobierno

Se pregunta el Dr. Hammond: ¿Por qué el Parlamento inglés tiene dos Cámaras, la de los Lores y la de los Comunes? ¿Por qué en el Gobierno de EEUU se separan tres poderes, ejecutivo, legislativo y judicial? ¿Por qué Suiza no tiene un ejército de militares profesionales sino de ciudadanos voluntarios armados? Las respuestas a estas y otras muchas otras preguntas están en los diez principios de la libertad conforme al modelo de Gobierno Civil que describe normativamente en la Biblia:

1. Orden social descentralizado
2. Economía libre
3. Educación privada

4. Gobierno limitado
5. Federalismo y separación de poderes
6. Justicia resarcitoria y compensatoria
7. Congreso bicameral
8. Senado o Cámara federal, no de elección popular
9. Ejecutivo controlado, no de elección popular directa
10. Milicia de ciudadanos armados

Vea Ud. uno a uno ...

1) **Orden social descentralizado**. O los cinco pilares fundamentales o básicos del orden social.
¿Por qué vivimos en sociedad? Por los resultados positivos de la vida en sociedad, que pueden reducirse a estos nueve beneficios:

– tres económicos: agricultura, industria y comercio;
– otros tres de tipo "social": educación, medicina y jubilaciones,
– y otros tres de orden gubernamental o político: seguridad, justicia y obras públicas.

La Cristiandad o civilización cristiana lleva 20 siglos interpretando que para cumplir estas tres series de funciones sociales, el Creador preordenó los cinco pilares del orden societario:

– familia, empresa y escuela, a cargo de las seis primeras;
– un gobierno limitado y descentralizado, encargado de las tres últimas;
– y la iglesia, con su sacerdocio o cuerpo eclesiástico, a cargo principalmente del culto, y de recordar

129

al pueblo las exigencias de un Dios santo y justo además de bueno, como asimismo de prestar apoyo a la familia en las tres funciones sociales.

La mayor parte de las funciones sociales, competencias y recursos (y responsabilidades) son de las personas individuales, las familias e instituciones privadas, y los gobiernos locales (libros de Éxodo 24:1, Deuteronomio 1:13-18, Hechos 17:26). La acumulación de poder en un Estado totalitario y centralizado ha sido siempre costumbre pagana, como en Nínive y en Babel (Génesis 10:10-11 y 11).

Hay así un doble sistema de controles, contrapesos y equilibrios cruzados:

– En la sociedad. El gobierno civil es una de las cinco instituciones para cada una de las esferas de funcionamiento de la sociedad: familia, economía, educación, iglesia, gobierno. No es bueno que el gobierno civil acumule más poder y dinero que los estrictamente necesarios para sus tres funciones legítimas: defensa nacional y policía, administración de justicia, obras públicas.

– En el Gobierno. "Todo poder corrompe", por eso hay que limitarlo por la vía de la división vertical y horizontal: federalismo y división en tres poderes u órganos gubernamentales, y dos cámaras en el órgano o rama legislativa, la más importante y poderosa para la vida diaria porque dicta las leyes. La democracia también debe limitarse: el voto o sufragio activo no debe ser necesariamente para todo el mundo.

2) **Economía libre.** Se basa en la propiedad privada de los bienes de consumo y de producción (Éxodo 20:15,17; Deuteronomio 19:14) y en la libre empresa (Eclesiastés 5:19; Proverbios 10:2-4; 12:24: 13:4, 11, I Tesalonicenses 3:10). El ya mencionado capítulo 8 de I Samuel condena clara y expresamente la acumulación de poder y dinero por los gobiernos. Y en el Nuevo Testamento se lee: "donde está el Espíritu del Señor, allí hay libertad".
(II Corintios 3:17.)

Entre los principios de una economía libre están los que se refieren al Estado y sus recursos:

– La tributación mayor al 10 % de los ingresos se define como opresión (I Samuel 8), y se prohíben los impuestos a la propiedad o a la herencia (I Reyes 21:3).
– Cualquier desigualdad en la contribución, como el impuesto "progresivo", está expresamente prohibida (Éxodo 30:14-15; Levítico 19:15).
– Se eximen de impuestos las iglesias, instituciones y personas a tiempo completo en el servicio del Señor (Esdras 7:23-24).
– Se prohíbe los pesos y medidas falsas, como la moneda sin respaldo, origen de la inflación y la pobreza. (Levítico 19:35-36; Proverbios 11:1; 20:10; Amós 8:5-7; Miqueas 6:11-12).

3) **Educación privada.** En Egipto, Asiria y Babilonia, la educación de los niños y jóvenes corre por cuenta del Estado, encargado de adoctrinar a la gente desde temprano en la cosmovisión totalitaria

imperante. Asimismo, hoy en día se encomienda al Estado la "formación" de las mentes de los futuros votantes. Pero en la Biblia, la educación de los hijos y la decisión sobre programas y asignaturas corresponden a los padres, con la apoyo de la iglesia, de modo por completo independiente del Estado (Deuteronomio 6:7; Oseas 4:6, Mateo 28:19, Efesios 6:4, Colosenses 2:8).

La Coalición para el Avivamiento (Coalition on Revival, USA) ha publicado y traducido unos 17 Documentos exponiendo la Cosmovisión Cristiana de la sociedad:

- Gobierno civil
- Familia
- Economía
- Discipulado
- Evangelismo
- La profesión, el empleo y los negocios
- Medicina
- Sicología y Consejería
- Educación Cristiana
- Legislación y justicia
- Educación
- Ecumenismo
- Sanidad Espiritual
- Acción Social
- Artes y Medios de Comunicación
- Ciencia y Tecnología
- Renovación Pastoral

En los dos primeros textos, sobre Gobierno civil y principios de Legislación y justicia, se muestra que la Biblia manda a los Gobiernos respetar las esferas privadas de la economía y los negocios, la educación, la familia, y las iglesias. Y que este respeto debe imperar en los tres poderes estatales: tanto en su constitución y en sus leyes ordinarias, como en sus decisiones ejecutivas y judiciales. E igualmente la igualdad ante la ley (no acepción de personas).

4) **Gobierno limitado**. La constitución es un Pacto, y ha de ser escrita (Éxodo 20, Deuteronomio 5 a 8 y 17). "Jueces y oficiales pondrás en todas tus ciudades que Jehová tu Dios te dará en tus tribus, los cuales juzgarán al pueblo con justo juicio." Deuteronomio 16:18.

El Gobierno es para asegurar las libertades, propiedades y derechos básicos de las personas. La constitución define claramente y limita el poder; es para ese fin. Es como una cadena para atar a los gobernantes y funcionarios a fin de impedirles abusar. El límite a su autoridad debe ser claro, específico, permanente. El gobierno "...no aumentará para sí caballos, ni hará volver al pueblo a Egipto con el fin de aumentar caballos; [...] ni plata ni oro amontonará para sí en abundancia. Y cuando se siente sobre el trono de su reino, entonces escribirá para sí en un libro una copia de esta ley, del original que está al cuidado de los sacerdotes levitas; y lo tendrá consigo, y leerá en él todos los días de su vida..." Deuteronomio 17: 16-18. Ese es el modelo o sistema de Gobierno perfecto:

> – "... en la ley de Jehová está su delicia, Y en su ley medita de día y de noche". Salmo 1:1-2.
> – "La ley de Jehová es perfecta, convierte el alma [...] Los juicios de Jehová son verdad, todos justos. Deseables son más que el oro, y más que mucho oro afinado; Y dulces más que miel, la que destila el panal." Salmo 19:7-10.
> – "Así que, queriendo yo hacer el bien, hallo esta ley: que el mal está en mí. Porque según el hombre interior, me deleito en la ley de Dios." Romanos 7:21-22.

Y cuando el rey Roboam violenta la ley, el pueblo desobedece, mata a pedradas al jefe de los impuestos Adoram, y el reino se divide: "... Mi padre agravó vuestro yugo, pero yo añadiré a vuestro yugo; mi padre os castigó con azotes, mas yo os castigaré con escorpiones. [...] Y el rey Roboam envió a Adoram, que estaba sobre los tributos; pero lo apedreó todo Israel, y murió. Entonces el rey Roboam se apresuró a subirse en un carro y huir a Jerusalén. Así se apartó Israel de la casa de David hasta hoy". I Reyes 12.

5) **Federalismo y separación de poderes**. Tres niveles de Gobierno: aldea, tribu, nación. Y tres poderes: jueces, parlamento, ejecutivo. "Además escoge tú de entre todo el pueblo varones de virtud, temerosos de Dios, varones de verdad, que aborrezcan la avaricia; y ponlos sobre el pueblo por jefes de millares, de centenas, de cincuenta y de diez." Éxodo 18:21.

El poder judicial está compuesto por los ancianos o jueces en cada aldea y tribu. El poder legislativo reside en el Consejo de los jueces gobernantes locales y en el Senado o Sanedrín. Y el poder ejecutivo en el Rey, cabeza de la Monarquía constitucional. Estas tres funciones de gobierno se basan en la forma misma en que el Señor reveló Su gobierno (Isaías 9:6-7 y 33:22).

6) **Justicia resarcitoria y compensatoria; y juicio justo**. (Éxodo 23:1-3). "Y puso jueces en todas las ciudades fortificadas de Judá, por todos los lugares. Y dijo a los jueces: Mirad lo que hacéis; porque no juzgáis en lugar de hombre, sino en lugar de Jehová, el cual está con vosotros cuando juzgáis." II Crónicas 19:5-6.

El propósito de la justicia bíblica no es que el transgresor se "regenere", sino que restituya a la víctima a la condición anterior al crimen; y en caso de no ser esto ya posible, le pague una compensación, o a sus herederos. Isaías 1:17.

Los principios de un juicio justo se exponen en Deuteronomio 19:15-19:

– Presunción de inocencia hasta que se pruebe la culpabilidad del acusado,

– El derecho al "debido proceso legal",

– Los testigos deben ser "careados" (enfrentar personalmente) con el acusado,

– Una alegación debe ser probada por dos o tres testigos, y

– Los jueces deben ser imparciales.

7) **Congreso bicameral**. Hay una representación popular en la cámara democrática, con gobernantes (jueces) elegidos por el pueblo: "Dadme de entre vosotros, de vuestras tribus, varones sabios y entendidos y expertos, para que yo los ponga por vuestros jefes. [...] No hagáis distinción de persona en el juicio; así al pequeño como al grande oiréis; no tendréis temor de ninguno, porque el juicio es de Dios; y la causa que os fuere difícil, la traeréis a mí, y yo la oiré." Deuteronomio 1:13-17.

8) **Senado o Cámara federal, no de elección popular**. Se compone de 22 ancianos (cargos hereditarios): 2 por cada una de las 11 tribus o zonas geográficas de Israel. Además, 24 sacerdotes (levitas), y 24 escribas (abogados), 2 por cada una de las 12 tribus. Este cuerpo tuvo 70 miembros y se llamó Sanedrín (Éxodo 24:1; Números 11:16-17).

9) **Ejecutivo controlado, no de elección directa**. Un funcionario ejecutivo (Juez Supremo o Monarca Rey) elegido con consentimiento de los ancianos (Deuteronomio 17:16). "Y vinieron todos los ancianos de Israel al rey en Hebrón, y David hizo con ellos pacto delante de Jehová; y ungieron a David por rey sobre Israel, conforme a la palabra de Jehová por medio de Samuel." I Crónicas 11:2-3
10) **Milicia de ciudadanos armados**. Un ejército de ciudadanos (milicia), voluntarios militarmente entrenados, con derecho de tener y portar armas para la defensa de su hogar y familia, de la comunidad local y de la nación (Números 1:2-3; Deuteronomio 20:1-4; Jueces 3:2).

El ejército profesional es un instrumento de la tiranía; y la mejor salvaguarda contra la tiranía es una milicia de ciudadanos voluntarios. "Entonces por las partes bajas del lugar, detrás del muro, y en los sitios abiertos, puse al pueblo por familias, con sus espadas, con sus lanzas y con sus arcos." Nehemías 4:13-14

Las milicias locales eligen a sus propios comandantes (Deuteronomio 20), y cada soldado tiene su propio armamento (Números 32:17-20; I Samuel 25:13). Cada ciudadano tiene irrestrictos derechos a poseer, portar y utilizar armas para la defensa individual y colectiva. Todo intento de los gobernantes para prohibir o limitar estos derechos es antibíblico y típico del modelo pagano o babilónico de Gobierno (Jueces 5:8; I Samuel 13:19-22).

Testimonios

La Biblia dice que Dios consideró muy importante que su pueblo como nación obedeciera estas leyes.

136

No cualquier sistema agradaría a Dios Altísimo y verdadero. Dios quiso que la nación como tal prestara obediencia y se sujetase a todos Sus mandatos, estatutos y preceptos.

Esto se declara al comienzo del libro de Jueces, en los capítulos 2 y 3. Dice que naciones paganas fueron dejadas ex profeso para probar a la nación en su fidelidad. Jueces 3:4 "...para probar con ellos a Israel, para saber si obedecerían a los mandamientos de Jehová, que él había dado a sus padres por mano de Moisés".

Estas leyes eran importantes. El Gobierno limitado y sus principios eran importantes. Vale preguntar, ¿así lo entendieron los cristianos a través de los siglos? ¿cómo lo entendieron? Y de su interpretación ¿qué consecuencias se siguieron en la historia de Occidente?

En 1215 p. ej., los cristianos ingleses derrotaron al rey Juan Sin Tierra, que dio la Carta Magna con la promesa de no decretar impuestos sin convocar a los contribuyentes; allí y entonces nació el Parlamento, y la democracia representativa, bajo el principio: "No hay impuesto sin representación".

En 1649 Carlos I decretó un impuesto a la exportación, y hubo guerra civil en Inglaterra. Los "puritanos" no eran místicos: formaron las bien armadas y entrenadas tropas del ejército parlamentario de Oliver Cromwell, en las que sirvieron el Pastor Comandante Richard Baxter, autor de "Invitación a Vivir", y John Bunyan, del archiconocido "Progreso del Peregrino". Derrotado Carlos I fue juzgado, condenado a muerte y decapitado.

– Los impuestos de Felipe II de España en los Países Bajos y su intolerante política religiosa e insufrible centralismo llevaron a los calvinistas de las "Provincias Unidas" a la desobediencia, a la rebelión y a la secesión, en su larga y terrible Guerra de los Ochenta Años (1568-1648) por su independencia.

– En 1660, Carlos II restableció la monarquía inglesa. A su muerte, 20 años después, Jacobo I se hizo rey, y se entregó a los abusos. Con sus Biblias y armas en mano los puritanos hicieron la Revolución Gloriosa en 1688, y comenzó el parlamentarismo actual, perdiendo el monarca su poder absoluto, limitado por la Declaración de Derechos.

– Y en EEUU fueron los impuestos al té, rechazados por los colonos cristianos de Boston en 1773, los que llevaron a la independencia y a la guerra, y al nacimiento de esa nación.

Los cristianos ingleses, holandeses y americanos oraron con devoción firme -no "decretaron", a lo pentecostal-; pero no solamente oraron. Además orientaron con lucidez y decisión a la masa del pueblo, en contra de las injusticias contributivas y otros abusos del poder. No obedecieron ciegamente a sus autoridades políticas y religiosas. Leyeron sus Biblias con inteligencia, con información y con criterio. Pasaron del plano de los eventos circunstanciales a los asuntos de fondo, y al plano de los principios. **Y pelearon**. Si la ley insistía con la violencia de recaudadores fiscales al servicio de los saqueadores, los cristianos reconocían a los "publicanos" y les denunciaban como ladrones, y resistían las leyes malas.

No siempre ganaron. La primera guerra de los colonos calvinistas de Sudáfrica (afrikaners, voortrekks o boers) contra el voraz Imperio Británico se perdió,

138

en 1880-81, y la segunda también, en 1899-1902, y se acabaron las dos repúblicas cristianas que fundaron. ¡Pero no sin pelear! Tampoco eran místicos los boers: murieron 7 mil soldados, 25 mil civiles blancos y 20 mil negros, dejaron sus vidas con sus armas y sus Biblias empuñadas, en las trincheras. O en los campos de concentración. Entregaron su vida al Señor, pero en serio. Con fe y con dignidad, con coraje, honor, carácter. Murieron en medio de las balas y la pólvora, la sangre y el barro, la lluvia y el frío, los gritos de dolor de los heridos y los gritos de mando de los jefes, las plegarias, la noche y la peste, la caca y los piojos. Cantando la versión bóer de "Estad por Cristo firmes", himno que aún se oye en algunas iglesias. Dice: "Probad que sois valientes, luchando contra el mal!" Vaya si lucharon los boers contra el mal. Los últimos guerrilleros cristianos se rindieron en mayo de 1902 y firmaron el Tratado de Vereeniging, por el cual se les reconoció cierto autogobierno, y en 1910 fundaron la Unión Sudafricana.

El César Claudio -probablemente el emperador más corrupto- decía que la fiscalidad es como esquilar ovejas: hay que quitarles la lana, pero sin tocarles el cuero. En 1694 el rey Guillermo III descubrió el modo: fundó el Banco (Central) de Inglaterra. ¡Ya los monarcas no necesitaron arriesgar su popularidad (ni su pescuezo) decretando más impuestos! Y el Banco produjo la primera inflación masiva de dinero en la historia del país. Pero los cristianos conocedores de la Biblia protestaron, citando la condena de la "pesa y medida falsa" en Levítico 19:35 y Proverbios 20:10. La moneda es una medida, del valor económico, y la **inflación** es un impuesto fraudulento. Los cristianos fueron siempre antiinflacionistas, como recuerda el Prof. Hans Sennholz en "La Era de la Inflación" (1979), y mi amigo Stephen McDowell en "Liberando las Naciones", traducido por Francisco Bianchi.

Esas tradiciones cristianas se perdieron. Sin embargo, la tradición estatista de imprimir dinero de la nada no se perdió: el Banco de Inglaterra acaba de decretar los tipos de interés más bajos de su historia (0,5 %), y de aumentar su compra de activos mediante la emisión de reservas hasta 125 mil millones de libras, frente a los 75 mil millones anteriores. Pero ahora los cristianos no dicen nada.

A la Biblia hay que estudiarla

En fin, no es la Biblia un libro fácil, y por eso se recomienda meditarla en todo tiempo: "y sus palabras repetirás a tus hijos, y hablarás de ellas estando en casa y andando por el camino, y al acostarte y cuando te levantes" (Deuteronomio 6:7). "Y de día y noche" (Josué 1:8; Salmo 1:2).

No lo diría así si su estudio fuese fácil, ni aconsejaría comenzarlo desde la niñez. No diría: "Por tanto, guárdate, y guarda tu alma con diligencia, para que no te olvides de las cosas que tus ojos han visto, ni se aparten de tu corazón todos los días de tu vida; antes bien, las enseñarás a tus hijos, y a los hijos de tus hijos" (Deuteronomio 4:9). De paso nos está diciendo que es un libro para niños, y adultos: todo público.

Muchos cristianos oran por ayuda para entender la Biblia, y eso está muy bien; pero no buscan ayuda. Es decir, que después de orar deberían buscar y procurarse buenos manuales y estudios bíblicos para mejorar entender lo que leen y así poder aplicarlo mejor. De otro modo, cada quien lee lo que quiere leer, y hay demasiadas lecturas caprichosas y extravagantes, supuestamente inspiradas en revelaciones personales y muy privadas.

Hay mucho **malentendido** acerca de la Biblia, lo que dice y no dice, y lo que contiene. La Biblia cristiana contiene el Antiguo Testamento, que es la Biblia judía actual. Comienza por la Torah: los cinco primeros libros (en griego Pentateuco) que incluyen los principios de Gobierno. La antigua religión del Islam –no la versión actual deformada por el estatismo árabe– los reconoce como inspirados y autoritativos.

Las actuales ediciones católicas de la Biblia cristiana proceden de la traducción latina de San Jerónimo de Estridón (340-420), y las protestantes de las traducciones directas del hebreo y del griego de cuando la Reforma; pero no hay tantas diferencias. La mayor parte de las citas de este panfleto son de la edición Reina Valera en sus revisiones de 1909 y 1960; aunque a veces son de otras versiones cuyo lenguaje es más actual, aunque sin traicionar el sentido (lo cual algunas sí hacen, lamentablemente). Casiodoro de la Reina y Cipriano de Valera fueron dos monjes jerónimos del Monasterio de San Isidro del Campo que se pasaron a la Reforma e hicieron la traducción completa de la Biblia. Si Ud. no la ha leído, bueno sería que la lea, tal vez se sorprenda; y si es cristiano, bueno sería que la estudie, ¡tal vez se sorprenda más!

El mensaje central de la Escritura

La Biblia contiene un mensaje político muy claro y muy importante: Gobierno limitado. Con todo no es el mensaje central. **¿Cuál es?** Uno en el que todos los creyentes cristianos estamos de acuerdo: ortodoxos, católicos, protestantes y evangélicos. Y es este: que sólo Cristo salva, que murió por sus pecados y los míos, y que resucitó de entre los muertos. Y que debemos entender esto y aceptarlo con el corazón y la mente, y reconocerlo ante Dios en primerísimo lugar, y también ante las gentes.

A. Si Ud. ya lo ha entendido y aceptado, ¡Gloria al Señor!
B. Pero si Ud. aún no lo ha entendido o no lo ha aceptado, cualquier momento y lugar es buena ocasión para meditarlo y para hacerlo. Este p. ej., en medio de esta lectura. Puede hacer un alto. ¿Por qué no? Es la decisión más importante de su vida eterna. De ella depende cómo y dónde y con quién o quiénes pasará Ud. la Eternidad.

Ud. está en este instante leyendo en su casa, su oficina, o en un autobús, no sé; ni sé si está ahorita sentado, acostado o parado, solo o acompañado. No tiene que decirlo a nadie. Sólo tiene que dirigirse a Dios. Si quiere puede Ud. aislarse, y simplemente cerrar sus ojos como señal de respeto –y para no distraerse: no es mágico– y con su corazón y su mente y su alma y su espíritu elevar a Dios una oración franca, honesta y sincera, y decirle que se arrepiente de todos sus pecados –no me diga que no los tiene– y que pide perdón y acepta al Señor Jesucristo como su Salvador ...

Ese es el mensaje central y propósito de la Biblia. Para eso principalmente fue escrita. Para servir de guía y darnos a Ud. y a mí y a todos los humanos el único conocimiento verdadero y seguro acerca de un grave asunto, que un fino poeta y político liberal, el General Bartolomé Mitre (y militar, que fue Presidente de Argentina de 1862 a 1868) expresó con estas líneas:

"La vida es real y su destino es serio,
y no es su fin en el sepulcro hundirse;
que ser polvo y en polvo convertirse,
no es del alma el divino ministerio".

C. Y si tiene dudas sobre el destino eterno de su vida, pues entonces acuda a una buena iglesia y pregunte, que para eso están.

¿Cuál evangelio?

Las iglesias cristianas predican el Evangelio. Pero ¿cuál?

1) Jesucristo no fue un líder político en su paso por este mundo. El cristianismo no es una ideología o credo político, ni los cristianos somos un partido. La reforma social no está a la cabeza de nuestra Agenda. Pero tampoco queda fuera, porque en la Biblia hay muchos principios y directivas muy claras acerca de la sociedad, el gobierno y la economía, y no están allí de adorno, ni han quedado todos invalidados por el tiempo.

2) El Evangelio que los cristianos hemos de proclamar según las Escrituras no es sólo la Buena Noticia de la Salvación; es el Evangelio de Nuestro Señor Jesucristo, entero, que es todo el "Evangelio del Reino de Dios" (Mateo 4:23, Marcos 1:14). Y este Evangelio enseña la soberanía de Dios en la Creación, entera, incluyendo al ser humano individual, entero, en espíritu, alma y cuerpo; y también las familias, la educación, la sociedad en general y las naciones, sus gobiernos y la política.

3) El filósofo cristiano Vishal Mangalwadi –nacido en India– observa que una muy grave, profunda y duradera crisis cultural y moral afecta hoy a todos los países del orbe, comenzando por Europa occidental y EEUU. Sus repercusiones en las finanzas, el comercio, el empleo y la economía son apenas síntomas, o tal vez consecuencias. Los gobiernos pretenden imponernos el evangelio "políticamente correcto": ecologismo, aborto y eutanasia, derechos de los animales, leyes para homosexuales y nivelación por abajo con altos impuestos y programas "sociales"; pero la ética del trabajo se perdió, y también el espíritu de competir por la excelencia, la moneda sana y el comercio libre. Igualmente faltan el respeto a la verdad, a la propiedad y a la vida; y el pudor y la decencia. Los más horrendos crímenes y las peores aberraciones son corrientes. El gobierno limitado es un recuerdo del anteayer. Con pocas y honrosas excepciones, la educación embrutece, el arte apesta, y los medios de la prensa yerran o mienten a sabiendas, día tras día.

Sólo las mejores mentes –creyentes y escépticas– advierten y publican esto: que las ideas, conceptos, reglas de conducta y valores perdidos, fueron en gran parte legados cristianos a Occidente.

4) "Venga a nosotros tu Reino" y "Hágase tu voluntad en la tierra" (Mateo 6:10) significa que "todos sus preceptos, estatutos y mandamientos" (Deuteronomio 4:8) sean cumplidos; y que no sean desobedecidos, olvidados, mal interpretados o tergiversados.

La Ley de Dios incluye normas para las naciones, válidas en todo tiempo (Mateo 5:17-20), de las cuales depende el orden, paz, prosperidad y bienestar de sus familias, ciudades y campos, y por consiguiente, de los países como tales. Los países cuyos legisladores y magistrados han aplicado en el pasado los principios bíblicos de gobierno limitado han tenido progreso y son ricos, y los demás siguen subdesarrollados y pobres, tal y como se anticipa en Deuteronomio 28. Y así lo confirman también las buenas enseñanzas de las ciencias jurídicas, políticas, económicas y sociales.

5) Nuestra salvación eterna es por las obras de Cristo y no las nuestras; es "por gracia y mediante la fe" (Efesios 2:8). Es un regalo de Dios, incondicional como su amor y misericordia. La salvación es "gratis": ese es el Evangelio de la Gracia; y la fe es la respuesta de aceptación agradecida y gozosa.

Pero la salvación eterna no es el único propósito de Dios para nosotros: también quiere nuestro Autor que esta vida nuestra de ahora sea feliz, y para ello las personas, las familias y las instituciones deben ordenarse conforme a Su Voluntad, expresada en Su Palabra, que es Ley. Para conseguir la armonía familiar, el éxito de los negocios y el bienestar de las naciones, se nos exige seguir confiadamente las instrucciones del Creador, y en eso se demuestra la fe.

6) Dios hizo al hombre racional, y debe usar la razón para entender el mundo y la sociedad. E hizo también una revelación especial escrita de Sí mismo, y de sus propósitos y su voluntad, que no es inconciliable con la razón ni con el pensamiento humano bien ordenado.

Aplicada con la lógica, su herramienta propia, y con ayuda de la Biblia, la razón ha sido y es instrumento para la correcta comprensión del mundo, de la sociedad, y de la cultura. Y para su reforma, cuando ha sido necesario. Y también para la interpretación y el buen entendimiento de las Escrituras, ubicando cada texto en su contexto propio. Y Dios quiso que tengamos dominio sobre la entera Creación (Génesis 1:28, el primer mandato de Dios al hombre) aprovechando de la ciencia y la técnica en el conocimiento y uso de la naturaleza, y del raciocinio en los negocios humanos.

7)   Dios hace al hombre responsable, y por tanto libre; no es el ser humano (ni el cristiano devoto) un títere que Él manipula desde lo alto, sentado sobre alguna nube, mediante hilos ocultos para responder mecánicamente a sus incomprensibles designios.

El hombre es un ente con inteligencia y voluntad: puede aceptar a Dios o rechazarle; la soberanía divina no niega su libertad, ni anula su responsabilidad como ser moral. Y los gobernantes pueden desobedecer a Dios; y de hecho lo hacen mucho. Peor aún: sistemas de gobierno e instituciones completas se edifican totalmente de espaldas a la Palabra de Dios. Por eso fracasan, causando graves sufrimientos, no queridos por Dios.

8)   Dios ha delegado autoridad. Los maridos la tienen sobre las esposas, los padres sobre los hijos, los oficiales sobre los soldados, los maestros sobre los alumnos, y los gobernantes sobre los ciudadanos.

Y "toda autoridad viene de Dios" (Juan 19:11); pero no para abusar, sino para cumplir sus funciones propias ordenadas. Por eso todo poder humano debe sujetarse a lo que Dios quiere y dice en Su Palabra, y ninguno es autónomo o absoluto. Por tanto, no es incondicional y ciega la obediencia que a las autoridades se les debe.

9) Dios puede y quiere sanar a las naciones, y lo ha hecho muchas veces; pero han de reformarse. No de cualquier manera, como a la gente se le ocurre. No con ciencias sociales equivocadas, ni siquiera con exégesis o teologías equivocadas. Ni se requiere que el 100 % sus habitantes sean cristianos, o buenos cristianos, o lo sean sus gobernantes. Es como Dios dice: con oración confiada de los creyentes, pero acompañada de arrepentimiento y enmienda, y regresando los pueblos de los "malos caminos" (II Crónicas 7:14) mediante reformas; de otro modo, las oraciones de los fieles no son atendidas (I Samuel 8:18).

10) Dios quiere que los cristianos expliquemos a todos el Evangelio del Reino; eso es ser "sal de la tierra" y "luz del mundo" (Mateo 5:13-16). Predicando las normas del Reino, declaradas en el Nuevo Testamento y también en el Antiguo (Mateo 5:17-20).

Lo cual implica que si hay mucho desorden, crimen, inseguridad, impunidad, pobreza o miseria, ignorancia, desempleo, injusticia, despotismo y corrupción... la responsabilidad es nuestra, al menos en parte. En algo hemos fallado, nosotros, los cristianos.

¿Y cómo llevar luz si estamos a oscuras? ¿Cómo explicar las Escrituras si las entendemos mal? ¿Cómo dar fruto si no sembramos bien? ¿Cómo evangelizar si insistimos que "el cristianismo no es una religión"? Porque el cristianismo sí es una religión. Es nada menos que la religión verdadera, revelada por Dios.

Los cinco pilares del orden social

El mensaje político no es el más importante de la Biblia. Con todo, ¿quién sabe más del tema Gobierno: Dios o la ONU? ¿No es muy necesario que el mundo escuche sobre Gobierno limitado, entienda el mensaje y lo ponga por obra? ¿Y no son las iglesias la que deben predicar TODO el Consejo de Dios a las Naciones?

Hay enseñanza política en la Escritura: Gobierno limitado a sus funciones y no a cargo de las tareas y roles propios de las instituciones privadas. Fue desarrollada en la doctrina católica de la subsidiariedad del Estado, pero en dos versiones:

A. Una fue la de Lord John Dahlberg Acton (1834-1902): el Gobierno es contenido en su poder por los demás factores sociales: familias, negocios, academia, política e iglesia, en un equilibrio recíproco. El Estado es subsidiario de las instituciones voluntarias: no interviene en el lugar de ellas, ni las sustituye.

B. Otra es la del P. Heinrich Pesch (1854-1926) jesuita y discípulo de la Escuela Histórica Alemana, férreamente opuesta a la visión liberal de Gobierno limitado, y que fue muy influyente en las encíclicas sociales de los Papas. El Estado como "promotor del bien común" tiene un rol activo y superior, y las instituciones privadas le están supeditadas.

En el campo protestante destacó la doctrina de la "soberanía de las esferas", enunciada por Abraham Kuyper, pastor, profesor y teólogo calvinista y Primer Ministro de Holanda a comienzos del s. XX. Enseñaba

Kuyper sobre los cinco pilares del orden social, o cinco instituciones puestas en la Biblia para el buen orden de la sociedad: familia, empresa, escuela, Gobierno civil, e Iglesia. Las cuatro primeras se establecen en Génesis; la última en el Nuevo Testamento.

Y deben funcionar las cinco en paralelo, para cumplir sus respectivos fines propios, por sus medios propios, y ninguna reclamar soberanía o señorío sobre las demás. Porque todas las cinco, y no sólo el Estado, contribuyen al "bien común", cada una en sus funciones y con sus medios propios:

1) La **familia** es el núcleo básico porque es también el centro educativo primero y principal, y el mejor sistema de solidaridad y asistencia social intergeneracional.

Pero no se requiere que la familia sea "promovida" por el Estado. Basta que no sea empobrecida por la inflación y las leyes malas, ni desestimulada por Gobiernos que alientan hoy en día la procreación fuera del matrimonio, el divorcio express y el casamiento homosexual; y que en su feroz campaña contra la violencia doméstica —real o puramente estadística— afirma la inicua falacia de que todos los maridos golpean a sus esposas, y todos los padres maltratan a sus hijos, y por eso el Estado es mejor cuidador de las mujeres que sus maridos, y mejor protector de los niños y adolescentes que sus padres y familiares.

Eso sí, la familia no debe "enseñorearse" sobre las demás instituciones al estilo del feudalismo decadente, o de las grandes familias empresariales mercantilistas como los Medici, los Borgia, los Rotschild o los Rockefeller.

2) La **empresa** productiva debe ser privada y no subordinada al Estado. Pero tampoco debe "enseñorearse" al estilo de la empresa que pretende controlar el orden social entero, como las antiguas "Compañías de Indias" de la Era Colonial; y muchas del mercantilismo actual.

3) También la **escuela** y todo centro educativo debe ser privado y no subordinado al Estado. Pero los intelectuales y académicos tampoco deben "elevarse" sobre las demás instituciones, como pretenden los partidarios de la tecnocracia, al estilo del viejo socialismo de Saint-Simon, o el moderno de la ONU.

4) El **Gobierno** debe limitarse a sus fronteras. No es la exclusiva personificación del "bien común", porque las otras cuatro instituciones también contribuyen al bien común cumpliendo sus funciones. Sus "líderes" no son dioses. El Estado no debe dominarlo y controlarlo todo como en el estatismo, sea nacionalista, o sea como el de la ONU y sus agencias.

5) E igualmente la **Iglesia** debe limitarse a sus funciones propias, pero entre ellas se señalan estas cuatro, que debe recuperar de manos del Estado:

A. Apoyar a la familia en la educación, a todo nivel, con escuelas privadas apoyadas y sostenidas por las iglesias...

B. Y en la asistencia a los pobres y desvalidos, sin acepción de personas, no importando su religión. La caridad cristiana es voluntaria; no forzada, lo cual descarta de plano el "ideal" socialista de justicia redistributiva por vía de los impuestos. Para eso el diezmo eclesiástico,

150

para que "haya alimento en mi casa [...] dice Jehova" (Malaquías 3:10). En Hechos 6 se manda obra de ayuda social, pero no para abusos: en I Timoteo 5 se fijan condiciones.

C. Tratar con pecados que no son delitos ni asuntos a cargo del Estado: prostitución, adulterio, homosexualidad, pornografía, alcoholismo y drogas;

D. Y amonestar a los gobernantes cuando traspasan los claros límites señalados al poder político, advirtiendo que toda la nación sufrirá las malas consecuencias de sus transgresiones. Para eso la Iglesia de Cristo es "la luz del mundo" (Mateo 5:14), pero no puede dar luz a nadie si está metida en el ghetto, y a oscuras.

Por supuesto tampoco debe la Iglesia pretender "señorío" o dominio al viejo estilo clericalista de las iglesias oficiales unidas al Estado –ortodoxas, católicas o protestantes– que usaban el control político en su provecho.

Hoy padecemos las catastróficas consecuencias de un orden social profundamente de-formado por el estatismo, a través de las **leyes malas**. Por eso las reformas requeridas deben ser de fondo, profundas, **radicales**.

Capítulo IV

Cristianismo

Desde el siglo XVI, casi todos los escritores de la Reforma Protestante supieron que el respeto a la privada y a los mercados resultan del Gobierno limitado. También lo sabían –y hasta mejor– los teólogos católicos de la Escolástica hispana (Escuela de Salamanca) de esa época; sus obras son tal vez superiores a las de los reformados, en una más acendrada defensa del mercado libre, y en su calidad científica: son los fundadores de la ciencia Económica.

– Sólo que los autores salmantinos escribieron principalmente para los eruditos y en latín, con citas de los clásicos intercaladas con las bíblicas, y no para la gente corriente de clase media y en lenguas vernáculas como los protestantes. Por eso no hubo capitalismo liberal en los dominios de los reyes de España y Portugal. Y por eso son pobres nuestros países.

– Y por eso hubo capitalismo entre los protestantes, celosos defensores de sus libertades ante las pretensiones de sus Gobiernos: artesanos de Suiza con minifábricas en el hogar (s. XVII), molineros, comerciantes y pañeros holandeses y de Flandes, tenderos escoceses y galeses, navegantes ingleses, orfebres hugonotes de Francia. Y entre los industriales químicos y cerveceros de Alemania (cerveza de Münich) y entre los agricultores y ganaderos de EEUU. Y por eso sus países son ricos.

– Los liberales clásicos posteriores, como sus antecesores salmantinos, casi todos siguieron escribiendo sólo para los eruditos (hasta hoy); y así el capitalismo liberal se perdió en los países ricos, y en los pobres jamás lo tuvimos.

En la década de 1780 el venezolano Francisco de Miranda visitó EEUU. Le llamaron la atención sus iglesias, bibliotecas y Universidades; y sus constituyentes y diputados, cristianos casi todos, y entre ellos pocos doctores y profesores, y muchos herreros, granjeros, panaderos, ferreteros y comerciantes, plantadores de tabaco (de Virginia) etc. Hay conexión entre la ética protestante y el espíritu del capitalismo como pensó el sociólogo alemán Max Weber, pero no es la predestinación calvinista. Es el Gobierno limitado, puesto en práctica.

¿Cómo es una política de inspiración cristiana?

Contra lo que piensan muchos creyentes y no creyentes, no es una política sectaria ni confesional. No aspira a privilegios ni ventajas para iglesia alguna. Y es de y para todos los evangélicos, protestantes, católicos, ortodoxos, judíos, musulmanes, sufíes, gentes de otras persuasiones, agnósticos, indiferentes y aún ateos. No es para hacer de los cristianos Ministros o Diputados. No es comunista. Pero tampoco es conformista.

154

Se identifica con ciertos principios, reglas y valores de la "Cristiandad", no de religión, o culto, sino de leyes y justicia, gobierno y sociedad. Son parte integral de la herencia judeocristiana, adoptada después en otras culturas, hasta del Asia. Constituyen la clave y el secreto de la eficiencia productiva y el bienestar, así como de la justicia y el orden, la paz y la armonía. No son los de la mal llamada Teología de la Liberación.

Socialismo cristiano

Tras la caída del Muro en 1989, el Imperio Soviético quebró, y en su colapso arrastró al leninismo como la política del socialismo, y en parte también al marxismo como su doctrina. El socialismo se llena ahora del ecofemindigenismo, el patriotismo y militarismo, Nueva Era, y otros ismos de moda como el posmodernismo; y en Hispanoamérica la interpretación social-romántica y populista del Evangelio. Así el socialismo cerró el paréntesis marxista supuestamente "científico"; y regresó a la utopía, a ser "cristiano" como en el s. XIX.

1) Ya en los ss. XIII y XIV los franciscanos "espirituales" ("fraticelli") exaltaron la pobreza como ideal y valor, y condenaron la riqueza, y por tanto el comercio, la banca y las actividades productivas. Sus doctrinas fueron combatidas por los dominicos y sus autoridades, como mi pariente Leonardo Mansueti, Maestro General de esta Orden a fines del Quattroccento. Y condenadas también por los Superiores franciscanos, y los Papas Gregorio IX y Juan XXII.

155

2) En el s. XIX destacaron los socialistas cristianos Frederick Maurice y John Ludlow. Y el famoso novelista Charles Kingsley (1819-1875), Regius Professor de Historia Moderna en Cambridge, tutor del Príncipe de Gales, después Eduardo VII. Kingsley dirigía el muy conocido diario "Socialismo Cristiano", que leía un desconocido exiliado alemán llamado Karl Marx en la Biblioteca del London Museum.

3) Y en el s. XX la Teología de la Liberación: Gustavo Gutiérrez, Hugo Assmann, Clovis y Leonardo Boff, Ernesto Cardenal, Pedro Casaldáliga, Juan Luis Segundo, Enrique Dussel, Jon Sobrino y muchos otros.

Este socialismo manipula la religión con fines políticos. Es una herejía, desviación doctrinaria del cristianismo histórico universal y trinitario, como en sus días lo fueron también el gnosticismo, el arrianismo, el docetismo, el ebionismo, el montanismo, el maniqueísmo o el pelagianismo, anatematizados por los primeros escritores, iglesias y concilios cristianos y en diez siglos de Edad Media. Después de la Reforma, por esa mala costumbre estatista de unir las iglesias y el Estado, católicos y protestantes condenaron ya no a las doctrinas -como cuando Tomás de Aquino- sino a sus sostenedores, torturando en el potro y quemando en la hoguera a los herejes reales o supuestos, horrorosas costumbres hace tiempo abandonada gracias a Dios. Pero la identificación con denuncia pública de las herejías no era costumbre mala, como se ve por las malas consecuencias de su abandono.

Democráticos o no, los socialistas cristianos confunden el Reino de Dios con el Estado socialista mal llamado "de Bienestar" o **Welfare**, la Salvación con la revolución, la guerra espiritual con la lucha de clases, y la comunión de los santos con el internacionalismo proletario. Son parte de la izquierda religiosa, al igual que:

— los sionistas o estatistas judíos -socialistas casi todos desde Teodoro Hertzl, y muchos ateos- confunden el Reino Mesiánico prometido con el Estado de Israel (cuyos mejores propulsores han sido y son los sionistas cristianos).

— los estatistas islámicos de hoy, disfrazados de musulmanes devotos, mal disimulando su ideología del baathismo (socialismo árabe, fundado por Michel Aflak en los '30), confunden la "Jihad" -lucha interior del hombre contra sus inclinaciones pecaminosas- con la "Guerra Santa" antisionista y antiimperialista a Israel, EEUU y sus aliados.

¿Se mezclan religión y política?

"No!" escribió Maquiavelo. Y cristianos devotos y ateos militantes que en este punto coinciden. Y dicen: "La Biblia no habla de política". Se equivocan:

— La Biblia manda la separación del Estado y las Iglesias, una de las condiciones de una sociedad libre, pretensión posible y viable, justa y razonable. Es parte de la herencia de la Reforma protestante, y consagrada por las constituciones de los países donde las iglesias son entes privados. Al contrario de los viejos "concordatos" con el Estado en los países católicos, y de las naciones islámicas de hoy, con sus mezquitas sostenidas con impuestos de todos, y sus clérigos-funcionarios estatales.

157

– Del Estado deben separarse las Iglesias. (Y las empresas, escuelas y entes educativos e instituciones privadas). Pero política y religión siempre han ido y van juntas –para mal o para bien– y se mezclan todo el tiempo, nos guste o no, pues toda religión implica una cosmovisión: visión amplia y general, cósmica, de lo real, del mundo, la vida, el hombre, la sociedad y la justicia. Y eso incluye al Gobierno y la política.

Y es dudoso que separarlas sea deseable y justo, porque la política requiere juicio y control. Es juzgable y debe ser juzgada. Y la vara o medida para su juicio no puede ser ella misma como quería Maquiavelo; es y debe ser metapolítica: es moral. Y la moral se impregna de la cosmovisión religiosa de cada quien:

– El cristianismo tiene su moral. Y es una religión, pese a que en el argot evangélico de moda, "religión" es sinónimo de religión santurrona, formalista, ritualista, falsa, o simplemente: catolicismo. Pero eso no es así.
– Los ateos tienen su religión: el humanismo secular y evolucionista. Y su cosmovisión pretende dejar a la religión cristiana fuera de la plaza pública, que quieren "neutral" en materia religiosa, lo cual es imposible.

Calvino insistió en que "todo en la vida es religión", explicando que hay dos clases de religiones: la de Dios, que es revelada, y las del hombre, que son inventadas, entre ellas el humanismo ateo, que pone al humano en lugar de Dios. Y que la religión de cada quien impregna su visión del mundo y de la vida, y asimismo de las sociedades y naciones. Lo predicaron autores ideológicamente tan disímiles como Fustel de Colanges, Lord Acton y Max Weber.

Adam Smith explicó que la "Causa de la Riqueza de las Naciones" (1776) es el libre comercio y la no intromisión de los Gobiernos en la economía. Sí pero, ¿de dónde salen estos principios? ¿Por qué unas naciones los adoptan y otras no? Weber (1864-1920) tras investigar mucho dio la respuesta: es la religión. Y en eso no se equivocó. Escribió varios libros:

1) En "Religión en India: hinduismo y budismo" observó que esas religiones enseñan a huir del mundo, no a cambiarlo, y esa cosmovisión ultramundanista y escapista explica el notable retraso en el grado de desarrollo.

2) Y en "Religión en China: Confucianismo y Taoísmo", estudió las religiones que enseñan a ajustarse de modo conformista al orden social clasista, antes que a cambiarlo, y a aceptar una posición inferior, antes que buscar el ascenso individual con inteligencia y esfuerzo, trabajo y comercio libres.

3) En "Judaísmo Antiguo" explicó las riquezas de los judíos por su fidelidad a los sabios mandatos bíblicos; como el de "cultivar y guardar el Jardín", no escapar o huir de él (Génesis 2:15) sino transformar activamente el mundo mediante el trabajo inteligente, en el contexto de una sociedad de iguales ante la ley.

4) Y en su célebre "Ética protestante y espíritu del capitalismo" de 1903, estudió las relaciones entre una y otro, siendo él incrédulo y socialista convencido. Investigó la moral calvinista heredada del judaísmo, inculcada en escuelas bíblicas a la

159

niñez; y su correspondiente cultura de conceptos, valores, normas e instituciones favorables al trabajo y al ahorro, al cálculo racional y a las inversiones sagaces, a la empresa privada y al honesto lucro (logro) en los negocios productivos.

Dice la Biblia que si se cumple el mandato de gobierno limitado, las naciones prosperan y sus pueblos disfrutan de bienestar y paz; pero de lo contrario las gentes sufren pobreza, miseria, violencia, opresión y otras calamidades (Levítico 26; Deuteronomio 28). Pero ¿cómo puede proclamar públicamente estas y otras verdades absolutas un cristianismo "meramente privado" –automarginado de la plaza pública–, por completo irrelevante para la cultura e impotente para la política, socialmente intrascendente, enseñando doctrinas escapistas en iglesias-ghettos, incomunicadas con la opinión general hasta por la barrera del extraño lenguaje-código que utilizan?

El problema es que los cristianos estamos para dar la solución, que tenemos, pero no sabemos. Para ser **luz al mundo**. Es la gran responsabilidad de testificar a Dios por la sabiduría y justicia de sus normas, que se pone sobre los judíos en Deuteronomio 4:5-6, y sobre los cristianos en Mateo 5:14-16. Significa que el mundo debería encontrar en nosotros diagnósticos y soluciones, para la otra vida y para esta. A nosotros nos deberían preguntar por los remedios a la inflación, el desempleo, la crisis y el crimen. Y deberíamos tener las buenas respuestas, en lugar de adoptar las malas de las universidades corrompidas.

Dos cosmovisiones

En la sección I vimos que tras las leyes malas hay una filosofía colectivista o "social", opuesta al individualismo, que no es egoísmo: en el primero la solidaridad es espontánea, voluntaria, en cambio el egoísmo es insolidario. Pues más en el fondo lo que hay son dos visiones cósmicas de naturaleza religiosa. Y tampoco hay términos medios:

1) La del **paganismo** es dualista: la religión es del ámbito "espiritual", el superior, y las actividades "mundanas" del reino de la materia, el inferior. Este dualismo de lo real (espíritu-materia) y de lo humano (alma-cuerpo), es típico de las religiones orientales y místéricas, del gnosticismo. Y el dualismo social: la sociedad es de "dos pisos", con el clero arriba, y los líderes; y el trabajo es del escalón de abajo, para los seres inferiores, tan innoble como el comercio, las ganancias y la producción. La política se pinta como altruista.

El budismo va aún más allá, y aspira al "nirvana": la supresión de los deseos materiales y la liberación del alma respecto a la materia misma, el acceso directo del hombre a lo sobrenatural (misticismo) mediante el ejercicio ascético. En el hinduismo, sucesivas reencarnaciones dan origen al sistema de castas superiores e inferiores ("intocables"): el nazismo se inspiró en las leyendas y religiones mitológicas arias o indoeuropeas, a través de la Teosofía. En Grecia este dualismo es de Platón (s. V aC), y en el cristianismo se infiltra a través de su discípulo Plotino (s. III dC), identificando al Reino de Dios con la iglesia, y opuesto al mundo. En el comunismo la "vanguardia" proletaria" se hace Nomenclatura, separada y distante del resto de la gente.

161

2) La **visión bíblica** no es dualista. Mediante Su trabajo (Génesis 1) Dios hace una Creación rebosante de materia ..."y vió que era buena". Mediante su trabajo, Adán tenía que adquirir ciencia de la materia, para labrar el Huerto, y cuidarlo: mantener a raya el mal. Porque no todo lo espiritual es bueno: hay ángeles rebeldes. Monseñor Escrivá escribió de un "materialismo cristiano", y de una santificación por la vocación al trabajo ordinario. "Mi Padre hasta ahora trabaja, y yo trabajo" (Juan 5:17).

La Regla de Benito de Nursia (480-547) manda al monje: "Ora et labora". El trabajo no es vil o inferior, tampoco el comercio. Y la sociedad es plana, de un piso: horizontal, comercial, liberal y democrática: todos somos servidores. Y la política no es "altruista", pero tampoco despreciable. Aún entre ángeles y arcángeles hay tronos, gobiernos y potestades, y Jesucristo es un Rey, que salva y redime, y la política debe ser redimida, como la economía, la ciencia, el arte, y la cultura, etc., todas al mismo nivel. Y en ellas, como antes Adán, debe ahora estar el cristiano redimido. No encerrado en su ghetto. Pero la política ha de servir, para controlar al poder y ponerle contención, evitando el absolutismo.

Los primeros Presidentes cristianos en EEUU juraron sobre la Constitución, ley suprema del país, y sobre la Biblia, pero no cerrada sino abierta, y no en cualquier parte sino en un cierto capítulo: Deuteronomio 28, como Josué en el Monte Ebal (Josué 8:30) Así proclamaron solemnemente su voluntad de cumplir las exigencias de ambos documentos, para recibir la nación las bendiciones por la obediencia a las leyes buenas (1-14), o los perjuicios de la desobediencia (15 hasta el final); pero de modo natural, no sobrenatural a lo místico, a lo mágico. No transformando piedras en pan.

162

El gran engaño de la Nueva Era

Transformar piedras en pan fue la primera tentación de Satanás para Jesús en el desierto. Y no cayó (Mateo 4:3). Pero la gente cae. Se le hace creer que tiene el misterioso y fabuloso poder de cambiar la realidad a su gusto con su mente (imaginación), o con su lengua (palabra). Basta con "visualizar" cualquier deseo y "declararlo" o "decretarlo". Y librarse de enfermedades y desgracias personales, o de pobreza y desempleo –u otras consecuencias dañosas del estatismo– sólo con no pensar cosas "negativas", ni mencionarlas. "¡No recibo!"

A eso le llaman "**fe**"; y "pensar positivo", y también "poder de la palabra". ¡Engaño! Los mortales no podemos lo que sólo Dios puede. No es nuevo este mito, ya se le dijo a Eva: "Seréis como Dios" (Génesis 3:5). ¡Y se lo creyó! La gente se atonta con "fábulas profanas y cuentos de viejas" (1 Timoteo 4:7) acerca de lo sobrenatural, y la clase media se autocastra políticamente. Si es tan fácil cambiar la realidad, ¿para qué estudiar? ¿A qué averiguar la verdad? Así se debilita e inhibe la capacidad de reflexionar con objetividad. Y se acepta sin crítica la desinformación de los medios, o de la deseducación, o los mandatos de los gobernantes. Y se cree en cualquier tontería; hasta en el socialismo.

Incluso los cristianos. Esta diabólica doctrina se aderexa con algunas citas bíblicas aisladas de su contexto, y se predica junto con enseñanza sobre prosperidad, que nada tiene que ver con sus dos requisitos según la Biblia: administración prudente (sabia mayordomía) y Gobierno con fronteras. Se hace depender la prosperidad nada más que del diezmo, que es bueno porque es bíblico, para alimentar las finanzas de las Iglesias y su independencia, y por tanto su dignidad. Pero no sustituye a la mayordomía ni al Gobierno limitado.

Fe es "certeza de lo que se espera y convicción de lo que no se ve" (Hebreos 11:1); o sea: asentimiento, confianza y seguridad en las grandes verdades de la Escritura, enseñadas por generaciones de pensadores y escritores cristianos desde Justino, Policarpo, Ireneo, Tertuliano, Agustín de Hipona, etc., cuyas lecciones nos permiten entender la Biblia. Fueron resumidas en los grandes Credos o Declaraciones de Fe por los primeros Concilios en Nicea, Constantinopla, Éfeso, Calcedonia. Y entre los reformados, por las antiguas Confesiones de Fe o Catecismos de Augsburgo, Heidelberg, Westminster, Bautistas, Cánones de Dort, 39 Artículos, etc. Antes eran distintivas de las denominaciones protestantes, pero hoy casi patrimonio común, universal (ecuménico) una vez popularizadas en bellos y magníficos himnos que aún cantamos.

Son las doctrinas bíblicas de la inerrante Escritura, de Dios, de la Trinidad divina, de la Creación y el cosmos, del hombre, de la Caída y la Redención, de la Salvación, de la Iglesia, etc. O sea las del índice de cualquier buen texto de Teología escritural, incluyendo:

– La doctrina de la razón, capacidad para la reflexión y el análisis, específicamente humana (no "mundana"), que nos distingue de los animales y nos asemeja a Dios, y que en todo momento debe gobernar sobre las emociones y sentimientos. El cristianismo no es enemigo de la razón. El Evangelio según Juan comienza declarando que "En principio era el Logos" (Juan 1:1), lo cual se traduce como "Verbo" pero significa en griego "La Razón".
– La doctrina de la Mayordomía, una de las dos claves de la prosperidad.

164

– Y por supuesto la otra clave: la de los límites del poder, que debe observar todo Gobierno humano, desde el familiar o doméstico hasta el político o civil.

Teonomía

La cuestión es de qué manera se relacionan religión y política. Hay básicamente tres modos: autonómico (normas del hombre a espaldas de Dios, o sea del Estado); antinomiano (anti-normas); y teonómico (respeto a las normas de Dios):

1) El más antiguo es el autonómico. Viene del dualismo y es propio del positivismo y el estatismo: los seres superiores, a cargo del Estado, hacen y deshacen las normas, y por eso el Estado (el poder) está por encima de las leyes.

Es una pretensión irrealista, contraria al orden natural. Por eso el humanismo secular de la Ilustración quiso separar la religión de la política y las leyes, alegando que la primera es "asunto privado"; pero la Revolución francesa las terminó mezclando en la vieja religión oficial del Estado. El marxismo y el nazismo siguieron ese camino, predicando el poder absoluto y su corolario: adoración y obediencia ciega al Gobierno como único legislador, sin admitir objeción, crítica, examen ni enjuiciamiento de nadie. El Estado por encima de la ley y en el lugar de Dios; es una religión idolátrica: estatolatría. Pretende gobernar absolutamente la vida, toda la vida humana, y por la fuerza; por ello es absolutista, totalitaria y autoritaria. En términos del Nuevo Testamento: cesarismo.

165

2) Como reacción surge la protesta desordenada y la anarquía: el antinomianismo. "No hay normas". En realidad las hay, una sola: la ley de la selva, la del más fuerte o poderoso.

3) La Biblia condena con toda firmeza al Estado absoluto y su adoración; y no manda obediencia ciega, por eso en la Escritura se basa el derecho de resistir a la opresión, corolario del principio de Gobierno limitado, y demás derechos naturales, dados por Dios. Y el concepto del Estado de Derecho: la ley por encima del príncipe.

Hay sólo un absoluto: Dios. Y hay un Reino de Dios, del cual Jesucristo es Rey. Pero, ¿cómo es el Reino? ¿Una autocracia tiránica? ¿Una dictadura autoritaria? ¿Anarquía? No, el Reino tiene normas, y se gobierna conforme a ellas. Tampoco es una democracia porque no hacemos la voluntad del pueblo sino la del Padre, que se expresa en "las reglas de la Casa", en palabras del escritor cristiano C.S. Lewis. La Biblia trae normas para el autogobierno de las personas, y para el gobierno de las familias, de las empresas y de las iglesias, y asimismo de las naciones. Son normas de Dios: "Teonomía".

La política tiene un propósito, Dios no es indiferente, y la Revelación no deja a la humanidad a oscuras en el tema de Gobierno civil. Ningún poder es absoluto. La esposa está sujeta a su esposo, pero no "sometida", como p. ej. en el Derecho Romano antiguo o quiritario. E igualmente los hijos sujetos a sus padres (no al Estado). Y los esclavos a sus dueños, y los educandos a sus maestros, y la congregación a sus pastores. Todos poderes condicionales, limitados por normas. ¿Por qué sería distinto con los gobernantes?

Vale aclarar mucha confusión sobre las leyes del Antiguo Testamento y su actual validez u obligatoriedad:

– Hay leyes religiosas o cúlticas, sobre sacrificios de animales y otras relacionadas con la pureza, cumplidas por el sacrificio del Calvario, que ya no son obligantes.
– Hay normas éticas cuyos estándares el Evangelio no invalida: los eleva. El Sermón del Monte es más exigente que el Decálogo del Sinaí, pero no lo proscribe, porque el amor, ley de Cristo, supone el respeto, evangelio de Moisés.
– Hay reglas jurídicas –civiles y penales, y procesales– muchas de las cuales pueden no ser obligantes en sus disposiciones literales; pero sí en sus principios.
– Y principios políticos como el Gobierno limitado y la justicia contributiva, que en el pasado se interpretaron como mandatorios en las naciones exitosas, y por eso todavía son ricas.

El fervor místico del pietismo de clase media

Sin embargo, predicadores neo pentecostales como Kathryn Cullmann, Kenneth Copeland, Morris Cerullo y Benny Hinn, junto con el gnosticista "poder de la fe" reintroducen en el cristianismo una cierta forma de pietismo, muy distinta a la de los puritanos, con algo de superstición, y mucho antinomianismo. Y estatismo. Sus creencias y prácticas son místicas, como esas oraciones con minuciosos detalles en las peticiones, como si el Altísimo no pudiese saber qué necesitamos o queremos. Y la moda de bendecir a los jefes políticos de turno, en la creencia de que van a hacernos el bien. Pero a diferencia del misticismo poético de San Juan de la Cruz o Santa Teresa, este misticismo burgués es un tanto crematístico. Y centrado en unos pocos temas, resaltando el concepto sobrenaturalista de guerra espiritual, que ve al Diablo por todas partes excepto donde realmente está: en el Congreso haciendo leyes.

Y muy centrado en los milagros. Viene a cuento una **anécdota**. Un médico rural atendía a sus pacientes. Una jovencita tenía algo no muy grave, y el buen doctor le recetó su medicina y tratamiento. Pero ella le dijo:

– Doctor, por favor, quiero una radiografía.
– Pero señorita Ud. no necesita una radiografía – le respondió el médico.
– Doctor, por favor, quiero una radiografía porque yo sé que así me voy a sanar. Y el médico le extendió una orden para el Servicio de Radiología.
A la semana regresó a la siguiente cita:
– Doctor, estoy muy bien. ¡La radiografía!

El médico sabía lo importante que es la mente del enfermo: ella creía en el poder curativo de la radiografía.

Sé que Dios puede hacer milagros y que los hace. No lo niego. Sólo recuerdo lo que C.S. Lewis en "Milagros": que un milagro es un milagro. Es algo extraordinario, no algo rutinario y cosa de todos los días, a cada momento. Ya no sería un milagro. Y menos con todo ese protagonismo de hombre (o mujer) y todo ese dinero de por medio. Porque para los asuntos humanos Dios dispuso las leyes naturales; y Dios no se contradice. Y a semejanza de Dios somos creadores los seres humanos, y con ayuda de Dios y en base a las leyes físicas, químicas y biológicas y aplicando los principios de la razón y la experimentación, crearon los científicos (cristianos muchos de ellos), las ciencias, y las medicinas para tratar las enfermedades.

Con una frase bíblica aislada y mal interpretada se pretende justificar lo que sea. Cuando Isaías dice: "por sus llagas fuimos sanados" (Isaías 53:5) es que fuimos salvados, alude a la Salvación (Salud); no es como lo entienden los místicos: una garantía firmada por Dios de que los cristianos no vamos a enfermarnos.

La palabra **"Pietismo"** viene del título de "Pia Desideria" (deseos piadosos), libro del místico Hugo Hermann (año 1624). Y aunque no soy teólogo ni mucho menos pastor, debo tocar el tema porque los místicos acostumbran a buscar (y ofrecer) soluciones mágicas, y en política no las hay. O a decir: "No hay solución", cuando sí la hay, y tal vez rápida, pero no mágica. La política requiere entendimiento, y para eso el misticismo no ayuda. Tampoco ayuda para entender bien la Biblia, que requiere leerse con la cabeza; ni para un examen crítico y racional de las leyes, y entender cómo las leyes malas contradicen los principios bíblicos de justicia, y arruinan la economía de familias y naciones.

– Para los cristianos, sólo Cristo es Dios y hombre, y por su medio y su sacrificio es nuestra comunión con lo divino. Y es obra de Dios, no del hombre. Así lo entienden y declaran nuestras Biblias y nuestros Credos, los Santos Padres, las grandes confesiones históricas y sus catecismos, firmes baluartes contra la divinización del Estado y sus jefes.

– Pero la experiencia "espiritual", según los practicantes místicos, no es racional, y es inefable:

imposible de describir con palabras. Es el clímax o unión directa y extática del hombre (o más a menudo la mujer) con lo sagrado, acompañada de un grado superior de perfección y sabiduría sobrenatural, con arrebato de emociones y sentimientos. No es para todos sino para unos pocos, destinados a dirigirnos y a gobernarnos a los demás mortales, derramando su santidad infusa sobre nosotros.

Desde luego el misticismo viene del dualismo, y se infiltra en los tres grandes monoteísmos desde las mitologías indoeuropeas, que son animistas, y politeístas o panteístas. El yoguismo es distintivo de la mística oriental, así como el cabalismo de la judía, el sufismo de la musulmana, y este tipo de pietismo lo es de la cristiana. No es el pietismo de los puritanos calvinistas.

De Grecia son los mitos órficos, eleusinos, y el pitagorismo; y de los celtas los escandinavos, que hoy gozan de un gran avivamiento en Europa. Hitler y sus seguidores conectaron con la mística germánica medieval: Hildegard de Bingen, Meister Eckhart y sus discípulos Enrique Suso y Juan Taulero. Más allá de sus disfraces teológicos, motivaciones dinerarias o coartadas escriturales, los ejercicios místicos son el supremo esfuerzo humano por saltar el abismo que separa al hombre de la divinidad, buscando lo "espiritual" por encima y en el más allá.

El seguidor místico huye de una realidad hostil que no comprende, y por eso renuncia también a la razón. Y de pasada, el místico quiere acabar con la realidad política injusta mediante la reforma social, sin observación, estudio paciente ni reflexión. Para él la realidad superior es espiritual, y su acceso requiere un saber superior, no ordinario. Y el Reino de Dios no es cuestión de normas, ¡eso es muy aburrido! Más coloridas y llamativas son las bulliciosas sesiones de diarrea emocional, y de vez en cuando el ascetismo.

A quienes ponemos cuidado a las normas, en especial cuando vienen de Dios, los místicos nos llaman peyorativamente "religiosos". Y "legalistas" a nosotros, siendo ellos los más ultralegalistas de las leyes que vienen del Congreso.

Antinomianismo

Ha sido y es típico de muchas herejías, como el gnosticismo, reeditado en la Nueva Era. Deviene de un malentendido con la Salvación, la cual toda doctrina cristiana, católica o no, enseña que es por Gracia de Dios y no por obra humana, y se recibe mediante la Fe. Es por los infinitos méritos de Nuestro Señor Jesucristo, no por cumplir nosotros leyes y normas.

La Ley no salva. Pero eso no implica que no sirva a otros fines, y de eso trata la Teonomía. Y a las normas hay que entenderlas, y para eso, estudiarlas; pero al desdén por las reglas se une el menosprecio por la inteligencia. El anti-intelectualismo e irracionalismo han sido y son típicos de los cristianos misticistas desde Jacob Spener en el s. XVII. Los de la Era de la Reforma acusaron a los protestantes de intelectualismo estéril, y de causar polémicas interminables y divisivas. La fe era confiar en Cristo y ya, nada de proposiciones teológicas verdaderas o falsas. Oponían el sentimiento a la doctrina, la experiencia al estudio "frío", la unción a la formación, el mover del Espíritu al conocimiento de Dios. Y el Evangelio al Antiguo Testamento.

Esta forma de pietismo llegó desde Inglaterra a EEUU en 1719 con Alexander Mack, y de Pennsylvania se difundió a todo el país. Inspiró los "Grandes Avivamientos" ingleses y americanos de los ss. XVIII y XIX. Eclipsado por la Ilustración, reapareció en el Avivamiento de la calle Azusa (Los Angeles, 1906) origen del pentecostalismo. De aquí y no de la Reforma protestante procede la predicación evangélica que nos llega en las décadas de 1880 y 1890.

Y de John Wesley, cuya teología fue arminiana y no calvinista. Desde la Reforma, los seguidores de Juan Calvino y los de Jacobo Arminio discutieron sobre la posibilidad del cristiano para salir de la influencia del pecado, reeditando la controversia pelagiana de cuando Agustín de Hipona. Después de la muerte de Arminio (1610), sus seguidores holandeses resumieron su doctrina en cinco puntos, en su Remonstrantia o pliego de protesta. Los calvinistas los refutaron uno a uno, y los suyos fueron los famosos "cinco puntos del calvinismo".

El arminianismo subrayaba principalmente el libre albedrío, como antes el monje Pelagio en el s. IV. El calvinismo en cambio, como antes Agustín frente a Pelagio, no lo negaba; sólo destacaba lo que la Biblia dice, y uno puede observar a su alrededor, en cada ser humano y en lo íntimo de sí mismo: que en principio la inclinación del hombre es a hacer mal uso antes que bueno de su libertad. Pero ello no es motivo para atribuir a los Gobiernos facultades sin restricciones: ¡todo lo contrario! Porque el pecado afecta a todos y cada una de las facultades humanas, aspectos y dimensiones de la vida (la "depravación total", 1ro. de los cinco puntos calvinistas); y no se encuentran exentos los Gobiernos y gobernantes, todo lo contrario.

Las implicaciones políticas son clarísimas:

A. Si la tendencia es al mal, el poder de los gobernantes debe limitarse al ejercicio de su función de tipo negativo, como es la represión y juzgamiento del crimen. Más nada. Y las leyes no deben darles mucho poder, más bien limitarlo.

B. De lo contrario, no debe limitarse a los gobernantes para hacer el bien, en funciones positivas: brindar educación y servicios médicos a la gente, en especial a los pobres, etc., y ocuparse activamente de ello, y tener mucho poder, y mucho dinero, y gastarlo a manos llenas. Sin importar los resultados.

Ética de intenciones versus ética de resultados

¿El estatismo no funciona? ¿Sus resultados y consecuencias son desastrosas en todas las épocas y naciones? No importa, es lo de menos para los pietistas, que adhieren a una ética de intenciones antes que de resultados, en palabras de Max Weber. En "La política como vocación" (o profesión), Weber opone dos éticas:

A. La de "buena intención", apegada a lo que se cree es la norma moral, con absoluta intransigencia en sus postulados, y negligencia de los resultados y consecuencias, sobre todo mediano y largo plazo. Y el fin no justifica los medios. "Que se haga la justicia aunque el mundo se acabe". Es una cierta idea muy peculiar de justicia humana, que ve como justo resultado que el mundo se acabe.

B. La de la "responsabilidad" o de las consecuencias. ¿El fin justifica los medios? A veces; no siempre. Porque los fines deben justificarse por principios y valores, idem los medios, pero también por resultados. Más allá de las intenciones y píos deseos, fines y medios idóneos deben contrastarse en las diversas opciones, según criterios racionales, valorando los "frutos", no sólo inmediatos sino de más largo alcance. "El camino al infierno está empedrado de buenas intenciones". O también "deseos no empreñan".

Hoy se enseña que las leyes del Congreso deben cumplirse porque sí, sin importar los resultados, y aunque sean malas. Eso no es ética cristiana, sino kantiana, basada en el imperativo categórico, según el filósofo alemán Immanuel Kant (1724-1804), muy influido por la educación pietista recibida de sus padres. En "Fundamentación de la metafísica de las costumbres" (1785), explica que la ética debe basarse en una norma primera y fundamental, imperativo que debería ser un mandato autónomo (no de religión ni doctrina), y capaz de regir el comportamiento en todas sus circunstancias. "Categórico" es incondicional, se opone a "hipotético" o condicional, es decir, para cumplir en función de objetivos: "Haz A, si quieres lograr X". Para Kant, eso no es moral. Kant formula así su imperativo: "actúa solamente según aquella máxima que puedas querer que se convierta al mismo tiempo en ley universal".

Violar una ley del Congreso en cierta circunstancia no podría convertirse en ley universal. Por eso no es fácil que los malos resultados de las leyes malas convenzan a quien alega que "las leyes son buenas porque lo son sus intenciones", y malos son los encargados de aplicarlas y cumplirlas. Y no hablo de los cristianos solamente: también es pietista la mayor parte de los socialistas de buena fe −los hay− que no profesan el cristianismo.

174

Ortodoxos, católico-romanos, protestantes y evangélicos

¿Qué hacen ahora los cristianos? ¿Mezclan la religión y la política? No hay dos vertientes cristianas sino cuatro: ortodoxos, católicos, protestantes (evangélicos de la Era de la Reforma) y evangélicos (actuales). En general con muy diferentes actitudes ante la política.

– Los **ortodoxos** orientales defienden la separación de religión y política, y en consecuencia predican el deber de obedecer a las leyes y a las autoridades, sean o no cristianas, musulmanas, ateas o las que sean. Esa fue la actitud conformista en los tiempos de la ocupación nazi, y del comunismo soviético.

– En Occidente el **catolicismo** romano entiende la unión con la política como un medio o instrumento para influir su Iglesia, por medio del poder temporal antes de 1870, de privilegios legales ante el Estado, y de la presencia de sus políticos en los gobiernos y parlamentos. Expresión de esa doctrina: los partidos democristianos. Pero no es así en EEUU, donde prevalece la actitud común entre los protestantes.

– En el **protestantismo** histórico la separación de Iglesia y Estado es parte de la enseñanza sobre la "soberanía de las esferas": cada una de las instituciones puestas por Dios para el buen orden social es soberana en su esfera.

– Los **evangélicos** de hoy parecen dudar entre el modelo ortodoxo oriental y el católico romano tradicional.

Cristianos y política, la tipología

En Guatemala hay cuatro actitudes políticas típicas de los cristianos profesantes, las mismas de todos los países, aunque en diferentes proporciones: secularizados, militantes, antipolíticos, y perplejos. Vea Ud.:

1) **Secularizados**. Cristianos bien "ajustados" al mundo, han cambiado Romanos 12:2; para ellos dice "Amoldáos al sistema". Su posición es: "De política, la Biblia nada dice. El cristiano puede ser conservador, liberal, centrista, progre, facha, rojillo, rojazo, etc. O apolítico o indiferente, da igual".

   Estos son la inmensa mayoría. Y quieren imponer su conformismo a todos los cristianos. Para lo cual enfatizan Romanos 13, que interpretan como los monarcas absolutos del s. XVIII: un mandato de obediencia incondicional a los gobernantes y al régimen que encarnan, cualquiera sea su color o forma. Pero algunos hacen excepción al conformismo cuando han escogido un color político, y los Gobiernos otro. Entonces pasan a ser...

2) **Militantes**; de tantas subclases como colores políticos. En América latina predominan los Rojos, socialistas. En EEUU hay muchos, pero también los de la "religious right". Ambos se distinguen por lo monotemáticos: para unos no hay más tema que la "injusticia social" y el reparto de la riqueza; y los otros agotan toda su agenda con aborto y homosexualismo. Es obvio que las

opciones políticas dividen a los cristianos. Y el espectáculo de iglesias divididas no es edificante. Por eso muchos pasan de la indiferencia a la abierta hostilidad: los...

3) **Antipolíticos**. Predican que todo cristiano se dedique exclusivamente a la evangelización, que entienden en sentido estrecho de mero proselitismo. Creen en "el Rapto" como inminente; por eso: ¡nada de "cambiar la cultura"! También leen en Romanos 13 la obediencia ciega.

4) **Perplejos**. Y ante la discordia de opiniones, muchos no saben qué pensar. Su actitud es: "¿Por qué esas diferencias? ¿Por qué no se ponen de acuerdo? ¿quién tiene razón?" A los tales perplejos dedicó Maimónides (el mayor sabio del judaísmo, s. XII) su tratado "Guía de los Perplejos". Les dijo tres grandes verdades:

– que la perplejidad es pobreza de conocimientos, propia de la humana naturaleza,
– y que debe el hombre salir de la perplejidad, por eso debe adquirir conocimiento verdadero,
– pero eso no es gratis, como todo lo valioso en la vida, tiene su precio: tiempo, dedicación y esfuerzo, sacrificando en parte otras prioridades, incluso altas, como atención a la familia, negocios, diversiones, etc. Hay que pagarlo.

La muerte de Herodes

Para adquirir conocimiento verdadero, vale aquí recordar p. ej. la terrible muerte del Rey Herodes Agripa, que cuenta Lucas en Hechos 12, y confirma el historiador Josefo. Herodes murió endiosado, castigado por su estatolatría megalómana. ¿Por qué casi nunca se menciona este pasaje? Porque es uno de tantos y tantos que condenan el estatismo y apoyan la única posición política que cabe al cristiano: a favor del Gobierno limitado.

Ese texto y al menos un centenar más –entre Antiguo y Nuevo Testamento– establecen las tres grandes verdades del liberalismo clásico cristiano:

– El primer gobierno del hombre es el autogobierno o gobierno por uno mismo; por eso "la ley no fue dada para el justo, sino para los transgresores" (I Timoteo 1:9).
– El Gobierno civil es una represión externa, querida y dispuesta por Dios, pero para el solo fin de contener las más brutales y antisociales maldades de los criminales –contra la vida, libertad y propiedades– incapaces de darse gobierno propio;
– Gobiernos y gobernantes también pueden ser malhechores, por eso Dios manda que sean limitados y muy restringidos sus poderes y recursos. Y si quitamos la Ley de Dios, y dejamos los cristianos de defenderla activamente mediante partidos políticos sostenedores de sus normas y principios, no hay otro límite efectivo a los abusos y maldades de los Gobiernos. Las leyes por sí solas no pueden dar contención.

Así se entendió la doctrina política cristiana por 2 mil años. Los maestros calvinistas hicieron popular la tesis de "los tres usos de la Ley" del Antiguo Testamento:

– El primero era el "uso político": brindar a gobernantes y gobernados unos principios válidos para la contención del crimen en la sociedad.

– El segundo era el "uso teológico" o pedagógico: mostrar que un Dios santo y justo toma muy en serio el pecado, y la necesidad que tenemos de un Redentor;

– y por fin un "uso moral": una guía de conducta para los redimidos, resumida en los 10 Mandamientos, cuyas exigencias no fueron abrogadas por el Nuevo Testamento.

Por mucho tiempo la Biblia fue una contención eficaz al totalitarismo. Pero en el s. XX esa barrera se removió, pensando que las puras Constituciones y leyes basadas en las doctrinas del humanismo secular, y la democracia popular irrestricta, serían mejores diques. El mundo pagó las consecuencias de error tan funesto. Y sigue pagando.

Kant o Cristo

La ética cristiana no es la kantiana. El "imperativo categórico" idealista luce como más estricto y severo que la Regla de Oro de Jesús.

1) Kant enseña que la acción basada en el interés propio no es moral. Para ser "pura" una conducta debe ser motivada por el sólo deber ético. No por el sentimiento, tampoco porque Dios lo ordene o lo premie, ni por interés alguno, menos aún el propio. No se puede esperar algo a cambio y ser moral. Por ende el intercambio no es éticamente "puro", ni el comercio u otra forma de actividad productiva.

Kant no sacó esas conclusiones anticomerciales de su filosofía, y por eso los libertarios lo tienen entre sus santos patronos, pese a que de su filosofía viene mucho de "la mentalidad anticapitalista". Pero no son los filósofos quienes sacan de sus enseñanzas erróneas todas las conclusiones prácticas, sobre todo las más alevosas y letales: ese trabajo sucio es de escritores políticos, como Hegel y Marx.

2) Jesucristo predica la Regla de Oro: "Todas las cosas que queráis que los hombres hagan con vosotros, así también haced vosotros con ellos; porque esto es la ley y los profetas" (Mateo 7:12). Eso no condena al comercio ni a la economía, al contrario.

"Amar a Dios sobre todo, y al prójimo como a uno mismo" (Levítico 19:18; Mateo 22:39), autoriza el amor propio, el "amor sui". No es la "abnegación" altruista. "Poner la otra mejilla" (Mateo 5:39) es una expresión hiperbólica para enseñar autodominio, a no tomar venganza de las agresiones y hacer interminable la violencia. La literatura oriental de los pueblos semitas abunda en hipérboles, e ignorando datos como ese se puede entender muy mal a Jesucristo y a la Biblia entera.

Pero este amor sui también es muy distinto al "yoísmo": la altiva y narcisista autoexaltación por encima de Dios y el prójimo, en el discurso de la "autoestima". En la Nueva Era, el 1er. mandamiento es: ama a tu dios el planeta tierra sobre todas las cosas; el 2do.: ámate a ti mismo (eleva tu autoestima) y a tu "semejante": el hambriento niño bengalí de allá bien lejos; no a tu "prójimo": el niño de al lado tuyo. Y el 3ero.: rinde culto al ídolo supremo sobre la tierra, el Estado. Pero el estatismo conduce a la abnegación altruista en aras del colectivo; eso es inconsistente.

A los cristianos de Roma, Pablo enseña tres lecciones muy consistentes, y no casualmente consecutivas, en los tres primeros versos del cap. 12 (Romanos):

– En el 1: que guarden un culto "racional" (no sensual, escandaloso o desordenado);
– En el 2: que no se amolden los cristianos al sistema –"el mundo"– sino que "renueven su forma de pensar", su mentalidad;
– Y en el 3: que nadie "tenga más alto concepto de sí que el que debe tener, sino que piense de sí mismo con cordura". No hay discurso de la "autoestima".

La fórmula TR + FR + DN + EA + TPGM + SE

La antigua oferta del liberalismo clásico no fue esa "libertad" gaseosa que predican muchos liberales en el aire –y que la gente no capta porque cree que la tiene– sino el Gobierno limitado.

¿Cuáles son sus fundamentos intelectuales? Hay al menos **seis escuelas de pensamiento**, en otras tantas disciplinas. Y vamos a resumirlas, algunas en contraste con sus contrarias, para entender mejor las bases filosóficas, científicas y teológicas del liberalismo. Pero antes una digresión. En 1913 Lenin publicó "Las tres fuentes y partes integrantes del marxismo". Al igual que su archifamoso "Qué hacer", también fue por las polémicas entre las izquierdas, que nos muestran las enormes contradicciones entre los socialismos "reales" y los del papel (el papel aguanta todo), y entre los distintos y opuestos socialismos "imaginarios".

Escribió Lenin: "El marxismo es heredero legítimo de lo mejor que la humanidad creó en el siglo XIX: filosofía alemana, economía política inglesa, y socialismo francés." Lenin pensaba que el francés era el socialismo más "avanzado" (Comte y Saint-Simon). Y vio en el marxismo la concreción natural del idealismo alemán (Kant, Fichte y Hegel) y la economía clásica (Smith, Ricardo y el propio Marx). Esa es la fórmula: filosofía idealista (FI), Economía Clásica (EC), Socialismo Político (SP). Tres grandes teorías equivocadas. Y que sean alemanas, inglesas o turcas nada tiene que ver. La filosofía idealista es irreal y tan mala como el socialismo, su doctrina política. Y la economía clásica adolece de un error garrafal: que el precio de los bienes y servicios es determinado sólo por el trabajo de quienes los producen, y no por las demandas de quienes los compran.

El liberalismo clásico no es "economicista". Su fórmula puede ser TR + FR + DN + EA + TPGM + SE. O sea Teología Reformada, Filosofía realista, Escuela del Derecho Natural, Escuela Austríaca de Economía, Teoría Política del Gobierno Mixto y Sociología de las Elites. Ahora, le invito a darles un paseo...

1) **Teología Reformada (TR)**. No es sólo calvinismo, ni siquiera Teología Protestante. Es Teología con Cristo en el centro de la escena, y reconocida completa su obra salvadora, para una labor de restauración y regeneración que comienza por lo individual, pero allí no se queda, para la otra vida y también para ésta.

Según esta Teología, Jesucristo nos compró con su sangre para que podamos estar en la presencia del Padre ya desde esta vida. Pero ¿sólo eso? ¿Encerrados en las iglesias? Nuestro Salvador nos ha redimido para extender las fronteras de Su Reino. Para labrar y defender el huerto, como Adán. Para ser sal de la Tierra y Luz para el mundo; a fin de que los ciegos no sigan siendo guiados por otros tan ciegos o más. Pero para eso los cristianos tenemos que dejar atrás nuestra guerra con la inteligencia, que no es enemiga de lo espiritual.

2) **La Filosofía Realista (FR)** no es exclusiva ni distintiva de los católicos. Es toda filosofía que afirma a la mente humana como receptiva a las realidades, y capaz potencialmente de conocerlas y de llegar a la verdad, a partir de conceptos. Los conceptos –particulares y universales– son abstractos, por eso no son iguales a las imágenes mentales; una cosa es imaginación –que nos puede confundir– y otra el entendimiento.

A los conceptos ponemos palabras; y con ellas hacemos definiciones y juicios, y razonamos.

– La definición de un concepto lo recorta, lo diferencia y precisa, describiendo la esencia de la realidad conceptuada, que es su naturaleza en tanto comprendida por la mente. Un juicio es un enunciado en el cual predicamos algo de un concepto, – y en un razonamiento enhebramos dos o más juicios.

El padre del realismo fue el médico Aristóteles (384-322 a.C.), creador de la lógica, y de la hoy injustamente olvidada Ontología o Metafísica, incluyendo:

- el principio de no contradicción (A es A y no es igual a no-A);
- la teoría de las cuatro causas: material y formal, eficiente y final;
- la analogía del ser: el "ser" es un concepto no unívoco ni equívoco sino análogo, "que se dice de muchas maneras", lo cual da pie a...
- la noción de sustancia como sujeto o sustrato de las cosas, y de las categorías como predicados clasificadores: cantidad, cualidad, relación, lugar, tiempo, situación, posesión, acción y pasión. Nos permiten refinar los razonamientos, y adentrarnos en las observaciones y clasificaciones, y así nos abre la puerta a la ciencia y a la experimentación. Y a la economía.

Conceptuar, juzgar y razonar son cosas que los falibles humanos podemos hacer mal o bien, mejor o regular. Pero conforme a la Filosofía realista, sólo así avanzamos en el conocer de la realidad, a partir de los datos de los sentidos; y podemos llegar a la verdad objetiva. Aunque también podemos tropezar y retroceder en este camino, o desviarnos y distanciarnos de la realidad, y equivocarnos. Pero podemos corregir.

Hay muchas versiones del realismo, para elegir. Aquino (s. XIII) es el máximo exponente de su versión cristiana, aunque en sus días muchas doctrinas suyas fueron injustamente condenadas como herejías por la Iglesia. Rabbi Moisés Maimónides (s. XII) lo es de su versión judía; y los árabes Avicena, Algazel y Averroes –también medievales– de su versión islámica. Thomas Reid (s. XVIII), sucesor de Adam Smith en la cátedra de Filosofía Moral de la Universidad de Glasgow, fue el fundador de la escuela del sentido común, típica de la Ilustración escocesa. Y en el s. XX la filósofa atea ruso-americana Ayn Rand elaboró una interpretación del realismo conforme a su punto de vista, que llamó "Objetivismo".

Aristóteles comenzó sometiendo a una severa crítica las lecciones de su maestro Platón, padre de la filosofía idealista, con sus dos mundos: el de las ideas y el mundo tangible. Aristóteles rechazó las teorías sobre las ideas como auténtica realidad, y del mundo sensible a nuestros sentidos como una mera copia sin valor. "Las ideas están en las cosas y la mente las capta". Y le siguieron los árabes; y Tomás de Aquino.

Para la Filosofía Idealista de Kant esta forma de pensar es "ingenua" y "dogmática". No podemos saber cómo es la realidad extramental en sí misma, ni siquiera si existe. Porque conocemos sólo lo que nuestra mente produce. El conocimiento no es receptivo o pasivo; es activo y constructivo. En base a los fenómenos que percibimos con nuestros sentidos la mente genera ideas. No podemos decir que conocemos la realidad tal como es (el "noúmeno"). Y siguiendo a Hume, Kant negó la idea de causa.

3) Del realismo procede la **Escuela del Derecho Natural (DN)**, fundada por el P. Francisco de Vitoria (dominico, 1483-1546). Y continuada por el P. Juan de Mariana (jesuita, 1536-1624), y luego en el protestantismo a partir de Hugo Grocio (1583-1645). Dos grandes pensadores y escritores

185

cristianos, y como tales, grandes perseguidos políticos –igual que Isaías y Jeremías– consolados por el Salmo 23:5: "Me preparas mesa delante de mis angustiadores".

Afirman ellos que hay un orden natural en el cosmos, y leyes naturales, y las hay en la sociedad: no todo es convencional. Y la mente descubre ese orden, no lo inventa. Y a este orden y a estas leyes deben conformarse las leyes positivas para tener éxito los pueblos, gentes y naciones. Podemos imaginar, conceptuar y diseñar arreglos sociales contrarios al orden natural y a sus leyes creyendo que son mejores, mucho más "útiles"; y planificar y tratar de imponerlos por medio de leyes malas. Pero no impunemente. Pagamos las consecuencias.

De la Filosofía idealista procede la escuela opuesta: el convencionalismo puro, ligado al escepticismo, al relativismo, al empirismo radical o extremo, y al utilitarismo y positivismo, todas muy malas compañías para los liberales. Conforme al convencionalismo no hay verdad absoluta, ni orden natural, ni leyes naturales; la sociedad es puro producto de contrato o convención, y por eso podemos cambiarla a voluntad. Según la teoría democrática, para ello basta el voto de la mayoría, que encarna la voluntad popular, y no puede equivocarse: es infalible (Rousseau). El Posmodernismo es una deriva del convencionalismo.

4) **Escuela Austríaca (EA)** o austriana de Economía Política. Cuando el P. Vitoria obtuvo en 1526 la cátedra de teología de Salamanca, introdujo la Suma Teológica de Aquino como texto básico. Salamanca era una universidad muy prestigiosa, y el tomismo fue pronto adoptado por otras. Vitoria

186

enseñó que el orden natural se basa en la libertad de circulación de personas, bienes e ideas. Esto implica que los comerciantes no son moralmente reprobables.

El P. Juan de Mariana escribió el segundo gran tratado sobre moneda e inflación: "De moneta mutatione" (del cambio monetario, 1609). Y el primero, otro cura español, Nicolás de Oresme (1323-82). Los fundadores de la EA son los vieneses Carl Menger, Böhm-Bawerk y Wieser, a fines del s. XIX. Les siguieron en el s. XX, maestros como Ludwig von Mises, Friedrich von Hayek. Y en la actualidad Joseph Salerno, Joseph Keckeissen (UFM), etc.

Excepto los utilitaristas (benthamianos), la EA reconoce como antecedentes a la Escuela de Salamanca y al derecho natural, y al realismo tomista o a la filosofía escocesa del sentido común. O al objetivismo randiano. La EA se opone a imitar los métodos propios de las ciencias naturales, y al marxismo y al keynesianismo. Y a la Escuela de Chicago o "monetarista", porque aboga por un dinero de papel, supuestamente controlado por una "regla monetaria" que los Bancos Centrales se obligan a cumplir, y hasta ahora no lo han hecho.

Estas disquisiciones tienen consecuencias directas en el orden práctico. El economista austrocristiano Mark Skousen en "La Estructura de la Producción" nos recuerda que la producción es en buena parte un proceso "materialista" de transformaciones físicas en bienes físicos. Nosotros los de la clase media tendemos a olvidar esto, por tener nuestras necesidades materiales satisfechas, gracias a Dios. No nos consideramos "consumistas". ¡Ni "materialistas"! Nos gusta pensar que vivimos en "la sociedad de los conocimientos" y los activos intangibles, porque tenemos muebles y juegos de cuarto y comedor, cocinas y neveras, lavadoras y vivienda, ropas y calzados en abundancia, etc. Por eso pensamos que ahora los bienes y recursos tangibles ya no son tan importantes. Los poseemos, los usamos y disfrutamos, y los damos por descontado. Y los reemplazamos cuando se acaban o agotan.

Pero no es así con los millones de pobres. Por eso, si mañana derogamos las leyes malas, y permitimos que se rehaga el tejido económico de intercambios, relaciones y contratos privados, sin inflación, entonces las básicas necesidades materiales de millones de pobres podrán ser satisfechas casi de golpe. Se desataría un "shock productivo" jamás visto, multiplicados los encargos y pedidos velozmente, plantadas inversiones y anudadas relaciones de trabajo y servicios, con sus correspondientes ingresos fuertes en los mercados y corredores productivos. Y sin demora. ¿Cuánto tarda en fabricarse un juego de dormitorio en una carpintería? (vea: Dios se hizo carpintero). ¿Cuánto se tarda una fábrica textil en producir 300 camisas, vestidos o pantalones? ¿y cuántos meses demora hacer 150 pares de zapatos? Casi todos estos procesos no toman muchos meses, y en muchos casos sólo unas pocas semanas.

¿Los políticos estatistas y sus "expertos" asesores nos dicen "no hay soluciones a corto plazo, a menos de 25 o 30 años"? ¡Mentira! ¡Los pobres nos darán empleo a nosotros, muy rápido!

5) **La Teoría Política del Gobierno Mixto (TPGM)** es muy antigua. Responde a la pregunta: ¿Es la democracia la mejor forma de Gobierno? Afirmativa fue en el s. XIX la opinión de Rousseau, Stuart Mill,

y con reservas Marx: que la democracia sí es la mejor forma de Gobierno. Prevaleció en el s. XX. Y es la que se nos predica siempre, con las infaltables citas de Abraham Lincoln y Sir Winston Churchill. Pero vale aclarar esas tan conocidas citas:

– "Este es el libro del Gobierno del pueblo, por el pueblo y para el pueblo" estampó John Wiclyff en la portada de su primera traducción de la Biblia al inglés en 1382, hace más de 600 años. Después alguien dijo que Abraham Lincoln atribuyó ese concepto a la democracia, y a sí mismo la definición; pero no hay pruebas.
– Según Sir Winston Churchill, la Democracia es la "peor forma de Gobierno exceptuando las demás", la menos mala. Pero la evidencia no apoya el aserto.

La TPGM enseña a desconfiar de las formas puras o extremas (monarquía, aristocracia y democracia) por ser la causa del "ciclo político":

– Comienza el ciclo v. gr. cuando la democracia ilimitada degenera en caos, desorden, anarquía y abusos. El pueblo reclama un caudillo.
– Así de la democracia se pasa (o retorna) a la monarquía, tal vez con otro nombre, p. ej. dictadura. Pero temprano o tarde el jefe abusa, y se hace tirano. Ante la apatía popular reacciona una minoría selecta, y se establece (o restablece) una aristocracia.
– Y ese grupito tarde o pronto abusa del poder e impone privilegios a título de derechos, y se hace una oligarquía. Entonces hay una revolución, retorna la democracia, y sigue el ciclo. (¿Cómo en América latina?)

Hasta el s. XIX la opinión profesoral era por la República o democracia limitada, forma "mixta y equilibrada", superior a cualquiera de las tres "puras", según los autores de la Escuela del DN:

– Cristianos como Agustín (s. IV), Alberto Magno y su discípulo Tomás de Aquino (s. XIII), Juan Calvino (s. XVI) y John Locke (s. XVII), Lord Acton (s. XIX) y Abraham Kuyper (s. XX), recordaron que el Israel bíblico practicó exitosamente la forma mixta en tiempos de los Jueces. Y Sir William Blackstone (1723-1780), profesor en Oxford de Derecho Constitucional, autor de "Comentarios a las leyes de Inglaterra", muy influyente en su país y EEUU.

– En "El régimen de los príncipes" Tomás de Aquino valora la democracia por el sufragio universal pasivo o derecho de cualquiera a ser electo son independencia de su condición social, lo cual tiene mucho sentido, que por el sufragio universal activo o derecho de cualquiera a elegir, que no es algo muy sensato.

– Y escritores no cristianos como Polibio, Ibn Jaldún, Maquiavelo y Montesquieu, recordaron que los romanos por un tiempo practicaron con éxito la República –de allí su nombre– antes del Imperio; y los atenienses la Democracia, mas no con éxito.

La Democracia liberal "madisoniana" es limitada, porque hay principios contra los cuales la voluntad del pueblo no debe prevalecer; y esos son los derechos individuales que imponen otros tantos límites a los Gobiernos. Así la Carta de Derechos (Bill of Rights) en la Constitución de EEUU es una lista (10 primeras

190

enmiendas) de prohibiciones de legislar, a fin de garantizar los derechos: libertad de expresión y reunión, libertad religiosa, de petición, de tener y portar armas, y de no sufrir registros e incautaciones irrazonables, ni castigos crueles e inusuales. Y los derechos a no testificar contra uno mismo, y al debido proceso.

6) **Sociología de las elites (SE).** Hay muchas versiones del elitismo.

– Hay una teoría positiva y a la vez normativa: afirma el poder y dominio de las elites como algo que siempre acontece naturalmente, y que es bueno y deseable. Por lo general es la posición de los escritores de inclinaciones nazis y fascistas.
– Para otros la influencia de las elites es buena y deseable; pero no siempre acontece. James Burnham en "Los maquiavelistas, defensores de la libertad" (1943) presenta a Dante Alighieri, Maquiavelo, Vilfredo Pareto, Mosca y Michels, advirtiendo al público que las amenazas contra las libertades provienen de las masas y turbas, y de las minorías selectas cabe esperar su defensa y custodia.
– Otros describen el control de una minoría como algo que sucede a menudo, pero no es bueno. Muchos son escritores de izquierda, como Charles Wright Mills (EEUU) en los años '50 y '60; y los autores de las más burdas teorías conspiracionistas anti-CIA.
– Para otros es obvio que hay minorías dirigentes, y en sí mismo no es ni malo ni bueno. No siempre son estables los grupos dirigentes, hay un proceso de circulación de elites que se suceden unas a otras (Ibn Jaldún, sociólogo medieval). Y la minoría tampoco es unificada y monolítica: hay competencia de elites, en posesión de diferentes

clases de recursos políticos (Robert Dahl, en célebre polémica con Wright Mills).

En "Poliarquía" Dahl presenta la perspectiva "pluralista", surgida de sus estudios de la ciudad de New Haven en los '70. De un patriciado que dominaba todos los recursos políticos se pasó al equilibrio de las elites, cada una con los suyos, y ninguna con capacidad de control total. Dahl encomia las soluciones de compromiso entre las elites como único modo de tener hoy en día una política democrática y competitiva. Pero olvida que esa Poliarquía surgió en EEUU después de la II GM, cuando con los Presidentes H. Truman y D. F. Eisenhower la economía retomó una vía más cercana al capitalismo liberal, luego del período socialista de F. D. Roosevelt, que estaba llevando a EEUU a un grado inédito de extrema concentración del poder.

La versión cristiana de la elite es el "Remanente": reserva moral y luz para el mundo. Remanente significa "residuo" y se usa 45 veces en el Antiguo Testamento. Es el "Resto fiel", porción ética que Dios se guarda en cada generación. En días de Jezabel, Elías creyó estar sólo, pero Dios le dijo (I Reyes 19:18): "Guardé en Israel siete mil, cuyas rodillas no se doblaron ante Baal, y cuyas bocas no lo besaron". Pablo lo recuerda a los cristianos de la capital del imperio (Romanos 11), quizá anti-judíos algunos, para que no se crean superiores a los judíos.

Mateo 7:13-14 dice: "Entrad por la puerta angosta; porque ancha es la puerta y espacioso el camino que lleva a la perdición, y muchos son los que van por ahí; pero estrecha es la puerta y angosto el camino que lleva a la vida, y pocos quienes lo encuentran". El Remanente ha existido siempre en la historia; por eso de cada siglo se puede decir lo que Pablo de los judíos en sus días: "Aún en este tiempo ha quedado un remanente escogido por gracia". (Romanos 11:5). El Remanente Fiel se apega a la verdad de las cosas y de la Palabra de Dios, y no sigue la corriente mayoritaria de la distorsión y la falsificación. Pero su existencia misma testimonia el fracaso de la gran mayoría: si fuese fiel, ¿para qué un "remanente"?

En "El trabajo de Isaías", el escritor cristiano Albert Jay Nock (1870-1945) aplicó el concepto remanentista en tiempos del Presidente F. D. Roosevelt. Se opuso a toda forma de totalitarismo, bolchevique o menchevique, alemán, ruso o americano; y cuestionó la democracia. En "Nuestro enemigo, el Estado" (1935), Nock lamentó el control adquirido por el Poder ejecutivo, como en un golpe de estado. Denunció la política monetaria inflacionista de los republicanos en los '20 como responsable del Crack del 29, y el New Deal demócrata como culpable de perpetuar la crisis. Profetizó que la "Nueva Economía" perduraría, lamentablemente. Y fue un apasionado opositor a la política exterior imperialista e intervencionista de EEUU y a la guerra.

7) ¿Nos queda alguna otra Escuela de Pensamiento? Tal vez la **Psicología Cognitiva**, pero entendiendo que no es algo nuevo. Remonta a Teofrasto, discípulo y secretario de Aristóteles, nombrado por su maestro como sucesor en el Liceo, decisión que causó algún resentimiento.

Por 35 años Teofrasto presidió la escuela, que en su época tuvo más de 2000 personas estudiando. Su libro "Caracteres" es el primer muestrario de tipos sicológicos –normales y no tanto– que a la vez son morales, y nos dan una invaluable y amena descripción de la vida en la Atenas clásica. Teofrasto recorre muchos rincones, pliegues y entresijos del alma humana, anticipando algunas teorías freudianas como la racionalización de los motivos o soborno de la conciencia ("cauterización") para acallar los remordimientos.

Juan Althusius, ciencia política cristiana

La Ciencia Política o del Gobierno tiene un raro y exclusivo privilegio entre las Humanidades; y es el de constituir punto de encuentro y convergencia de muchas otras ramas y subramas filosóficas, científicosociales, históricas, jurídicas, teológicas, etc. Buen ejemplo es el trabajo del calvinista Juan Althusius (1557-1638): "La política metódicamente concebida e ilustrada con ejemplos sagrados y profanos", de 1603, revisada en 1610 y 1614.

Era Althusius de una modesta familia de Diedenshausen –ciudad calvinista de Westfalia– pero gracias al patrocinio de un noble local pudo estudiar leyes, teología, filosofía y lógica, en Colonia primero, luego en París y Basilea, y por fin en Ginebra. Se introdujo en las obras de pensadores de varias disciplinas, tradiciones, épocas y tendencias, más y menos conocidos. En su obra cita casi 200 libros; y sin duda muchos más le influyeron en su rico pensamiento.

En 1594 Althusius ingresó en la facultad de leyes de la Universidad de Herborn, donde como Rector formó la "escuela de Herborn", e inició su carrera política en el Cabildo de Nassau. En 1603 fue elegido concejal municipal de Emden, ciudad famosa por dos sínodos protestantes en 1571 y en 1610, que ya entonces era "la Ginebra del Norte" y alma mater de la Reforma en Holanda, en plena Guerra de los Ochenta Años contra

España. Esta guerra –mitad civil y mitad internacional como casi todas– impulsó a Althusius a escribir una teoría política cristiana, y una justificación sistemática de la Guerra. Y era Emden el sitio ideal: sus ansias de independencia religiosa y civil hicieron popular a la obra de Althusius, y de candente actualidad.

Su traductor para la edición digital del Liberty Fund es el politólogo Fredrick S. Carney, de la Perkins School of Theology (Southern Methodist University). Althusius toma lo mejor de los **mejores autores** de su propia época y las anteriores:

- Analistas y observadores políticos: Aristóteles y su enfoque empírico, para comenzar, con un análisis progresivo del proceso civilizatorio desde la familia hacia la sociedad. El calvinismo de Althusius matiza a Aristóteles en cuanto a la naturaleza humana y la corrupción por el pecado, y su efecto destructivo en las instituciones. Sigue Jean Bodin (s. XVI), y la teoría de la soberanía.
- En la metodología Pedro Ramus, el cual también le despega un tanto de Aristóteles.
- Los comentarios bíblicos de los calvinistas Pedro Mártir Vermigli, Francis Junios y Piscator iluminan los conceptos judeocristianos de justicia y de ley. Y Juan Calvino, Jerónimo Zanchio, Benito Aretius y Zacarías Ursino para la relación entre el Decálogo y la ley natural.
- Tratadistas de gobierno constitucional. De los católicos, primero los españoles: Fernando Vásquez, escritor eclesiástico de la ley natural; el toledano Diego de Covarruvias y Leiva, y de Mariana. Entre los calvinistas: Hubert Languet, bajo el pseudónimo de Etienne Junius Brutus autor

195

de la Defensa de la Libertad contra los Tiranos (1579); y el escocés George Buchanan.

– Expositores sobre el arte de la prudencia, guía de la actividad política práctica, en su contexto ético además de científico. Principalmente el italiano Giovanni Botero; Justus Lipsius, filólogo y profesor de Historia; Inocencio Gentille, autor de una demoledora crítica a Maquiavelo.

– Escritores clásicos como Cicerón, sobre la naturaleza de la vida social y el vocabulario de la política como ciencia y arte. Agustín y Séneca, y a veces Platón y Tomás Moro, pero para criticar el dibujo de la sociedad utópica.

– Y los historiadores, sobre todo los Comentarios de Tácito sobre Cayo Julio Civil, el legendario héroe de los batavios (antecesores de los holandeses) en su revuelta contra Roma en 69-70 dC.

En esa misma edición, el Prof. israelí experto en el Talmud, Daniel J. Elazar (U. de Temple y Bar-Ilan) nos explica de Althusius su **doctrina**:

– La meta de su obra es sintetizar los principios de la Reforma Protestante, y presentarlos al mundo secular, al mismo tiempo llevando al campo reformista lo mejor del pensamiento clásico y católico sobre modelos de gobierno, traducido en orientaciones prácticas y concretas, para un país convulsionado y en guerra.
– Subraya la distinción entre lo pública y lo privado. Rompe con las nociones clásicas de la polis global al reconocer la legitimidad de una esfera de actividad privada por derecho constitucional, muro contra el totalitarismo.

– Su filosofía política es pactual. La sociedad no es puro fruto de un contrato; pero el Pacto es la única base legítima para la organización política. Porque de hecho las gentes se integran en tales y cuales sociedades determinadas y no en estas otras. Y espontáneamente emigran de unas a otras naciones. Desarrolla así la idea de un pacto federal, basado en la confianza mutua y el intercambio recíproco. Las instituciones privadas proceden de la libertad y del derecho natural a la asociación en pacto. La familia se basa en el matrimonio; un pacto. El collegium o asociación civil –empresas, universidades, gremios, iglesias locales– es pacto.

La soberanía era el mayor problema jurídico en esos años, y el pacto federal es la solución. La sociedad nacional es una federación de comunidades: las provincias son pactos de ciudades y campiñas, y las Provincias Unidas forman los Países Bajos. La política como tal es federal porque es comunicacional, asociativa y "simbiótica". La soberanía es divisible y se comparte entre el Estado federal y los Estados miembros. Althusius descubrió una solución práctica, aplicada en EEUU en 1776, explicando la soberanía expresada en el poder que da la Ley del Reino (ius regni) o ley de la tierra, el viejo "mishpat hamelujah" del Antiguo Testamento. Así las leyes constitucionales y subconstitucionales van en armonía con las leyes divina y natural.

Althusius es el puente entre los fundamentos bíblicos y teológicos de la civilización occidental, y las ideas políticas e instituciones modernas. ¿Hay en la Biblia una política útil en la sociedad moderna? ¡Claro! Althusius ve en las dos tablas de la Ley, que la primera se dirige a la piedad, y la segunda a la justicia. Y son ambas bases necesarias para la sociedad civil, que no puede existir sin un fundamento a las normas que obligan y vinculan a los ciudadanos. Althusius muestra el nexo entre el Decálogo y la legislación. Pero también trata de la prudencia y la ciencia del Gobierno, y el arte del político (decente) de todos los días, buscando asegurar nada menos que la justicia, con el barro más innoble: el poder.

El estudio del Dr. Elazar concluye que por más de 300 años la idea central de la época moderna fue el Estado-nación, por encima de los ciudadanos, desnudos ante la maquinaria estatal totalitaria. Y ahora, cuando de repente se quiere pasar al Estado global del Nuevo Orden Mundial, todavía más altivo, totalitario y despótico, las ideas y aportes de Althusius nos pueden servir para cerrar las brechas entre profesantes de diversos credos, y con los no creyentes, en el proyecto común de frenar el despotismo y atajar la tiranía.

Con la Dra. Amy Sherman podemos señalar las principales específicas **contribuciones cristianas** al liberalismo clásico:

> −valores y verdades objetivas, trascendentes, que nos inmunizan contra el relativismo y el "pensamiento flojo";
> −una antropología realista que incluye el pecado humano;
> −y la visión madisoniana de la democracia, que nos vacunan (con la anterior) contra la ingenuidad política.

Capítulo V
Leyes malas

¿Por dónde empieza el camino de salida? Por erradicar las leyes malas. Pero antes hay que erradicar el mito de "Las leyes son buenas, lo malo es que no se cumplen"; y que nuestros problemas se deben al (supuesto y alegado) incumplimiento de las leyes, y su solución es cumplirlas. La "productividad" de un Parlamento se mide por el número de engendros legales que sanciona cada año.

Las leyes malas son más de 2.000 en Guatemala. Mucha gente cree que son las viejas y obsoletas, como aquella que alude a los caballos de transporte. No es así. No todas las leyes viejas son malas, ni todas las nuevas son buenas. Las leyes no son como las camisas o los zapatos, que deben cambiarse cada tanto porque se gastan.

¿De donde salen tantas leyes malas? De los bufetes de abogados de los intereses especiales; o vienen del Gobierno Mundial, fruto de la globalización del estatismo, no del mercado. Se inspiran en conceptos, teorías y valores contrarios al desarrollo privado, y generan las instituciones que lo impiden. Sus resultados son nocivos en los negocios y la economía, la familia, la educación y el nivel de vida de las personas. Son causa de los ingresos magros, las emigraciones y rupturas familiares.

Veamos en este capítulo las leyes malas, por categorías, y sobre todo sus pésimos efectos, considerando cómo serían las cosas si no existieran. Nada menos que 43 clases de leyes malas. Y verá Ud. mismo si se aplican o no, y cómo. Algunas deben ser corregidas, en todo o en parte; pero otras tienen que ser total o parcialmente derogadas. ¡Y de urgencia!

Las leyes y la Biblia

¿Quién hace las leyes? El Parlamento. Y todos sabemos el tipo de gente que lo integra. Sin embargo en iglesias cristianas se enseña a obedecer ciegamente las leyes humanas como si fueran de Dios. No es lo que dice la Escritura:

– "¡Ay de los que dictan leyes injustas y prescriben tiranía!" (Isaías 10:1)
– "Dice el Señor: este pueblo se acerca a mí con su boca, y con sus labios me honra, pero su corazón está lejos de mí [...] y su temor de mí no es más que un mandamiento de hombres..." dice el profeta Isaías en 29:13.
– "Hipócritas, bien profetizó de vosotros Isaías, y está escrito: Este pueblo de labios me honra, mas su corazón está lejos de mí. [...] Enseñan como doctrinas mandamientos de hombres", dice Nuestro Señor Jesucristo en Marcos 7.
– "Obedecer a Dios antes que a los hombres", dicen Pedro y los Apóstoles en Hechos 5:29.
– Y Pablo:
"que nadie os engañe con filosofías vanas y huecas sutilezas, según tradiciones de hombres, conforme a los rudimentos del mundo, y no según Cristo." (Colosenses 2:8)

No alude a todas las filosofías o ciencias humanas sino sólo a las vanas y huecas, inspiradoras de las leyes malas, que contravienen preceptos y doctrinas bíblicas fundamentales. Las leyes buenas son consistentes con los mandatos bíblicos.

Casi todas las leyes malas son especiales, para especies o categorías de personas, naturales o jurídicas, o de negocios: hacen "acepción de personas", el trato legal desigual e injustamente discriminatorio, que la Biblia condena.

> – Job 34:19: "¿Cuánto menos a aquel que no hace acepción de personas de príncipes, ni respeta más al rico que al pobre, porque todos son obra de sus manos?"
> – Hechos 10:34-35: "Dios no hace acepción de personas".

Casi todas dicen "ayudar al más débil"; apoyar al "débil jurídico". ¿Pero quién es el "débil jurídico"? En todo caso será al débil económico o social, al pobre, a quien con intención de compensar le transforman en "fuerte jurídico" (o sea: fuerte político). Pero esto es injusto según Levítico 19:15: "No harás injusticia en el juicio, ni favoreciendo al pobre, ni complaciendo al grande; con justicia juzgarás a tu prójimo".

El cristiano promedio no advierte las contradicciones entre la Biblia y las leyes malas. No capta p. ej. que el dinero es una medida, del valor de las cosas, y la inflación transgrede el repetido mandato bíblico de justas "pesas y medidas" (la "efa" de los sólidos y el "hin" de los líquidos en la Escritura). Ni advierte que la virtud del ahorro, sabiamente elogiada como conducta prudente, se anula en la economía inflacionaria: la continua depreciación del poder de compra del dinero hace del ahorro una torpeza, una conducta imprudente.

Hay muchas clases y subclases de leyes malas. Sólo veamos las más importantes, iguales en casi todos los países. En algunas clases caben decenas, tal vez cientos de leyes. Comenzando por las de la economía, apuntemos en cada caso qué disponen y cómo funcionan, en la realidad y no en el papel; a quiénes perjudican, y quiénes benefician.

Actividades y relaciones productivas

1) Las leyes de **permisos y licencias** demandan infinidad de exigencias, pagos y cauciones, y someten a un calvario de controles, trámites y papeleo, con inspecciones y fiscalizaciones, multas e inhabilitaciones. Son causa primera de la pobreza endémica, como demostró en Perú Hernando de Soto. Y de corrupción.

Estas leyes elevan artificialmente los costos de hacer negocios, en especial los nuevos. Por eso tantas empresas cierran, y otras jamás se inician, tantos empleos mueren, y otros nunca nacen; porque políticos y burócratas no confían en la competencia libre −y en su defecto los jueces− como garantías suficientes.

2) Es resabido que los **controles de precios** restringen la oferta, causan escasez y carestía artificiales, y comercio clandestino ("mercados negros"), pero aún se dictan a veces. O leyes "Proconsumidor", de similares efectos y defectos.

202

Porque ¿quiénes deciden si son "justas" las condiciones en que se exhibe, se oferta, se vende y se compra algo en un comercio? ¿si los precios están "a la vista", o si la atención y el servicio posventa son "apropiados" o no? Los todopoderosos inspectores, fiscales y funcionarios. ¿La competencia abierta no brinda la mejor protección al consumidor: la opción de elegir? Si no le gusta a Ud. una tienda, los artículos, o la atención, pues se va a la de enfrente. Y si la tintorería le causó a Ud. un daño o perjuicio cierto y comprobable, antes estaban los jueces y tribunales ordinarios, que aplicaban el Derecho de los viejos Códigos.

Estas leyes y las anteriores (1) son abortivas de inversiones y empresas, y anticonceptivas de puestos de trabajo. Como tantas, perjudican a los mismos que declaran defender, consumidores y usuarios en este caso, pues les restringen el abanico de ofertas y las oportunidades. Y al disminuir las fuentes de empleo, también dañan a los trabajadores y demás proveedores.

3) Las leyes **Antimonopolio o Pro Competencia** consagran nociones muy discutibles acerca de la competencia "desleal". No van contra el verdadero monopolio, que por definición es una ventaja no de mercado para una empresa en exclusividad, y siendo las autoridades gubernativas las únicas que pueden concederla, les basta con no conferirla si desean evitarlo.

– Arbitrariamente suponen "competencia desleal" el vender con descuentos promocionales. O sea, ¡vender más barato!
– Y penalizan supuestos o reales acuerdos cartelísticos de fijación de precios, o restrictivos de

203

la producción, etc. Pero de haber estos acuerdos, en mercados abiertos serían rápidamente desafiados por otros oferentes y productores más eficientes en pos de su beneficio, ¿quién dejaría pasar una oportunidad así?

En la época de las invasiones bárbaras –la"Edad Oscura" o Alta Edad Media– se vivía bajo un sitio permanente, en pequeñas aldeas incomunicadas, y no había competencia. Las autoridades políticas, militares, gremiales o eclesiásticas promulgaban normas como p. ej. el "justo precio" forzado, o penalizaban la "usura". Discutibles y discutidas normas ya en su época. Pero hoy son ridículas. La competencia abierta entre empresas operantes y potenciales de todo un país y del exterior, mantiene bajos los precios, alta la calidad, y elevados los salarios; sin necesidad de este tipo de leyes, que logra efectos contrarios a los declarados.

Porque las empresas más competitivas, con menores costos, son acusadas por compañías marginales (en sentido económico: con desempeños mediocres y altos costos), muchas de las cuales gozan de reales monopolios conferidos por las autoridades. Así una empresa ineficiente obligada por su incompetencia a vender a precios elevados, demanda por "competencia desleal" a otra más eficiente, que vende a precios inferiores, ¡y la saca del mercado! ¿A quiénes se perjudica? Igual que en las leyes antiempresa de las clases 1 y 2: a los consumidores, proveedores y trabajadores, que quedan con menos oportunidades.

4) Las leyes **"Antidumping"** aplican similar filosofía a las importaciones: vender más barato es un delito. Estas leyes son autorizadas por los Tratados

de Libre Comercio; lo cual prueba que no son de libre comercio.

Las leyes Antidumping se basan en la absurda teoría leninista (por su expositor más famoso, V. I. Lenin) del "dump" (arrojar), que imagina a empresarios extranjeros deseosos de arrojar sus mercancías (venderlas a pérdida) para "hundir" a sus competidores nacionales y "conquistar" así unos lejanos mercados, muy pobres en poder de compra. Ridículo. Si fuese cierto que bienes importados entran al país a venderse más baratas, sería razón para comprarlas de preferencia, ¡y no para prohibir o castigar su compra!

¿A quiénes se perjudica? Como siempre, a usuarios y consumidores, privados de artículos importados. Y a las empresas que emplean insumos importados. Este "proteccionismo" anti-importaciones es peor que el arancel: los derechos antidumping son inciertos, ya que se fijan en cada caso y por la vía de denuncia, y pueden ser mucho más altos, llegando hasta los tres dígitos porcentuales; mientras que los aranceles raramente pasan de los dos.

5) Las leyes de **empresas estatales** favorecen con privilegios monopolistas a sus jefes y administradores, empleados y proveedores, en detrimento de la competencia, y casi siempre del contribuyente. Cada empresa estatal tiene su ley. Son empresas infecundas o poco fecundas, y por lo general subsidiadas.

¿A quiénes benefician? A su personal, a sus contratistas y subcontratistas privilegiados y a sus clientes preferenciales.

205

– ¿A quiénes se perjudica? Si hay subsidios, a los contribuyentes, obligados a pagar estos premios a la incompetencia. Y a las firmas privadas que soportan su competencia desleal.

– Si no los hay, sus altos costos se reflejan en sus altas tarifas, y también dan sombra a incompetentes firmas privadas del ramo, que se aprovechan simulando "competir" en ventaja con las estatales, como corredores mediocres que simulan "competir" con un paralítico.

– Y los haya o no, a quienes sin otras opciones soportamos sus ineficiencias y/o pérdidas, trasladadas hacia delante: usuarios o clientes, o bien hacia atrás: proveedores de insumos, bienes intermedios, materias primas, etc. Y a veces a sus empleados y trabajadores no privilegiados, con muy bajos sueldos.

– También se daña a las empresas potenciales impedidas de iniciarse, o pequeñas e imposibilitadas de crecer, por causa de estos entes improductivos con privilegio de no quebrar. Pero la quiebra no es un problema, es la solución al problema: la ineficiencia.

Por eso la privatización de las empresas estatales es condición ineludible de:

– la reducción a niveles racionales del gasto llamado "público", que en realidad es estatal, y no siempre en interés público;

– la necesaria capitalización popular que se requiere en nuestros países;

– la exigencia ética del deber de soportar la competencia, correlato del derecho a competir, por eso no deben hacerse monopolios privados; y debe acompañarse de la liberalización de los mercados, derogando las leyes malas, para que de inmediato encuentren los despedidos otros empleos, mucho mejores: más productivos y mejor remunerados.

6) Las **leyes de "promoción"** de sectores agrícolas, fabriles o de servicios, conceden privilegios diversos en operaciones, insumos, contrataciones, créditos, etc.

– ¿A quiénes benefician? A ciertas y determinadas fincas, fábricas, empresas, cooperativas o firmas de tal o cual clase. Se les exime de obligaciones reglamentarias o fiscales, o se les favorece en el acceso a ciertos suministros (por ej. capital).
– Y a las demás se les ponen las cosas mucho más difíciles, obligadas a operar y a competir en peores condiciones. Y se perjudica al resto de la sociedad, a la cual se le recortan opciones.

Así se decretan estímulos artificiales y transferencias invisibles y forzadas de recursos a espaldas de los mercados; es decir, del público. Se privilegia a unos productores a costa de otros, provocando huida de inversiones hacia los sectores "prioritarios". Se imponen criterios políticos y burocráticos antieconómicos para la asignación de recursos y factores. Se causan rigideces, parálisis, distorsiones y escaseces artificiales. Los costos más altos en las áreas no privilegiadas, se suman y multiplican –reduciendo así los recursos y capacidades potenciales de todos– y se arrastran hacia abajo en la pirámide social, hasta los más débiles e incapaces de trasladarlos, que los deben absorber. Esta asignación ineficiente de recursos es causa de pobreza.

En cambio cuando se permiten precios libres en mercados sin distorsiones, estos precios expresan

207

prioridades sociales de verdad, conforme a criterios racionales y económicos: abundancia o escasez, costos relativos, curvas o posibilidades de sustitución, y preferencias de consumidores, empresarios, y propietarios de factores: trabajadores, capitalistas, gerentes. Y la asignación de recursos se hace un proceso dinámico y flexible, donde los cambios en las utilidades esperadas reflejan con ductilidad y presteza los cambios en gustos y preferencias, suministros y tecnologías a la mano, y en ofertas y demandas al alza o a la baja, etc. Aunque hay riesgos, pero los empresarios deben afrontarlos, si quieren buenas ganancias.

Y si queremos una economía productiva y rica para todos, los Gobiernos deben ser neutrales, y los negocios regirse por meras ganancias y pérdidas que reflejen necesidades y demandas del público, no decretazos y capacidad de cabildeo. Para los productores y las empresas, la disciplina de los mercados libres es más severa, más justa y más racional que la torpe vara del Gobierno.

7)   Las leyes de **propiedad intelectual** contra la supuesta "piratería" tienen muchos abogados: los Gobiernos de EEUU, y esos extraños defensores del capitalismo cuya causa identifican con lo que hagan los jefes de turno en la Casa Blanca y el Capitolio.

Alegan que la intelectual es una clase especial de propiedad privada, sobre bienes intangibles tales como obras o invenciones, tan justificable y defendible como sobre bienes físicos o tangibles. Pero con la excepción de las marcas, eso no es así:

208

– Porque es imposible el consumo de un bien físico por dos o más personas a la vez, y por eso es posible a su propietario legítimo excluir de su consumo a los ladrones, con costos relativa y razonablemente bajos.

Pero no es así con las óperas y canciones infantiles, recetas de cocina, novelas y filmes, inventos como el horno a gas o eléctrico, innovaciones tecnológicas o de diseño, programas de software, etc. Son bienes intangibles, que cualquiera puede usar y disfrutar, mediante sus soportes o bases tangibles, sin privar de su uso y disfrute a otros; y por eso son tan elevados y problemáticos (y dolorosos) los costos de excluir a quienes no hayan pagado un derecho.

El pago de derechos se justifica en el caso de las marcas, porque se protege la calidad bajo un nombre propio registrado; pero no se justifica en los copyrights, y menos aún en las patentes.

Sin embargo, tramposamente se pretende asimilar los tres casos bajo el discutible genérico "propiedad intelectual". No se trata con una escasez real, como en los bienes físicos, sino que se crear artificialmente una escasez donde no la hay; y lo que hay es lo contrario: abundancia de posibilidades de uso. Por eso son leyes constitutivas de reales monopolios, con injustos y empobrecedores efectos. Perjudican muy especialmente a la economía informal, o sea, de nuevo: a los más pobres. Y a los enfermos en el caso de las medicinas y fármacos.

8) Las **licencias de radio y TV** amordazan a la prensa. Como muchas leyes malas, se basan en

un supuesto falso: que el espectro radioeléctrico es limitado, y por eso las frecuencias deben ser del Estado, que las adjudica a los concesionarios, sobre los cuales impone así un control opresivo.

Por esto es tan escaso el número de estaciones emisoras de radio y TV con señal abierta. Hay muy poca competencia, por eso su programación deja mucho que desear. Los propietarios de los medios no lo son, sino meros concesionarios; y ello les subordina y supedita al Estado, y por consiguiente a los sectores políticos. Aunque esta dependencia o sujeción la entienden como el precio que tienen que pagar por su nicho de monopolio u oligopolio, al cual buen provecho le sacan.

En un régimen liberal, las empresas difusoras de radio y TV serían titulares de la propiedad de sus frecuencias, y de los derechos de ocupante legítimo, de primer ocupante, o de actual ocupante. De darse interferencia a una señal, el caso podría ser juzgado en tribunales, como intromisión a propiedad ajena, igual que la invasión a un inmueble urbano o a un predio rural. Habría más competencia: más y mejores emisoras, mayor cobertura y variedad. Y más probabilidades de imparcialidad y hasta de objetividad en las noticias y comentarios.

Impuestos

¿Qué diferencia hay entre una multa y un impuesto? Una multa es un impuesto a la mala conducta, p. ej. en el tráfico; y un impuesto es una multa a la buena conducta: al productor en su trabajo, al inversionista en su ganancia, al ahorro. O lisa y llanamente: al éxito.

210

La clase media ve en los impuestos una sola cosa mala: que "los políticos" se los roban y que "no invierten en salud y educación". Tonterías: lo malo va por otro lado. Vea Ud.:

Los Gobiernos asumen que gastan nuestro dinero mejor que nosotros mismos, ya que conocen mejor nuestras "necesidades reales". Pero no es así. La carga tributaria por encima del costo de un Gobierno limitado es excesiva e injusta. E implica una sustitución ineficiente: cada billete pagado al Fisco se deja de gastar en comida, ropa, calzado, vivienda, matrícula escolar, cine, transporte, medicina, etc. y etc., que en consecuencia dejamos de demandar, y que por eso dejan de producirse. Nuestros ingresos menguan, las ventas caen, la economía se contrae, el ahorro es imposible, y el empleo decrece. Es otra de las causas de la pobreza.

9) Hay **tasas exageradas**. Resultan productos más caros, porque a través de los corredores productivos el impuesto se traslada en los precios intermedios y finales, hacia afuera de la empresa –adelante o atrás, al cliente o al proveedor–; y en última instancia también hacia abajo en la pirámide social, hacia el pobre, que no puede seguir trasladando. Los megaimpuestos tampoco satisfacen sus ambiciosos objetivos fiscalistas porque reducen la recaudación cuando asfixian las actividades gravadas y las desaparecen, matando las "gallinas ponedoras". Eso se llama "efecto Laffer" en honor a Arthur Laffer, el economista que lo enunció.

10) Y hay **tasas punitivas**, como el de tasa progresiva a los ingresos y ganancias, que más castiga a quien más y mejor trabaja y sirve al prójimo. Para "pechar a los ricos" impone sobretasas a quienes declaran ganancias elevadas.

211

Algunos ricos pagan consultores para hallar formas de evasión, cuando las hay. Pero eso no es lo malo; ¡eso es lo bueno! Porque así pueden invertir ese dinero en crear o ampliar sus fincas, fábricas o comercios, brindando empleos a la clase media y a los pobres. Lo malo es cuando no hay escapatoria. Porque entonces, ¿reducen los ricos su tren de vida y consumo, o su ahorro para el futuro? No. ¿Qué sacrifican ellos? Sus inversiones. Deben esconder la riqueza o llevarla a otra parte. ¡A producir y a crear empleos en otros países! Así se nos perjudica a todos, y sobre todo a los pobres.

Más que un impuesto, la sobretasa progresiva es un disuasivo a la inversión, dictado en beneficio de las carreras políticas de los demagogos. E inspirados en el innoble sentimiento de la envidia, motor de la ideología socialista. Análogo es el impuesto a los artículos "de lujo": el rico no deja de comprar su yate por el impuesto al lujo, simplemente reajusta el precio de aquello que vende.

Todos estos impuestos equivalen a empresas que no se inauguran, o no crecen, o reducen o cierran sus operaciones. A empleos directos que no se generan, e indirectos que tampoco ven la luz. A sueldos y salarios que no se ganan; y que por eso no adquieren rubros que tampoco se producen. Sus montos se recargan a los precios de las mercancías que se fabrican, importan o venden, con lo cual se encarecen; y si no pueden hacerlo, pues los ricos no dejan de satisfacer sus gustos caros, pero sí dejan de invertir, y por consiguiente de crear riqueza y empleos. Quien se perjudica no es el rico; es la clase media y el pobre.

11) Hay **impuestos disfrazados**, mal disimulados en los precios, como el IVA a las ventas o a las transacciones o como sea que les llamen.
12) Hay impuestos disfrazados que además son **fraudulentos**: loterías estatales, que dan en premios muy ínfima parte de su recaudación; son un impuesto a la ignorancia de las leyes probabilísticas.

El estatismo multiplica los lotos y quinos. Así le sacan dinero a la gente; y a cambio le dan una falsa esperanza que les ayude a sobrellevar su mal pasar, y asunto para fijar su atención y distraerla. Y le enseñan a esperar su provisión del azar o la fortuna; no del trabajo, el ahorro, y la prudencia de juicio.

Las empresas de juegos deben ser privadas -como en los países menos estatistas- y en libre competencia. Así racionalizan sus costos, aumentan la cantidad de premios entregados, e incluso pagan al Fisco sus propios y legales impuestos.

13) Vimos sobre **inflación** en las secciones I y II, y veremos más en la VI. Es un impuesto, oculto e invisible, a los tenedores de saldos líquidos, que beneficia al Estado, y a sus contratistas y allegados, y perjudica a los asalariados y perceptores de rentas fijas, es decir a los más pobres, obreros y trabajadores, y en especial "la viuda y el huérfano" en términos bíblicos.

Las leyes de **bancos centrales** son las que les permiten inflar el dinero; también es un fraude, una forma legal de falsificarlo, mucho peor que la falsificación ilegal, porque la cantidad es tal que envenena todo el curso monetario, degradando cada billete emitido el poder de compra de cada billete existente con anterioridad. Sin embargo le sirve a los estatistas para acusar a los comerciantes y empresarios "especuladores" de las alzas en los precios.

14) Hay un impuesto enorme y diferido: la **deuda estatal**, cuya carga se traslada para el futuro. La deuda de hoy es el impuesto de mañana, y el impuesto de hoy, la deuda de ayer.

15) Muchas **multas**, algunas muy exageradas y muy discutibles en su justificación, son en realidad verdaderos impuestos disfrazados.

16) Todas las leyes reglamentaristas estimulan la popular "**mordida**" o "coima", un tributo impuesto, aunque ilegal, por el funcionario deshonesto, que cobra inmediata y directamente con cargo a su propio bolsillo, acallando su conciencia con el pretexto de un sueldo muy bajo. ¡Pero no se cuenta como impuesto!

17) Hay **impuestos discriminatorios**, que hacen "acepción de personas" (o de empresas).

– Con excepciones y descuentos que "absuelven" a ciertas empresas o actividades decretadas como prioritarias. Así, otras actividades y sectores, aún de mayor prioridad económico-social, pero sin privilegios, son sobretributados en comparación, y de ellos desertan inversiones y recursos. Esas fugas hacia la incompetencia equivalen a reducciones en la actividad más productiva, a cesantías y desempleo. Pobreza.

– Y sobretasas para otras políticamente "incorrectas" (tabacos, bebidas, turismo, viajes y otros "lujos"). El funcionario se arroga así un derecho de elección que es del consumidor, y tiene una preciosa fuente de extorsiones.

Conclusiones sobre tributos y justicia fiscal:

– Los impuestos no deben ser al capital ni a las transacciones sino a los ingresos netos: salarios, utilidades, rentas o ganancias después de reinversiones.
– Deben ser claros, planos y uniformes, e iguales para todos como las leyes, bajos en su tasa, no encubiertos, y con la sola finalidad de sostener el gasto genuinamente público: pago de sueldos y salarios –gasto "corriente", que no es algo malo– y a los contratistas de obras públicas.
– Y neutros; es decir: instrumentos de financiación, no de "redistribución" u otros "fines de política económica".
– Principio general de la justicia contributiva: los impuestos que exceden los recursos para satisfacer los gastos propios del Estado en sus funciones propias son confiscatorios y por eso injustos, e inmorales; y por tanto no hay obligación moral de pagarlos.

Moneda, banca y finanzas

18) Las leyes de **crédito público** son cada vez más favorables al endeudamiento crónico, en perjuicio del contribuyente. El crédito no debe ser un recurso corriente para gastos corrientes, sino un recurso extraordinario para casos extraordinarios. El endeudamiento estatal es mal ejemplo. Empresas,

familias e individuos (y bancos) se acostumbran a vivir endeudados, llenos de compromisos irrealistas, contraídos fuera del marco de sus posibilidades. No es bueno, y ello vale también y sobre todo para los Gobiernos.

Debería volverse al uso muy limitado del crédito público, sólo para financiar una obra pública, y mediante bonos; el éxito o fracaso en su colocación o suscripción masiva operaba antes como un referendum popular para la obra en cuestión.

Ya vimos (13) que las leyes de bancos centrales consagran el sistema de dinero puramente fiduciario y sin respaldo metálico, permitiendo su expansión sin límites, causa de la inflación de precios. Los siguientes dos tipos de leyes (19 y 20) son complementarias:

19) Las leyes de **curso legal** nos obligan a usar el dinero emitido por los bancos centrales, aún cuando haya sido excesivamente inflado y depreciado. No podemos emplear otro.

20) Las leyes de **"encaje legal"** autorizan a los bancos a mantener reservas "en caja" por sólo una fracción de sus depósitos, con lo cual aumentan la inflación de medios de pago, y así benefician a los bancos, y a quienes por lo general asociados al Estado toman préstamos en condiciones de favor.

Estas leyes perjudican a usuarios de crédito económicamente más eficientes, aunque políticamente menos influyentes. Y distorsionan el sistema de precios, impidiendo la asignación racional de recursos escasos a fines alternativos. Otra causa de la pobreza.

216

21) Las **leyes de bancos** establecen puntillosos requisitos que benefician a los bancos existentes, con las apropiadas "conexiones" políticas, en perjuicio de los que podrían crearse. No han servido para evitar toda clase de insolvencias, falencias, fraudes y dolorosos fracasos.

– Además, bajo estas leyes, ser un banco comercial, hipotecario, universal, regional etc. no depende de su giro y de las operaciones, sino de la voluntad del funcionario que autoriza desde su escritorio. Este "nominalismo" bancario es ocasión de las dolosas colusiones entre banqueros y políticos que hay en todos los países.

– Se obliga a los bancos a conceder créditos para ciertos sectores a intereses preferentes, en detrimento de otros, a quienes se les aumentan los suyos, para compensar.

22) Las leyes de **seguros estatales** para los depósitos bancarios no siempre cumplen su cometido, y además tienen un efecto muy perverso: los bancos exitosos (casi siempre los buenos) son obligados a ingresar fuertes sumas anuales a fondos cuyos caudales sirven para subsidiar préstamos preferenciales a los bancos "en dificultades" (casi siempre los malos). Es preferible el seguro privado.

Bolsa, seguros, cambios

23) Las **leyes de mercado de capitales** también benefician injustamente a las casas de bolsa existentes en perjuicio de las otras que podrían

217

crearse pero nunca surgen (excepto si hay "conexiones"). Igual es con compañías de seguros (24) y casas de cambio (25).

26) Las leyes de **controles cambiarios** establecen varios tipos de cambio, otorgando precios de preferencia en las divisas a ciertos privilegiados, en perjuicio de otros que deben comprarlas a precios mucho mayores. Prácticamente obligan a su violación, ocasionando numerosas e innecesarias corrupciones y fraudes.

Discriminaciones e injustos privilegios

27) Los **aranceles** "proteccionistas" son impuestos a las importaciones, que las encarecen artificialmente, y a los rubros con ellas elaborados. Otorgan al productor nacional un privilegio, que condena al consumidor a pagar un sobreprecio. Los Neo-Liberales nos dijeron que los "derechos antidumping" (4) sustituirían a los aranceles; pero se han superpuesto ambos, sobreprotegiendo a los productores locales incompetentes contra las importaciones.

28) Los **subsidios**, financiados con impuestos y multas, son injustificadas transferencias de rentas, desde los contribuyentes hacia los beneficiarios privilegiados: grupos de interese especiales a favor de tal o cual sector de la actividad económica. Y también grupos de intereses "no económicos" (no lucrativos, dudosamente), que alegan un supuesto compromiso con la ciencia, cultura, bellas artes, salud, deporte, etc.

218

Los subsidios son en parte responsables del astronómico nivel del gasto estatal, y por eso de los impuestos excesivos, de la inflación y del endeudamiento. Perjudican a los contribuyentes. Y también a quienes soportan la competencia desleal de los subsidiados; y a los consumidores de sus respectivos bienes y servicios, que deben pagar sobreprecios compensatorios. También originan agrios e interminables conflictos políticos entre sectores y gremios por el reparto de los fondos. Y al igual que los aranceles, sus efectos difusos llegan a incontables perjudicados.

Los subsidios se gastan conforme al dictado del funcionario, y no a la libre elección y satisfacción del público. De otro modo irían a parar a otro tipo de empresas o servicios, más competitivos, que así no pueden crearse o desarrollarse, ni producir más riqueza y generar más servicios y empleos. Otra causa de la pobreza.

29) Las leyes reglamentaristas de **profesiones y oficios** establecen privilegios en base a dudosos criterios, en detrimento de quienes carecen de influencia. Casi cada rama profesional o técnica cuenta con la suya. Protegen a los agremiados contra la libre competencia. Son verdaderos monopolios: el carnet gremial sustituye a la capacidad y habilidades de conductores, locutores, barberos, peinadoras y manicuristas, cocineros y mesoneros, periodistas, entrenadores, modelos, maestros y profesores, etc.

Estas leyes malas son similares a las leyes de permisos y licencias (1): perjudican a los usuarios, que deben soportar los pésimos desempeños de los carnetizados; a las instituciones y empresas que deben contratarles a falta de otros; y a los más competentes que no tienen las apropiadas conexiones políticas. Y son fuente de corrupción.

30) Las **leyes de alquileres** favorecen a ciertos inquilinos que contrataron en el pasado, y perjudican a los nuevos, pues acaban con los incentivos para dar viviendas en alquiler. Protegen a un pequeño grupo de aprovechados e intermediarios, perjudicando a los propietarios de esas viviendas alquiladas. Reducen la oferta para dar en arrendamiento; y matan a la industria de la construcción de viviendas para ofrecer. Dañan a los demandantes, por ej. matrimonios y familias jóvenes que no consiguen alquilar.

31) Muchas leyes malas crean problemas que después se pretenden "resolver" con leyes peores. Ejemplo: cuando alquilar y dar en alquiler se torna imposible, viene la fiebre de la "¡casa propia ya!" Y aparecen las **leyes de crédito para la vivienda**.

La "solución": rebajan o congelan los intereses de los deudores hipotecarios, y así perjudican a los otros usuarios de créditos, pues los bancos les deben cobrar tasas mayores para compensar pérdidas.

32) No es sólo economía. De modo análogo las **leyes electorales y de partidos políticos** benefician injustamente a los partidos existentes en perjuicio de los que podrían crearse. Y las leyes de culto (33) a las iglesias establecidas.

220

Trabajo, sindicatos, inflación

34) Las leyes **salariales y obreras** fijan condiciones laborales que sólo pueden cumplir las empresas grandes y fuertes, y que de todos modos contratan a los obreros más calificados. Y perjudican a los desempleados, sobre todo a los más jóvenes e inexpertos que comienzan a trabajar, quienes podrían ser contratados en empresas menos rentables, con salarios menores. Y a los de mayor edad, que tampoco hallan puestos por las altas cargas del "Inseguro" Social.

35) Las leyes de **contratación colectiva** garantizan las mismas condiciones a todos los empleados y trabajadores por igual, con independencia de los resultados: protegen a los menos capaces y/o menos cumplidores, y desestimulan a los mejores.

36) Las **leyes sindicales** amparan a los obreros agremiados, y a sus jefes y caudillos, a expensas de los buenos trabajadores, que soportan la competencia desleal de los incompetentes. Y a costa de los empleadores, y de los consumidores que deben pagar precios encarecidos.

37) Las leyes "protectoras" de **niños y adolescentes** penalizan el trabajo de los jóvenes en tareas sencillas: barrido y limpieza, ayudantías, mandados, etc. Les impiden así ganarse la vida dignamente, apoyar a sus familias pobres, y aprender un oficio. Les arrojan a las calles: al vicio, a la prostitución, al crimen y/o a la mendicidad.

Hablando de leyes salariales, obreras y "sociales", ¿sabía Ud. que hay **"compensación pereversa"** en sus efectos con las leyes inflacionarias?

– Las primeras tienen un potente efecto antiempleo: obstaculizan el inicio de nuevos negocios y el crecimiento de las empresas, causando desempleo, especialmente entre los trabajadores menos calificados, y entre los más jóvenes y los más viejos, pues impiden la creación de empleos de baja calificación y salarios acordes a su menor preparación y/o experiencia y productividad.

– Pero la inflación tiene un potente efecto anti-ingreso y anticonsumo, que "compensa" de modo perverso el anterior. Provocada por los Gobiernos para aumentar su parte en la riqueza, la inflación les permite a los empleadores pagar bajos salarios reales manteniendo abiertas sus empresas. Luego viene retrasado el decreto o ley de incrementos nominales en mala moneda, dictado para equilibrar a la inflación, lo cual logra sólo en una ínfima parte, y muy tarde.

Actividades "sociales"

38-39) Las **leyes de "educación" y "salud"** no dan resultados, juzgadas por sus fines declarados: no logran educación ni atención médica, al menos de calidad. El misterio se aclara al entender que no son esos los reales objetivos: no se pretende tener población educada y sana, sino bien adoctrinada y controlada. No siempre lo logran, pero a largo plazo son sus fines.

El concepto de "Salud Pública" procede de una indebida y abusiva extensión del concepto de Salubridad, función legítimamente incluida entre las

222

Obras Públicas, pero no más allá de sus fronteras: alude a focos epidémicos, y a una tarea que a nuestros "gobernantes" no les gusta cumplir: la recolección de residuos. La creen indigna de sus "elevadas misiones" (¿?) Prefieren "regir los altos destinos de la nación" (los nuestros) a recoger la basura; por eso se amontona.

40) Las leyes del **seguro social** establecen fondos colectivos en base al sistema del pote común: los pagos de los beneficiarios no salen de buenas inversiones privadas sino de las cotizaciones de quienes van ingresando. Los magros beneficios que pagan a los muy pocos y afortunados elegibles son costeados de modo indiscriminado por los cotizantes activos. Lo irónico es que si lo hace un particular es un delito, y se llama fraude Ponzi o "la bicicleta financiera"; pero si lo hace el Estado se llama "solidaridad social".

Criminalidad y justicia

41) En la **justicia actual**, la pena se centra en el victimario: la cárcel; y la víctima se olvida. En la noción de justicia punitiva o vengativa, la idea era castigar. En la justicia "social" es "regenerar" al delincuente, y "reinsertarlo" en la sociedad; lo que poco se logra. Pero el medio es el mismo: privación de la libertad. Y el enfoque: se centra en el delincuente.

Hay otro concepto: la justicia resarcitoria o compensatoria, centrada en la víctima. En el derecho bíblico la mayor parte de las penas son de resarcimiento/compensación. Las cárceles se mencionan en la Biblia sólo en los casos de perseguidos políticos y disidentes religiosos, objetores de conciencia como el Profeta Jeremías y el Apóstol Pablo. Y la regeneración es obra del Espíritu Santo, no del carcelero. En este concepto, si el delincuente se reforma y redime, ¡Gloria al Eterno!, pero ese no es el fin de la pena. Es restablecer a la víctima a la condición anterior al delito si es posible, o de lo contrario brindarle una compensación, pecuniaria en la mayoría de los casos. Más que encerrar al criminal, hay que ponerle a trabajar. Si hay razones para sospechar potencial peligrosidad y probable reincidencia, podría ir a la cárcel; pero no en otro caso. Así las víctimas serían atendidas, y las cárceles se desatestarían. El trabajo en la cárcel serviría para sostener en lo económico al sentenciado, en lugar de condenar a esa pena al contribuyente.

La justicia resarcitoria o compensatoria tiene otra ventaja: se presta mejor a ser aplicada por árbitros antes que jueces. La justicia arbitral se diferencia de la judicial en que no aplica el Derecho estrictamente sino la equidad. Y puede desarrollarse con mucho provecho en el ámbito civil, y no sólo penal.

42) De las **Leyes antidroga** ya no se sabe qué resultados se esperan: en país alguno reducen las ventas, la producción o el tráfico. Al contrario: año a año aumenta la compra, el consumo, la siembra y fabricación, y el comercio ilegal de sustancias sicotrópicas y estupefacientes. Y se incrementan exponencialmente los delitos ligados: millares de consumidores pobres se prostituyen y/o se hacen revendedores minoristas, ladrones o asesinos sólo para pagarse el vicio; impera la corrupción en todas las esferas; y las interminables guerras entre pandillas.

Y en urbes y campos reina el crimen, porque las policías, tribunales y cárceles se atestan con casos de droga; y los otros no son propiamente perseguidos y juzgados. Pero el estatismo, en vez de aplicar el mismo remedio que con la Ley Seca (derogación), aprovecha para incrementar sus inquisiciones y controles a los privados, para "investigar el origen de los fondos"!

43) Por fin, las **leyes ambientalistas** declaran perseguir un "desarrollo sostenible" pero el efecto es impedir el desarrollo. Manipulan con fines políticos la ciencia, la religión popular de hoy en día. Con acusaciones puramente alarmistas y sin evidencias suficientes, hipótesis exageradas y conjeturas sin fundamento, frenan el progreso de las tecnologías, las industrias, las empresas y las naciones. Agenda oculta: dar nuevos y mayores pretextos a los Gobiernos para decretar más controles, y más burocracia, y más impuestos.

Para las iglesias debería ser claro el trasfondo neopagano y anticristiano de la (no tan) nueva religión panteísta de la Diosa-Madre Naturaleza. El neo-malthusianismo nos está diciendo que Dios no sirve en su trabajo como Autor del Universo, porque los recursos naturales no alcanzan: o el Creador erró al calcularlos, o se equivocó al mandar "multiplicarse y llenar la tierra". El cambio climático muestra que el Creador debería revisar todos sus conocimientos de ciencias; así como de Economía también, a la luz de la crisis global de los mercados, que según los estatistas deja mal parado al principio bíblico de Gobierno limitado.

225

Desde otro ángulo, hay que ver que las Leyes Ambientalistas recurren al fraude científico casi siempre, en orden a un fin político: prohibir o limitar el uso privado de recursos que sin mayor investigación suponen agotables o no renovables, riesgosos, no degradables, etc. No obstante, mucha literatura científica -no política- dice la verdad sobre el clima, la capa de ozono, la lluvia ácida, los transgénicos, el DDT o la degradación de los plásticos; p. ej. "Mitos y fraudes", excelente portal Web de la Asociación Argentina de Ecología Científica.

Vea la paradoja: la publicidad capitalista invita a consumir y usar más de sus productos; los gritos de batalla de las Leyes Ambientalistas son "No use" o "Use menos", hasta tipificar el consumo como un delito. ¿Por qué? Porque los productos, servicios y recursos económicos todavía son bienes privados, mientras que el ambiente y los recursos naturales ya son bienes comunes y estatales, o cuya comunización y estatización se pretende. Sin embargo el ambiente y los recursos más contaminados del mundo son los de países ex comunistas. Bajo un régimen capitalista, los dueños de bienes privados no permiten su contaminación; al contrario, se cuidan muy bien de desarrollarlos, y al máximo de su potencial, impidiendo o corrigiendo aquello que les hace perder valor.

Los ecologistas catalogan una cantidad cada vez mayor de **"problemas y crisis ambientales"**, pero los hay de dos tipos:

A. **Inventados** o forjados con fines propagandísticos, como pretexto para coartar los derechos individuales y ampliar los gubernamentales.

– Son eventos catastróficos de dimensiones colosales, apocalípticas, que cada tanto son cambiados: hoy es el Calentamiento Global, pero antes era la nueva Era de Hielo.

– Solución exigida: más estatismo, y global. Y los ecologistas tienen mucho dinero, e inundan con sus gritos y exigencias a la opinión pública, falta de tiempo y espíritu de investigación para oír "la otra campana". Eso pasa con todas las leyes malas, y los impropios y mentirosos argumentos para justificarlas.

B. **Reales**. A diferencia de los inventados:

– No son catástrofes cósmicas, sino problemas y crisis de contaminación o polución, circunscritas a áreas más o menos limitadas, pero que producen daños y perjuicios tangibles, ciertos, verificables y comprobables...

– ... habiendo deficiencias en la especificación de los derechos de propiedad sobre los recursos naturales, o restricciones a los arreglos de mercado en base a precios, entre propietarios de recursos, que de otro modo serían posibles. Por ello tienen dos remedios prácticos: especificar mejor esos derechos de propiedad, y remover esas limitaciones a los contratos, para incentivar los intercambios. Mediante contratos, arreglos o sentencias judiciales o arbitrales, los propietarios privados de los recursos naturales –y los jueces o árbitros– pueden dar a los problemas reales del ambiente soluciones mucho mejores que las leyes antinegocios.

Cómo la infección se extiende

Hacer "acepción" es decretar una ley especial para una persona, empresa, gremio o categoría de personas o empresas. Sin embargo en el Congreso las hacen todos los días. Así se expanden las leyes malas como infección. ¿Cómo es eso? Vea Ud.: suponga que el Congreso dicta un impuesto a las importaciones de cuero, y una fábrica de calzados se perjudica.

1) Pero sus dueños, en lugar de procurar la remoción del impuesto para todos, buscan una excepción particular para ellos solos: una ley especial que con una excusa ecológica, "social" u otra cualquiera, les exima de pagar el impuesto;

2) y si eso no es políticamente posible, entonces procuran alguna otra ley especial que les facilite las cosas y rebaje costos por otro lado:
   – que les quiten un impuesto a los clavos, a la pega o cualquier otro insumo;
   – que la empresa petrolera estatal les regale el combustible para sus camiones o se lo venda con descuento;
   – que la ley comercial les afloje los requisitos contables;
   – que la ley laboral les relaje las condiciones laborales;
   – que la ley bancaria mande a los bancos a prestarles dinero barato;
   – que la ley de educación obligue a las escuelas a comprarles zapatos .. etc. etc.

3) Y si nada de eso es políticamente posible, procuran alguna otra ley especial que dificulte las cosas y suba costos a su competidor, ¡el importador de zapatos!

Así se llenan de alambradas legales los corredores productivos. Por empresarios estatistas con el "Me gusta el libre mercado para los negocios de los otros pero no para el mío." Ellos son quienes mejor aprecian las ventajas del libre mercado y su capacidad de reducir costos: "que los demás compitan entre ellos y reduzcan sus costos, así yo compro barato".

Para entender las leyes

Tal vez Ud. se pregunta ¿Por qué solo un capítulo para al tema del título "Las leyes malas"? No sé si Ud. haya leído completo lo escrito hasta aquí; pero la comprensión de todo lo anterior es previa e imprescindible al buen entendimiento del problema de las leyes malas. Todas las páginas desde el comienzo y las que siguen, tratan sobre las leyes malas, directa o indirectamente. Para entender las leyes:

– Hay que explicar algo de Economía general para captar sus desastrosos efectos.

– de Historia, para conocer los hechos, las fechas, los personajes y los significados de los acontecimientos.

– de Filosofía, para ver las causas y las razones, y que no se nos engañe con falacias. ¡De otro modo estaríamos perdidos en el desierto!

– de Política, para ver el camino de salida. Y para ver además los caminos errados, que no conducen a la salida. A fin de no seguir por ahí, que es por lo general donde anda la inmensa mayoría.

– de Psicología, para comprender los motivos profundos de los humanos.

– de Arte y Cultura, Sociología y antropología, para entender los contextos, y captar ciertos detalles relevantes.

– y sobre todo de la Biblia, para ver las conexiones entre todos los elementos anteriores, en su marco apropiado.

Saber Derecho no es saber de leyes; ese es el problema con nuestros abogados hoy en día. Hacia 1970 cambiaron en casi todas las Facultades de Derecho los planes de estudio de las carreras, y desaparecieron materias y temas de Filosofía, Historia y Sociología del Derecho. Hoy se enseña Economía del Derecho y está muy bien; pero no es suficiente. Hay que saber sobre la justicia, a la cual el Derecho ha de servir, y de las fuentes del Derecho: la ley, los contratos, la jurisprudencia y la doctrina.

Tal vez Ud. no lo sabe pero un libro suele escribirse de atrás para adelante. Porque lo primero que escribe Ud. pone el mensaje X, lo que quiere transmitir. Pero esa parte va a ir de último, al final, porque después tendrá que poner la información indispensable para que ese mensaje X pueda ser comprendido. Y esa parte va de penúltima. Pero esa también requiere de cierta información previa para entenderse, así que deberá escribirla. Y será la antepenúltima. Por eso lo primero que se escribe resulta de último.. y por eso algunos leen de atrás para adelante.

¿Y la salida? ¿Cual es el camino de salida?

Capítulo VI
La Salida

¿Se buscan curas a la pobreza y demás problemas de la gente? Decenas de miles de economistas, sociólogos y antropólogos, politólogos, estadísticos, expertos en desarrollo, profesores e investigadores en ciencias, lingüistas, educadores, juristas constitucionales y hasta filósofos y teólogos, a contrato en renombradas Universidades, Fundaciones e institutos, son para ello muy bien pagados. Pero no la buscan, porque creen tenerla.

Son costosos programas supuestamente anti pobreza y pro desarrollo, coordinados o supervisados por los Gobiernos y sus burocracias, y las ONGs, integradas todas por ex funcionarios y contratados gubernamentales. Suponen que para aplicar tan geniales propuestas los Gobiernos carecen de "capacidades" (poder), e incluyen más leyes para "mejorarlas" (más poder). Se inspiran en la "ingeniería social" positivista que ve la sociedad como una máquina, con sus maquinistas y mecánicos para dictar las órdenes, planificadas con arreglo a criterios "científicos", y ejecutadas según requerimientos "técnicos", mediante las leyes del positivismo jurídico: no hay más norma que la ley, ni más ley que la voluntad del Estado.

Esos programas ya se han aplicado miles de veces y han fracasado. Por eso ahora ya no buscan remedios sino pretextos, que echan a rodar. ¡Y la clase media los repite! El último es que la culpa la tenemos todos porque incumplimos las leyes: "pasamos el semáforo en rojo".

Amor a la verdad

La cura es rápida, pero quirúrgica: remoción de las leyes malas, para permitir que se recupere el tejido social privado −familia, escuela, empresa, iglesia− mediante la propiedad privada y la libre competencia, y poniendo límites a los Gobiernos.

El remedio es simple y efectivo: dejar hacer (laissez faire). Esa es la verdad. "Por amor a la verdad, se aprende..." escribió Agustín de Hipona, quien buscó la verdad por todas las escuelas filosóficas, científicas y religiosas una por una, y después abrazó el cristianismo. Así concluyó su frase: "...Y por amor a los demás, se enseña".

Pero ¿dónde enseñan hoy? En Universidades donde no hay amor a la verdad (ni respeto siquiera); por eso no aprenden sus profesores. ¿Sabe el famoso chiste del Dr. Alan Sokal, profesor de Física en la Universidad de New York? Provocó un escándalo, a propósito. Escribió un pasticho seudocientífico sin sentido, pero en jerga pomposa, enredada, posmoderna y "transgresora", ¡y se lo publicó una revista muy prestigiosa, acreditada y arbitrada! "Social Text" (en 1996). Demostró su punto.

La Teoría de las leyes malas

1) Los profetas del Antiguo Testamento hicieron una crítica muy fuerte de las leyes contrarias a la Ley de Dios; y después en Grecia y en Roma

la escuela estoica comenzó a desarrollar el concepto de Derecho natural, por oposición a las leyes sancionadas en tumultuarias Asambleas, oligárquicas juntas de gobierno, o por autócratas coronados o erigidos como dictadores, que es como terminan las tres formas puras de Gobierno.

2) En el s. XIX la crítica de las leyes fue expuesta por Frederic Bastiat, en sus magníficos ensayos, "La Ley" y el popular "Lo que se ve y lo que no se ve". Bastiat (descalificado por Marx como economista "vulgar") se inspiró en la labor de dos políticos ingleses: los activistas Richard Cobden y John Bright, fundadores de la Liga de Manchester contra las Leyes de Granos, que encarecían los precios de los alimentos privilegiando al agricultor con barreras arancelarias, y que fueron derogadas en 1846, no sin intensas y agitadas campañas de opinión y electorales para ganar diputados liberales, favorables a su derogación. Lecciones de Política 101 para los liberales ingenuos que esperan medidas liberales de autoridades estatistas.

3) A mediados del s. XX, el periodista Henry Hazzlitt divulgó esta doctrina en EEUU con su breve y famosa "Economía en una Lección", pequeño gran librito que lleva el análisis crítico más allá de los aranceles, y estudia los malos resultados de las leyes de impuestos, permisos y licencias, trabajo y sindicatos, alquileres y contratos, etc.

4) Después llegaron estudios más sesudos y académicos de "Ley y Economía", sobre los efectos económicos del Derecho: no sólo la ley, sino también la jurisprudencia de los tribunales y las ideas jurídicas.

Resumidamente la doctrina de las leyes malas dice:

– que las leyes deben ser juzgadas no por sus fines declarados sino por sus efectos y resultados reales, no siempre visibles ni de corto plazo, pero muchas veces catastróficos;
– porque sus beneficios no operan del modo en que supone y alega cada una en su exposición de motivos. Sus beneficiarios no siempre son los declarados, sino los intereses especiales en cuyo exclusivo provecho son negociadas y dictadas.
– Perjudican directamente a los contribuyentes, a los consumidores, a los trabajadores, y a otras categorías; y muchas veces perjudican hasta los mismos supuestos defendidos-; e indirectamente al público en general.

Y que para acabar con ellas se requieren tres factores:

– una fuerte corriente de opinión conciente de los daños que producen;
– un partido político bien articulado, sólidamente implantado y mayoritario, capaz de expresar y liderar aquella corriente de opinión;
– y un centenar de diputados elegidos con el mandato expreso para derogarlas, y así abrir paso a las reformas pendientes y a su instrumentación.

Esa es La Salida.

Los malos resultados

Se oye: "Las leyes son muy buenas, lo malo es que **no se aplican**". O sea: que su cumplimiento se evade. (Y siempre el ejemplo de pasar el semáforo en rojo. Otro cliché. ¿No tienen otro ejemplo?)

¿Qué pasa en la realidad con todas estas leyes malas, una vez sancionadas y promulgadas? ¿Se cumplen o no? ¿Cuáles son sus "frutos"? Según sus consecuencias, las leyes malas tienen cinco clases de malos resultados:

1) La inmensa mayoría sí se aplica. Sí se cumplen, y a rajatabla. Sólo que su cumplimiento no se puede ver porque es meramente negativo y perverso: impiden hacer negocios o desarrollarlos.

   Las leyes malas son causa eficaz de las empresas que no se crean, o que no crecen; de los bancos, escuelas, clínicas, radios, diarios y revistas que no se fundan. También de los empleos que no se generan, o no se enriquecen con el tiempo. De los aumentos en los salarios reales que no se otorgan y de los precios que no bajan, como ocurriría con riqueza y productividad crecientes y moneda estable. De las ventas que no se concretan, de los sueldos y comisiones que no se ganan y no llegan a los hogares. "Lo que no se ve" (Bastiat). ¿Qué es la pobreza? Toda la riqueza que no se crea.

2) Gracias a Dios otras pueden evadirse, y así ocurre. Son anuladas por la costumbre contraria (en latín "desuetudo"). Así es p. ej. ocurre en el contrabando, en la economía informal, y en la "piratería" intelectual. La gente no atribuye la responsabilidad

por nuestros males al estatismo que los genera, sino a que ¡no se aplica con suficiente fuerza bruta! Sin embargo es gracias a la desobediencia espontánea que los daños no se extienden y agravan; serían muchísimo mayores si tales engendros legislativos fuesen forzados a punta de pistola.

3) En muchísimos casos la inaplicación de la ley mala se vende y se compra entre los funcionarios y los interesados; lo llamamos "corrupción". En realidad es supervivencia. ¡De otro modo sería imposible gran parte de la actividad productiva cotidiana, y de la vida social e individual! Lo malo es que así nos acostumbramos a la ilegalidad, y a ver la violación de toda ley –mala o buena– como algo necesario y corriente.

4) En otros casos, penden amenazantes las leyes malas como espada de Damocles sobre los cuellos de supuestos o reales infractores, listas y prontas para castigar la "mala conducta" política.

Así se impide a la gente financiar y sostener actividades políticas no aceptables a los estatistas. Son el arma más poderosa y eficaz contra toda disidencia, oposición o resistencia al sistema; por eso es tan difícil salir de él y cambiarlo. Los cesaristas disuaden a todo empresario o particular de apoyar algún movimiento político contrario, sea con su dinero, o con su tiempo y actividad.

5) Y para poder tener un nivel de vida relativamente digno, las leyes malas a todos nos ponen a trabajar muy extensas y agotadoras jornadas de lunes a lunes (I Samuel 8), en tiempo que podría dedicarse a la familia, a Dios, a la iglesia u otros voluntariados, a la

236

cultura y a la capacitación, al ocio y esparcimiento. Y también ¿por qué no? a la acción política inteligente, y a investigar y evaluar doctrinas y estrategias alternativas de acción política.

Contratos versus burocracias

Una mala consecuencia de las leyes malas es que reemplazan las normas contractuales por las de los legisladores; y también que sustituyen a los jueces ordinarios por agentes del Poder Ejecutivo con facultades judiciales.

Ahora no son los contratos voluntarios acordados entre las partes, sino los reglamentos sancionados por los legisladores, los que fijan las conductas a seguir con carácter obligante. Individuos y empresas estamos bajo leyes especiales todas "de orden público", carácter "orgánico" (¿?) y jerarquía superior. Es la primacía del status sobre el contrato: cada persona natural o jurídica cae bajo una o más de estas leyes, según su condición definida por le ley; y una vez fijada y encasillada, su "status" es detalladamente descrito en el reglamento legal, y pormenorizadas sus obligaciones y derechos, sin que pueda siquiera chistar, ¡ni mucho menos contratar!

En caso de problemas tampoco puede recurrir a los Tribunales ordinarios, los jueces naturales, sino a las Agencias supervisoras y controladoras, las cuales ofrecen a acusados y litigantes una muy triste y patética imitación del debido proceso, sin las garantías suficientes.

Casi cada una de las leyes malas erige su Agencia especial. Es un fuero separado, parecido al "juicio de los pares" del primitivo Derecho feudal, con todos sus

237

defectos y ninguna de sus virtudes. En violación al principio de independencia de los jueces, la Agencia es dotada de amplias facultades judiciales para interpretar a su placer los reglamentos respectivos, y para investigar, decidir, sancionar e imponer multas, cierres, inhabilitaciones y otras penas muy graves. Son las Agencias Proconsumidor y Antidumping, Procompetencia, de Bancos, Casas de Bolsa, de Seguros, Transportes, de Ambiente, de Comunicaciones, de Culto, Radio y TV, etc. conocidas en cada país por sus siglas, y que se agregan a los Ministerios de Educación, Salud, Agricultura, Trabajo & Welfare, Comercio ... y al Banco Central.

En cambio el antiguo derecho privado respetaba la voluntad de las partes, expresada en el contrato. Suponía que las informaciones y conocimientos relevantes se hallan dispersos en infinidad de actores particulares; no en manos del legislador. Por eso los viejos Códigos describían tipos y modelos de arreglos voluntarios muy generales, entre los cuales los agentes particulares podían escoger, y adaptarlos a sus propios fines específicos, mediante el contrato, fuente de Derecho de jerarquía normativa apenas inferior a las leyes de orden público –muy pocas– y al mismo nivel del resto de las leyes, las cuales se aplicaban sólo en defecto de disposición contraria de las partes. Ellas discutían, negociaban y acordaban sus derechos y obligaciones, conforme a su propia información y conocimiento –superiores a los de los Gobiernos– y conforme a sus particulares fines y objetivos, que mejor que nadie sabían. Y podían dirimir sus conflictos ante magistrados que reconocían el carácter mandatorio de sus contratos.

Y si Ud. era penalmente acusado, no era por violar alguno de estos miles de voluminosos reglamentos punitivos, ni bajo alguna de sus burocráticas inquisiciones, sino bajo Ley Penal general, por algún delito preestablecido, con las garantías procedimentales del caso.

Macro y microeconomía

La primacía del status sobre el contrato en la esfera jurídica, se corresponde con la prevalencia de la macro sobre la microeconomía en la esfera económica. "Micro" significa individual, no necesariamente pequeño; y "Macro" significa colectivo, no necesariamente grande.

El enfoque "macro" es colectivista, el de los Planes de Ajuste y Estabilización Neo-liberales. Suponen que los Gobiernos tienen la información relevante y los mejores conocimientos. Y que operan sobre los "grandes agregados": cantidades de dinero y divisas, fondos prestables y volúmenes de crédito, capitales y fuerza laboral en su conjunto, volúmenes totales de producción, comercio exterior, etc. Y sobre las variables que suponen expresan o controlan estos factores: PIB, tasa de inflación, tasa de crecimiento, tipo de cambio, fracción ahorrada del PIB, gasto estatal, intereses, niveles de salarios, impuestos y aranceles, etc. Este enfoque destaca las acciones y medidas de los planificadores y funcionarios, asumiendo que las manipulaciones oficiales "corrigen" por decreto los desequilibrios "macro" entre estas variables. Asumen que en los mercados hay "fallos", y deficits y asimetrías de información, ¡como si los funcionarios y burócratas estatistas tuviesen sapiencia perfecta!

El enfoque micro en cambio es individualista, destaca y promueve las acciones de los sujetos y empresas como agentes primeros y principales del desarrollo. Los consumidores y usuarios, del lado de la demanda. Y del lado de la oferta ("supply-side") los productores: ahorristas e inversionistas (capitalistas) y trabajadores, coordinados por las firmas privadas. Si las condiciones en que los actores individuales se desenvuelven son flexibles, y permiten las adaptaciones inmediatas a los cambios contextuales en los mercados de bienes finales y de factores, habrá inversiones, crecimiento y riqueza en el país. No de lo contrario.

El desarrollo de las naciones es primeramente suma y producto del desarrollo de sus individuos, familias y empresas; no a la inversa. Pasa por recuperar el derecho a contratar bajo leyes comunes para todos, y el rol de los jueces ordinarios. Los Gobiernos que no se crean intelectual y/o moralmente superiores respetan los arreglos contractuales. Sus leyes no discriminan, siendo primordialmente negativas: sólo para prohibir agresiones, robos y estafas. Y los jueces ordinarios respetan y hacen respetar tanto la Ley común como la voluntad de las partes, salvo las reglas de orden público, pocas y muy excepcionales.

Deflación, y aprender a no temerla

La inflación es una de las peores consecuencias de las leyes malas. El economista austriano Jorg-Güido Hülsmann nos explica cómo la inflación financia a las seudo-elites a expensas de nuestro sudor: trabajo, esfuerzos e inventiva.

1) Se nos dice que la cantidad de billetes y el nivel de precios son irrelevantes, y se puede trabajar

y producir con cualquier cantidad de dinero nominal, e incluso con inflación. Pero no es verdad. La crisis actual, fruto de la irracional expansión de los medios de pago, nos muestra la falsedad de esta proposición, para quien quiera verla.

2) El dinero no es neutral. Los cambios en la masa de dinero y precios producen cambios en la distribución de los recursos. Los primeros receptores y dueños de las cantidades adicionales de billetes, ligados a los Gobiernos, se benefician a costa de los demás tenedores de dinero. Son billetes de monopolio, como en el juego "Monopoly". E igual es con los bancos y los aumentos en la oferta de créditos. Por eso aman la inflación y la defienden —asegurando que pueden "controlarla"— y detestan la deflación.

3) Las elites y sus aliados se hacen muy ricos, más rápido y con menor costo que cualquier mortal. Por eso el Welfare State y los Gobiernos, los bancos y Wall Street han crecido más, y más rápido que los otros sectores.

Estas élites son "emprelíticos" (empresarios-políticos). No son muy inteligentes o hábiles: si lo fuesen, no temerían competir. Deben su poder y altos ingresos a los privilegios legales que los protegen de la competencia —y así les enriquecen a costas de los demás— y a la ignorancia generalizada. La inflación de dinero y crédito financia a quienes dependen de su cabildeo con los funcionarios para alcanzar y mantener posiciones, en lugar de apoyarse en la calidad de sus productos. Ellos tienen razones para temer la deflación. Pero no Ud. y yo. Si la tememos es por pura ignorancia aprendida: nos enseñan a ser ignorantes. Y si por tercos no queremos desaprender, entonces de ignorantes pasamos a estúpidos.

La deflación no es el monstruo destructivo que nos pintan los economistas convencionales del "mainstream" de la profesión, o sea del Establishment. Y su remedio es simple: se apaga la máquina de hacer moneda inflada, y se permite emplear otras monedas, y que los precios bajen.

Deslegislación, para empezar

En Latinoamérica hay más de 100 autodenominados "think-tanks" que se declaran pro libre mercado. Pero su peso e influencia es ínfimo, pues no han podido trazar claramente y proponer la ruta de salida, debido a sus enredos conceptuales con:

– las muchas concesiones al pensamiento dominante, inútiles y perjudiciales a su propia causa;
– la identificación (o mal deslinde) de liberalismo clásico y Neo-liberalismo;
– la atracción fatal del anarcocapitalismo, un extremismo radical que funciona como pobre compensación psicológica del fracaso político;
– la convicción de que el libre mercado va con cualquier filosofía, sin advertir p. ej. que el utilitarismo conduce al socialismo;
– la ignorancia del pecado, y el desconocimiento sobre la presencia y permanencia del mal;
– una muy insuficiente comprensión de los nexos entre economía, clases sociales, ideología y política, y entre política doméstica e internacional;
– la inocente y platónica creencia en una difusión social automática y el triunfo inevitable de las ideas liberales, por el solo efecto de su mejor

calidad intelectual; y el consiguiente desprecio de la política y la acción política;

– las confusiones en materia de religión y cristianismo.

El economista George Gilder pertenece a la Escuela del "supply-side" (lado de la oferta) inspirada en Jean-Baptiste Say y su discípulo Bastiat. Autor del muy leído "Riqueza y Pobreza" (1981), Gilder también es sociólogo y antropólogo, lo cual le da una amplia perspectiva. A partir de sus muy valiosas lecciones, de las de muchos otros perspicaces conferencistas y escritores, como de las permanentes enseñanzas de la Biblia, puede verse la salida:

– los intereses especiales y sectores dominantes viven muy bien a expensas del sistema, y no van a querer cambiarlo por más que se les demuestre la verdad (que no les interesa);

– la Academia es irrecuperable si no se muestran experiencias exitosas;

– y la opinión pública es empiricista: sólo cree en ideas que se demuestran en la práctica.

Por consiguiente, el mensaje no es para los políticos estatistas, los empresarios mercantilistas ni los académicos, es para el grueso de la clase media, a la cual hay que explicar los rudimentos de la Economía Política, pero mostrando las conexiones con la ética y la religión, a fin de que las entiendan tanto los cristianos como los no creyentes, y puedan cooperar ("fusionismo"), pues la religión es un factor crítico.

Las reformas no pueden ser parciales ni graduales como las Neo-liberales de los '90; deben en cambio ser completas y simultáneas, y comenzar por la deslegislación. Y en el Congreso está la llave para hacer y deshacer las leyes; por tanto hay que conquistar el Parlamento, no la Presidencia. Por eso se requiere un instrumento político, sea un partido o un conjunto de candidatos a legisladores postulados por los diferentes partidos o independientes.

La Salida = D + 5 R

A la gente corriente hay que hablarle de su seguridad, su comida, su ingreso, su nivel de vida, su familia. Y mostrarle que se relacionan con la deslegislación y con cinco reformas para prosperar, y hacer de la nuestra una nación libre, rica, educada y sana.

Para poner a nuestro país en el Primer Mundo, entrando los guatemaltecos a la economía global del siglo XXI sin traumas, y aprovechando sus ventajas y oportunidades:

– *Reforma del Estado y los Gobiernos*
– *de la economía*
– *de la educación*
– *de la atención médica*
– *de las jubilaciones y pensiones*

Las dos primeras para tener seguridad y justicia, y expandir la economía, multiplicando varias veces la producción y los empleos, y nuestros ingresos reales y poder de compra. Y las tres restantes, para tener mejor educación, medicina y previsión social. A fin de que todos ganemos más y vivamos mejor.

Las cinco reformas

1) **Del Estado y los Gobiernos**. Para quitar al Estado de fines, misiones y cometidos más allá de su naturaleza, reduciendo drásticamente:
   – la injustificada presencia estatal en lo que es privado por naturaleza;
   – la atribución de excesivos poderes y competencias a los Gobiernos, con las consiguientes dilaciones y el papeleo, y la inevitable corrupción;
   – el creciente volumen del gasto estatal;
   – los numerosos y elevados impuestos (injusticia contributiva);
   – la inflación del dinero y consiguiente carestía;
   – y el endeudamiento público.

   Y para centrarle en:
   – Seguridad contra el robo y la violencia;
   – justicia imparcial, expedita y honesta, represiva y disuasiva para los autores de los crímenes, actuales o potenciales, pero resarcitoria/compensatoria para las víctimas;
   – obras públicas.

   Con un Estado fuerte pero limitado, y descentralizado o federal, la corrupción será reducida. Esta reforma y la siguiente nos darán una economía de alto rendimiento, con empleos e ingresos sólidos. Podremos participar en las privatizaciones de empresas estatales, que no serán para crear o acrecentar monopolios privados, sino para capitalizarnos a todos con títulos-acciones. Y con un Gobierno a cargo de seguridad, justicia, infraestructura, y respetuoso de la economía, viviremos más solventes, y con menos trabajo y sacrificio, y más tiempo libre para la familia, la educación y capacitación, la salud y el esparcimiento.

Bajos impuestos, moneda sana y sin deuda pública se traducirán de inmediato en mayor poder de compra para todos, con dinero fuerte en nuestros negocios, ingresos, cuentas y ahorros. Y sin gravar nuestro futuro, ni hipotecar el de nuestros hijos. No tendremos igualdad de oportunidades, porque eso es imposible. Pero sin importar la posición de nacimiento, todos tendremos igualdad de derechos, con oportunidades mayores y mejores para todos; y eso es posible, factible y realizable.

2) **La economía.** Esta reforma es para facilitar nuevos negocios y más empresas, así como el crecimiento y desarrollo de las existentes a través de la expansión de sus mercados, y para crear nuevos empleos productivos y enriquecer los actuales:

– Comenzando con el enriquecimiento de la gente mediante la reforma del Estado (1);
– la desaparición de los injustos privilegios que impiden, obstaculizan o encarecen indebidamente el acceso a los mercados y corredores de la agricultura y el comercio, la industria, los servicios y la banca;
– la eliminación de barreras contrarias a la movilidad de los factores productivos, que imposibilitan a capitales y gentes cambiar de empleo o ramo para ajustarse flexiblemente y sin demoras a las demandas de mercados dinámicos;
– la desafectación (privatización) de empresas, equipos, inmuebles y otros activos económicos ahora indebidamente en manos del sector

público, y licitación para su pronta y transparente transferencia a los particulares.

Con estas dos reformas tendremos empresas competitivas, abundantes bienes y servicios, variados y de buena calidad, y a precios competitivos, mediante mercados en firme y sostenida expansión. Y con creciente poder adquisitivo, todos tendremos más empleos disponibles, más productivos, y mejor pagados.

3) **Educación**. Para expandir la matrícula, y mejorar la calidad:

– empoderar a los profesores y maestros mediante la dación en pago –por obligaciones pendientes– de los centros de enseñanza hoy estatales, para administrarlos en calidad de propietarios, cobrando por sus servicios, en libre y abierta competencia con los que son hoy privados;
– empoderar a los alumnos más pobres con cupones ("vouchers" friedmanianos) para pagar con ellos en los centros educativos de su elección, en igualdad de derechos con sus compañeros, durante la transición al capitalismo;
– y eliminar las imposiciones estatales en los contenidos y programas educativos, así como en los métodos y estilos de enseñanza.

La calidad en la educación depende de la pluralidad y la diversidad, la competencia de ofertas variadas y la libertad de elección. En una educación de mercado todo instituto docente es autónomo y experimental:

– unos con la educación clásica, otros con pura tecnología moderna;

– unos con una religión, otros con otra, y el humanismo secular y evolucionista para quien lo quiera, y lo pague: nada pagado con impuestos, ni decretado de forma impuesta;

– unos con una educación más práctica, otros más especulativa;

– unos con ciencias, otros con artes o letras;

– unos con fútbol, otros con básquetbol o béisbol;

– estos con inglés o francés, aquellos con japonés o chino, hebreo, griego o latín.

Y los estudiantes pagando todos por su educación, sin mayores diferencias visibles entre ellos, salvo que unos pagan con su dinero, y otros con sus bonos, cupones o cheques a su nombre para educación.

4) **Atención médica**. Con igual modelo, para expandir la cobertura y aumentar la calidad y excelencia del cuidado médico:

– empoderar a los doctores, enfermeras y personal de hospitales y centros médicos hoy estatales, mediante la dación en pago de los mismos –liquidando deudas pendientes– para que puedan gerenciarlos y administrarlos como propietarios, cobrando por sus servicios, en competencia con los centros hoy privados;

– empoderar a los pacientes más pobres con cupones, para pagar con ellos en los centros de su elección, en igualdad de derechos con todos los demás, en la transición;

– y eliminar las innecesarias imposiciones estatales en la prevención y el tratamiento de las enfermedades.

Así se acabarán las odiosas discriminaciones entre pobres y ricos en los servicios. Para los más pobres se acabarán los largos meses en espera de conseguir por lástima una cita o una cirugía. Para los menos pobres se acabarán los dolores de cabeza y las crisis de nervios a la hora de pagar las cuentas.

5) **Jubilaciones y pensiones**. Para expandir la cobertura y aumentar la cantidad y calidad de las prestaciones:

– empoderar a los gerentes, administrativos y personal profesional del IGSS con la dación en pago (por obligaciones pendientes) de los inmuebles, equipos, activos e instalaciones, para que puedan administrarlos como propietarios, cobrando por sus servicios, y en justa competencia con el resto del sector;
– empoderar a los asegurados más pobres con cupones para pagar las pólizas en los institutos de su elección, transitoriamente;
– eliminar las injustificadas imposiciones estatales en las pólizas y negocios de seguros.

Así se acabarán las jubilaciones miserables, las demoras, las colas y largas esperas y dilaciones para cobrarlas. Con las tres reformas (3, 4 y 5) tendremos servicios médicos, de enseñanza y previsionales de calidad, y económicos, con profesionales responsables.

Y los más pobres: no promesas demagógicas sino cupones o vouchers con su nombre y cédula.

Fusionismo

¿Por qué en Latinoamérica predominan las izquierdas y centrismos que nos mantienen en el estatismo de siempre? Por la misma razón que hoy EEUU también tiene un Presidente socialista, como Paraguay y Haití.

Vea Ud., una clasificación aproximada (no perfecta) de los sistemas de Economía Política sería así:

– De izquierda, los socialismos. Comenzando por los dos más radicales: el socialismo nacional (Hitler y sus seguidores) que es de "extrema izquierda" a pesar de cierta retórica conservadora y de orden; y el socialismo clasista (comunismo) en todas sus variedades: Lenin, Stalin, Mao, Ceausescu, Pol Pot, Castro, Chávez, Mugabe, etc.

– De centro, el intervencionismo distributivo (Welfare State), por la igualdad a través el voto. Es el de las "Terceras Vías": socialismo democrático, socialismo cristiano, y populismo.

– De derecha es sin duda el sistema de mercado; pero hay tres modelos distintos: el intervencionismo de privilegios corporativos ("crony capitalism" o mercantilismo); el capitalismo liberal, de gobierno limitado, que es de derecha porque busca la libertad dentro del orden; y el anarcocapitalismo, que resulta la verdadera "extrema" derecha.

Las personas en su mayoría prefieren las fórmulas de centro porque "todos los extremos son malos", sin embargo, de modo no coherente, en modelos de

Gobierno no se aplica el mismo criterio centrista, y se prefiere la democracia. Una clasificación aproximada de las formas de Gobierno luciría así:

- De izquierda, la democracia pura, con universalidad del sufragio activo: voto para todo el mundo, incluso p. ej. analfabetas, o gentes sin oficio que mediante el sufragio indiscriminado puedan aspirar con éxito a vivir del esfuerzo ajeno en un Estado redistributivo.
- De centro, la República, con Gobierno limitado, y democracia igualmente limitada, con restricciones en el voto.
- De derecha, los autoritarismos en pro del capitalismo.

Pregunta: ¿Es posible el libre mercado con democracia? ¿O requiere siempre autoritarismo, como en los casos de los "dragones" del sudeste asiático y de Pinochet? Respuesta: sí se puede con democracia, pero en base a un Programa positivo (no bastan las críticas a los socialistas y al socialismo) sostenido por una fuerte corriente política por libre mercado.

Y eso se logra con el "fusionismo": la fusión de dos tendencias ideológicas de derecha pero a menudo antagónicas: conservatismo político y liberalismo económico. Esa unidad en el campo de la derecha explica los resonantes éxitos de la Thatcher y Ronald Reagan en los '80. La derecha pierde cuando permanece escindida entre conservatismo político y liberalismo económico:

- Buena parte de las clases medias adhieren a los valores tradicionales de orden social, familia y trabajo duro, por lo general en un contexto religioso. Pero se abrazan a la intervención del Estado, que creen esencial para la preservación de los principios que aman, y desean conservar, o restaurar. Su desconfianza del libre mercado les lleva a asociarse al mercantilismo de las oligarquías de la derecha antiliberal, o a los intervencionismos de los políticos "de centro".

– Libre mercado quiere una parte de las elites intelectuales y profesionales, disconforme con el orden vigente; pero frente a los principios y valores tradicionales en materia de estilos de vida y arreglos sociales, su posición es de indiferencia o de hostilidad. Y esa actitud les separa de las buenas gentes conservadoras de clase media, y les lleva a la esterilidad política.

El factor religioso es crucial: los libremercadistas son en su mayoría escépticos agnósticos, y suelen ver en todo creyente a un irracional, enemigo de la libertad y del progreso. A su vez los creyentes asumen que los libertarios, por carecer de Dios, no tienen moral ni ley.

Fusionismo es un término originado en la España de la Restauración borbónica de 1874, que designaba al Partido fundado por Práxedes Mateo Sagasta (un masón), constituido por liberales monárquicos católicos y republicanos conservadores, llamado Liberal Fusionista y después simplemente Liberal. Y es una expresión conocida en EEUU para la combinación o "fusión" de libertarios pro libre mercado y conservadores tradicionales. Sus promotores fueron William F. Buckley, fundador de National Review en 1955, el escritor Frank S. Meyer, Editor en Jefe de NR, y el Senador Barry Goldwater con su exitoso libro "La conciencia de un conservador" (vendidas 3.5 millones de copias a comienzos de los '60). La victoria republicana del Congreso en 1994 con Newt Gingrich llevó el fusionismo a su apogeo, y después declinó con ambos Bush. Pero tras la victoria de Barack Obama, algunas instituciones como Heritage Foundation están pidiendo un nuevo fusionismo para la derecha.

Porque hasta en los países ricos, esta separación de conservatismo político y liberalismo económico lleva a las izquierdas al poder, mediante el voto masivo; y allí las mantiene. El intercambio de privilegios entre socialdemócratas y mercantilistas se basa en el voto como sufragio universal, con reconocimiento indiscriminado de ese derecho como absoluto, no importa si su titular es analfabeta, borracho, vago y mantenido o criminal. Así es como las naciones permanecen en crisis, o crónicamente estancadas.

Por fin, una palabra sobre la interminable discusión entre reformadores liberales: ¿qué es primero, la cultura o las instituciones?

La realidad es que las instituciones y sus reglas reflejan los principios y valores de la cultura predominante, pero casi siempre con distorsiones. Y las instituciones premian y castigan conductas. Si las reglas ponen los incentivos equivocados, de nada vale predicar por los valores y principios correctos. Por eso las instituciones son de crítica importancia.

253

Capítulo VII
Estrategias

Thomas Jefferson (1743-1826) abogado y finquero, fue presidente de EEUU de 1801 a 1809. También fundó la Universidad de Virginia (1819) y fue gobernador de su Estado. En junio de 1775 fue nombrado delegado para el Segundo Congreso Continental, en Filadelfia, poco después de estallar la Guerra.

Un año después, en junio de 1776, el Congreso discutió sobre una Declaración de Independencia, y a Jefferson se le encargó redactar un borrador, en un comité de cinco diputados. Aprobado el 28 de junio con modificaciones, pasó al Congreso y se debatió. Hubo cambios, eliminando lo relativo a la esclavitud, y se aprobó el 4 de julio de 1776, fecha que hasta hoy se festeja en EEUU como Día de la Independencia.

Thomas Jefferson no fue cristiano; pero leía la Biblia. Y al parecer, dos de sus citas preferidas eran:

– Isaías 30:9 donde se denuncian a los profetas falsos: "este pueblo es rebelde, hijos mentirosos, hijos que no quieren oír la ley de Jehová; que dicen a los videntes: No veáis; y a los profetas: No nos profeticéis lo recto, decidnos cosas halagüeñas, y profetizad mentiras". Con ella respondía a quienes

sólo quieren escuchar mensajes agradables, "positivos", falsamente alentadores. Transmiten optimismo infundado, y desacreditan a quienes advierten sobre duras realidades, aunque no sean simpáticas, ni fáciles de captar.
– II Corintios 3:17 "Donde está el Espíritu del Señor hay Libertad". Y esta cita era seguramente para quienes adversaban su política liberal, como Hamilton.

Mi cita preferida de Jefferson es: "El precio de la libertad es la vigilancia permanente"; tal vez inspirada por ambos pasajes. En resumen: seamos optimistas porque hay salida; pero no falsamente optimistas. No es que "todo está bien, así que no digan cosas negativas". No el optimismo panglosista. (El Dr. Pangloss es el personaje de Voltaire que caricaturiza a los seguidores de la filosofía de Leibniz: "vivimos en el mejor de los mundos").
A partir de los años '50, y en toda América latina, un explícito o implícito "Pacto Social" de naturaleza política presidió el establecimiento de las leyes malas:

– De criterio paternalista, las "económicas" –referidas a los negocios y la economía– fueron y son apoyadas y aprovechadas por mercantilistas y estatistas a la Derecha del espectro político. Consagran privilegios para empresas y sectores económicos, y son causantes de la falta de ahorro e inversiones, el desempleo y la pobreza.
– También paternalistas, las las "sociales" –referidas a trabajo, "educación y salud gratuitas", Inseguro Social y otras supuestas ayudas a la pobreza– consagran injustos privilegios a favor de sindicatos, partidos y actores ideológicos de Izquierda.

La sanción de las primeras se vio erróneamente como "equilibrada" con la promulgación de las segundas, pese a que no ayudan a los pobres sino a la pobreza –a mantenerla y multiplicarla– en tanto perpetúan sus causas. Sin embargo todavía hoy se argumenta de las unas que protegen a los empresarios pero preservan "los intereses de la nación", y de las otras que velan por los intereses "de los trabajadores", y en general de los pobres.

¿Cómo salir de esto? Un acuerdo entre partidos o por encima de ellos, para una "refundación del Estado", como proponen mis amigos el Lic. Erwin Lobos Ríos y el General Benjamín Godoy Búrbano: la magnitud de la tarea exige la…

Refundación de la República

Cabe como estrategia equilibrar la derogación de las leyes malas "económicas" con la anulación de las "sociales". Para ese fin es imprescindible encuadrar a las capas medias, hoy presas de un fuerte prejuicio antipolítico a causa del horror que sienten por la corrupción –pero sin entender su origen– e incapaces de activar, por muchos clichés e ideas erróneas sobre la economía, la política y la religión (y largo etcétera), pero no obstante muy extendidas y arraigadas.

Imprescindible y antes que nada: recuperar la iniciativa. Dejar ya de quejarnos de Chávez, y de Correa y de los Kirchner etc. o del socialismo. Defender el capitalismo y una Propuesta.

La mejor defensa es la iniciativa

Con el "Socialismo del Siglo XXI" la izquierda neta se ha puesto a la ofensiva y ha tomado la delantera. Y no es por "la chequera de Chávez" ni por el fraude electoral; es por la inopia de sus adversarios.

– En muchos países es gobierno, como en Venezuela. Y lo será por mucho tiempo, dada la inútil oposición social-mercantilista, que no responde al desafío ideológico.

– Y en otros, como Uruguay, Perú y México, espera turno, lista para tomar el poder. De momento encabeza la oposición a los titubeantes gobiernos "centristas", faltos de ideas, proyectos y empuje, ocupados sólo en sobrevivir y hacer negocios turbios con sus "padrinos".

Las "reformas" de los '90 fracasaron porque no llegaron hasta el libre mercado; en el mejor de los casos se quedaron por el camino. Pero la izquierda dice que sí, que falló el mercado. Y lo mismo dice de la crisis recesiva mundial de ahora: fracasó el capitalismo. Lo peor es que no se oye la respuesta inteligente de la derecha liberal, ausente en la gran escena político-electoral. La enorme asimetría entre capitalismo y socialismo es que el primero es constructivo y el segundo sólo destruye. No obstante:

– El socialismo predica la "construcción" de una utópica Nueva Sociedad (y hasta de un "Hombre Nuevo"); y propone sus típicas medidas como "avances" y "progresos". Aparece así la izquierda como "constructiva".

258

– ¿Y la derecha liberal? ¿Qué propone? Fuera de las calles y ausente del escenario político -muy presente en Internet- por lo general no propone nada sino que sólo critica, luciendo "puramente negativa".

La Izquierda no gana porque sus Gobiernos son buenos, sino porque las Derechas no sirven. Y la política es un deporte muy peculiar, con reglas (no escritas) pero sin árbitros, en el cual las faltas no se "descuentan": un jugador puede cometer 1001 torpezas, errores y fallos graves (o crueldades); empero no redundan en beneficio del adversario, excepto cuando éste los identifica correctamente, y los explota y capitaliza eficazmente en su provecho.

Una gran lección política de la Biblia está en los libros de Samuel, y es que todo gobierno debe ser antes oposición: para prepararse. Se desprende de la historia de David antes de ser rey, en el puesto de jefe de la oposición a Saúl, y a la cabeza de su partido –400 damnificados por el oficialismo– durante ocho largos años entre la clandestinidad de la cueva de Adulam, y el exilio con los filisteos. ¡Pero la Derecha Liberal aún no llegó siquiera a la oposición!

No estamos obligados a repetir los errores del pasado o de otros países. Podemos hacer algo diferente: proponer las reformas. Y transmitir bien el mensaje. Pero hay que reforzar nuestras virtudes y corregir nuestros defectos.

Virtudes y defectos

1) Los latinoamericanos tenemos cuatro enormes virtudes, que en menos de 10 años nos pondrían como "tigres", si no fuera por cuatro enormes defectos; no en general sino en dos áreas muy especiales de la acción humana: económica, y política.

   – La primera de nuestras cualidades es que somos abiertos y generosos. No somos mezquinos. Compare Ud. con Europa: ¿quién le invita a Ud. a su casa apenas conocerle?
   – Y somos dinámicos; no nos gusta la quietud, y estamos siempre en movimiento, yendo y viniendo a reuniones, entrevistas y juntas. Tal vez esto nos pone a hablar mucho y hacer poco, y nos impide concentrarnos para leer y revisar documentos con atención; pero por de pronto digámoslo: nuestro dinamismo es un activo.
   – Excepto los académicos, los demás somos gente práctica, y tendemos a acomodar las cosas según su lado práctico, ¿y no es una virtud?
   – Y también somos extremistas: nos gusta el todo o nada. Caliente o frío. Se nos dice que este es un defecto; y lo sería si fuese una virtud el ser tibios. Pero no lo es. Así que por favor anotemos el extremismo entre nuestras mayores virtudes.

2) Y no olvidemos esas virtudes; pero ese recordatorio nos debería servir para admitir de frente y con entereza nuestros defectos. Así que los defectos ahora:

– Somos inconstantes. Esto lo sabemos, no hay mucho que abundar: somos rápidos para el entusiasmo, y tardos para la acción y el seguimiento.

– Confiamos en las personas pero desconfiamos de los proyectos, si lucen diferentes a los acostumbrados y convencionales. A todo lo no habitual y novedoso le buscamos "peros". ¿Por qué? La carencia de leyes y jueces confiables nos obliga a hacer negocios y empresas sólo entre gente conocida y por consiguiente confiable; y a no aventurarnos en innovaciones. Esto restringe mucho las oportunidades de hacer actividades productivas y tejido económico, y es una de las causas del subdesarrollo.

Análogo es en la política: ignorancia generalizada y confusión en las ideas y principios, nos lleva a hacer política sólo entre familiares y amigos, y eso reduce la capacidad de hacer partidos y tejido político. Los principios no son tan importantes como el conocimiento mutuo de años, y la lealtad personal. Así en actividades y círculos políticos coparticipan gentes con principios opuestos e ideas antagónicas, lo cual genera discusiones interminables, demoras y parálisis. Y como no estamos acostumbrados a razonar y argumentar, evitamos los choques de ideas. ¡Pero no advertimos que los choques de ideas alumbran las verdades!

Por eso muchas veces terminamos empleando los nexos políticos habituales para hacer los negocios habituales. Y viceversa.

– Somos querellosos. Tendemos a subrayar diferencias meramente personales, y a separarnos y dividirnos por ellas: personas que no tienen diferencias comerciales o políticas, y que deberían ser si no socios al menos aliados, se detestan mutuamente por nimias diferencias personales.

– Fabricamos ídolos. Es así: nos juntamos cuatro simplones. Y elegimos alguien un poco menos simplón que nosotros, porque tiene dinero o influencia, o por haber sido realmente exitoso en algo. Lo hacemos un dios; y el simplón se lo cree. Y ya somos cinco los creyentes. Entonces cualquier simplonada que diga sobre cualquier tema ajeno a la esfera de su competencia, ya es santa palabra. ¡Y que nadie la contradiga! Este defecto es muy grave e incapacitador porque impide confrontar arraigados paradigmas. Y mitos.

Ignorancia y estupidez

Ignorancia es la falta de conocimiento o el defecto en el conocimiento de algún asunto; por eso ignorantes somos todos -y en gran medida- respecto al inmenso universo de temas y materias, salvo las poquitas que conocemos. Pero ignorancia no es lo mismo que estupidez. Estúpido es alguien cuya irracionalidad nos perjudica a todos, incluso a él mismo. Estúpidos no somos todos; aunque todos nos comportamos a veces como tales.

Carlo M. Cipolla (1922-2000) fue un matemático ítaloestadounidense, especializado en historia de la economía, autor de una brillante Teoría de la Estupidez Humana (en su libro "Allegro ma non troppo", de 1988). Parte de un simple hecho: los estúpidos son irracionales, y no tienen estructura, coordinación, estatutos, voceros ni manifiesto; sin embargo resultan influyentes y determinantes. ¿Cómo puede ser? ¿Sólo por numerosos? ¿O hay alguna falla en el conjunto de personas no estúpidas? Nos comportamos muchas veces como estúpidos: he ahí el problema. Vea Ud. las "cinco leyes fundamentales de la estupidez":

1) Los no estúpidos subestimamos el número de estúpidos en circulación. Un punto importante es que el coeficiente de estúpidos (σ = sigma) es una constante. ¿Qué porcentaje? No podemos decir que 30 o 40 o XX por ciento, pues nos equivocaríamos, debido a esta primera ley.
2) La estupidez es una variable por completo independiente: no es cosa de raza, sexo, edad, nivel socioeconómico, religión, ideología o lugar de procedencia; ni siquiera de educación.

Hay estúpidos de todas las etnias y colores, sexo (¿género?), edades, niveles de ingreso y clases sociales, religiones, ideologías, ciudades, regiones y países, y grados de educación. Dice el Dr. Cipolla –en lenguaje de la teoría de conjuntos– que los ignorantes no son necesariamente estúpidos; pero muchos estúpidos son no ignorantes, y los hay hasta profesores universitarios con muchas obras publicadas, premios y reconocimientos.

3) ¿Qué es ser estúpido? Una persona es estúpida si su conducta irracional causa daño a otra u otras sin obtener ella ganancia alguna, o peor aún, provocándose daño.

Hay entonces cuatro clases de gentes: los inteligentes, que se benefician a sí mismos y a los demás; los malvados, quienes se benefician ellos pero perjudican a los otros; los estúpidos (se perjudican a ellos y a los demás); y los infortunados o incautos: benefician a los otros, pero se perjudican a sí mismos.

La mayoría de los individuos no actúa consistentemente. Bajo ciertas circunstancias una persona puede actuar como inteligente y en otras como no inteligente; a excepción de la persona estúpida, por su fuerte y marcada tendencia a un comportamiento estúpido en todo lugar, tiempo y circunstancia. Además, el inteligente y el malvado conocen su respectiva condición, en cambio el estúpido no sabe que lo es; tampoco el infortunado tiene conciencia de tal. Y a diferencia de la conducta del inteligente y del malvado, la del estúpido no es previsible; de ahí su extrema peligrosidad social.

4) Asociarse con estúpidos es un error costoso. Pero la persona no estúpida también subestima siempre el potencial dañino de la gente estúpida.

5) El estúpido es el tipo más peligroso. Tras investigar muchas civilizaciones y culturas, Cipolla confirmó que el coeficiente de estúpidos (σ = sigma) es una constante histórica.

Entonces ¿por qué unas sociedades prosperan y otras fracasan? Respuesta: depende de la capacidad de las personas inteligentes para mantener a raya a los estúpidos. En las sociedades fracasadas, la "fracción sigma" (porcentaje de estúpidos) no necesariamente crece; pero en el resto de la población sí crece el número de infortunados idealistas, y asimismo el de los bandidos o malvados, sobre todo entre quienes detentan el poder. Y los inteligentes son muy pocos, e incapaces de orientar y encausar a los ingenuos, de contener a los estúpidos, y de vencer a los malvados; lo cual conduce a todos a la ruina.

Digámoslo: el **socialismo** avanza por una enorme hueste de estúpidos, conducidos por malvados que se apoyan en ignorantes incautos, tras los cuales se disimulan. Pero los inteligentes nos comportamos como estúpidos. Por eso la oposición es incapaz de definirse claramente por el Gobierno limitado y trazar un proyecto político en esa dirección, pasar el mensaje y organizarse con eficacia, y de ganarse la comprensión y buena voluntad de la gente. Por eso los socialistas ganan elecciones. Y una vez los socialistas en el poder, es estúpido esperar que respeten y se comporten como no socialistas.

Digámoslo: la **oposición** enfrenta a los socialistas sin programas y con candidatos ineptos, por eso pierde. Y después hace golpes de Estado como el 11 de abril de 2002 en Venezuela y el 28 de junio de 2009 en Honduras, diciendo que no fueron golpes de Estado y pretendiendo disfrazarlos. El uso de la fuerza es moralmente legítimo sólo bajo ciertas condiciones; y la primera es que se haya agotado la vía de la persuasión pacífica. Y quienes defendemos el Gobierno limitado no hemos siquiera intentado persuadir a la masa de opinión. Hemos sido incompetentes para delinear y proponer en términos simples una propuesta atractiva.

"No hemos sabido vender nuestro producto", se oye decir en los círculos libertarios y liberales clásicos. ¿Y cuándo vamos a aprender?

Academia y política

¿Cómo se imponen unas ideas políticas sobre otras? ¿De qué depende que triunfen ciertas doctrinas y se lleven a la práctica, y otras sean marginadas y derrotadas? Hay sólo tres medios para decidir cuál pensamiento político se va a adoptar y cuál a desechar: los argumentos; el proceso político; y las armas.

– El de los **argumentos** es el terreno de los hechos, las hipótesis, las demostraciones y la lógica. De las premisas, conclusiones intermedias y finales, y recomendaciones de política. La pregunta es ¿quién tiene razón?

– El **proceso político** ya no es tan racional. No es tan decisivo tener razón, ni cuáles son los hechos más relevantes, las teorías más sólidas, o los argumentos de más peso. En la era pre-democrática es quién gana el favor del Rey, sus Ministros y cortesanos. Los argumentos no faltan, pero los intereses cuentan, y a veces mandan. ¿Y en la democracia? Igual. O peor: el "soberano" ya no es el Rey, una persona, sino el pueblo, que son millones de adultos inmaduros. Gana su favor quien sea capaz de presentar su caso de modo más atractivo, considerando intereses, prejuicios, temores y otros sentimientos. La pregunta es ¿quién tiene más votos?

– El de las **armas** es el más irracional. La política está presente, pero sólo acompañando a la pólvora y las balas. ¿Quién tiene más poder de fuego y provisiones, y mejor despliegue y estrategia?

Es un orden cronológico; y tiene su lógica. Primero hablan los argumentos; después, los votos; y por fin, los cañones. Y este orden no es arbitrario: es el orden en que sucesivamente fracasan las ideas y doctrinas políticas que se aplican. Sí; así es: a) cuando un pensamiento político fracasa en el terreno de los argumentos, recurre al proceso político. Y b) cuando pierde las votaciones, saca las municiones. Por eso casi siempre las peores recetas políticas –las más irracionales e injustas– son las que se llevan a la práctica.

Desde su invención en el s. XIII, la vida intelectual discurrió en la Universidades. Pero hasta los años 1700 las aulas universitarias fueron relativamente autónomas. Vivían de lo que producían, y aprovechaban muy bien el equilibrio de poderes entre Papas y Emperadores, Reyes y órdenes religiosas, caballeros y gremios, señores feudales y ciudades libres. Pero desde el s. XVIII, con el despotismo y el nacionalismo, se hicieron dependientes del Estado, y cayeron bajo su control. El despotismo siempre es "ilustrado": quiere tener razón a toda costa, sobre todo cuando no la tiene. Y el despotismo de las masas no es diferente.

Sometida al proceso político, la vida universitaria se **politizó**. Y se mediatizó, se burocratizó y se arruinó, lo cual fue muy lamentado por los verdaderos intelectuales y científicos, como Adam Smith y David Hume. Hubo un divorcio entre la vida intelectual y la vida académica, hasta hoy en día. En la vida intelectual, lo decisivo es conocer hechos relevantes, exponer teorías sólidas y argumentos de peso. En la vida académica –salvo excepciones– lo decisivo es acumular diplomas y acreditaciones, no importa su mérito, y publicaciones, sin considerar su valor, y ganarse el favor de las autoridades a cualquier precio, incluso el sacrificio de la verdad. Y apoyar al Estado

267

en todas sus pretensiones. No basta con tener razón, y son ingenuos los liberales que creen lo contrario.

Uno de los más consistentes defensores del libre mercado, Friedrich A. Hayek (1899-1992), Premio Nobel de Economía 1974 sabía por ciencia y experiencia (propia y ajena) que todos los totalitarismos del s. XX nacieron de la educación controlada por el Estado. Desde 1931 Hayek enseñó en la London School of Economics, donde con mucha penuria se opuso a las entonces dominantes tesis de Lord Keynes y su escuela. En 1950 se mudó a la Universidad de Chicago, y no recibió el reconocimiento que merecía. Por ello regresó a Europa en 1962, a la Universidad de Friburgo, en Alemania.

En 1947 Hayek y un grupo de liberales clásicos fundaron la Sociedad Mont Pelerin, sustentando unos postulados y buscando unos objetivos claramente políticos, no científicos ni académicos. En la Declaración de Principios expresaban su preocupación por los amenazados valores de la civilización. Las libertades de pensamiento y de expresión corrían peligro por los credos que exigían tolerancia siendo minoritarios, pero desde el poder suprimían los demás puntos de vista. Y denunciaban el relativismo, una visión de la sociedad y de la historia que niega todo patrón de moral absoluta, y que mucho contribuyó a la falta de confianza en la propiedad privada y en el libre mercado, sin los cuales es difícil concebir una sociedad en la cual la libertad pueda ser efectivamente preservada.

¿Figuraba entre sus objetivos recuperar las cátedras y posiciones universitarias perdidas por los adeptos al liberalismo clásico? No. Y no podemos nosotros ser injustos, y reclamarles que no lo lograron. Lo que sí podemos reclamarles es el fracaso en sus objetivos políticos, debido a que muchos creyeron que para lograrlos, era suficiente con tener razón.

Religión y asuntos públicos

¿De quiénes esperamos una rehabilitación y defensa efectiva del Gobierno limitado? Hay excepciones en todas las categorías, pero el panorama general es este:

– Los **políticos** son los ejecutores principales del estatismo, desde hace unos 400 años, por no ir más atrás. Lo imponen, lo dirigen, lo gerencian y administran, y amorosamente lo cuidan cada vez que enferma, hasta que sana. Y por supuesto, mucho lo aprovechan.

– Los **empresarios** grandes y medianos son los beneficiarios del mercantilismo. Como Adam Smith sabiamente advirtió, son los últimos que quieren libre competencia. Rápido aprenden a limar sus diferencias de intereses, y a convivir con los políticos socialistas, democráticos o no.

– ¿Los **académicos**? ¡Son los inventores del estatismo! Y lo legitiman "científicamente" a diario, para los adeptos a la religión científica. Porque con la Modernidad, y más aún con el Iluminismo, la Ciencia no reemplazó a la religión como erróneamente se cree, sino que se hizo una religión, otra más, para las masas, sobre todo las de clase media, que se tragan sin crítica todo lo que digan los universitarios, sacerdotes de la nueva religión; que como toda religión falsa es politeísta, y sus dioses coexisten, la Ciencia y el Estado.

En cada departamento universitario para el estudio de la sociedad, predomina una corriente justificadora del Gobierno ilimitado, o varias: relativismo,

269

empiricismo o racionalismo, utilitarismo, cientismo e ingeniería social, positivismos de todo pelaje, y ahora Posmodernismo.

Y los **líderes religiosos** legitiman al estatismo para los adeptos de sus respectivas iglesias. Tienen estatismos para todos: mercantilismo para conservadores y neoconservadores, y socialismo democrático y socialismo revolucionario para cristianos de izquierda. La visión de los asuntos públicos depende críticamente de la religión, aunque hoy esta opinión es rechazada. Pero de su rescate mucho depende la recuperación de la libertad.

La religión judeocristiana fue erradicada de los asuntos públicos hace unos 150 años. Por eso en la discusión pública falta el concepto específicamente cristiano de la política; y en las iglesias también, pues las ideas políticas adoptadas y manejadas son las mundanas, o humanistas seculares. Hasta 1850 más o menos, el Cristianismo (en Occidente al menos) fue el más firme y eficaz baluarte contra el poder estatal usurpador y abusivo. La Declaración de Independencia de EEUU (1776) dice: "Sostenemos como evidentes estas verdades: que todos los hombres son creados iguales; que son dotados por su Creador de ciertos derechos inalienables ..." significa que no pueden "alienarse": enajenarse, cederse o abandonarse al Gobierno. ¿Por qué? Porque son dones de Dios; y como individuos creados, ante Dios somos por ellos responsables.

¿Qué mejor y más eficaz **línea de defensa** hay contra el estatismo? ¿Acaso el relativismo, el empiricismo o el racionalismo, el utilitarismo, o cualquier otro ismo devenido del Humanismo Secular (incluso el iusnaturalismo, el más respetable) son baluartes más firmes? Para nada; y el Profesor Hayek —muy bueno

270

en Historia– sabía que la tradición judeocristiana es la base y fundamento más duro para todas las libertades, económicas y no económicas. Por eso en 1947 propuso llamar "Acton-Tocqueville" a la que después no aceptaron designar con los nombres de los dos pensadores cristianos, y por eso se llamó Sociedad Mont Pelerin.

Pero se prohibe hablar de religión en los círculos políticos; y eso incluye a los grupos liberales y libertarios. Muchos de sus miembros y participantes creen a pie juntillas que la religión ha sido un obstáculo al progreso; pero sin embargo la historia de Occidente muestra que la libertad ha progresado al paso que el cristianismo ponía freno a los despotismos, y que el estatismo ha avanzado al paso que la religión ha decaído o se ha pervertido. Afirman ellos que aceptar a Dios no es compatible con la razón, sin ver que la creencia en un Universo que se dio existencia a sí mismo es racionalmente objetable, y requiere una enorme dosis de fe.

La **defensa del liberalismo** es imposible sin aludir a una base moral y ética. Y hablar de moral y ética es imposible sin referencia a la religión. La separación del Estado de las iglesias es muy saludable para ambas instituciones; pero no significa quitar la religión de los asuntos públicos, y relegarla a un asunto "meramente privado", del que no cabe hablar en el Congreso ni en los partidos, sus reuniones y documentos.

La Primera Enmienda de EEUU dice: "el Congreso no aprobará ninguna ley que promueva el establecimiento de religión alguna, o que prohíba el libre ejercicio de la misma". Esta norma garantiza la libertad de cultos. Y lo que prohibe es una iglesia oficial, sostenida por el Gobierno, con los impuestos de todos los contribuyentes. Dice que el Estado no debe ser religioso; lo que no implica que debe ser ateo, o que puede controlar las expresiones religiosas, privadas o públicas, de la gente. No manda una educación bajo control del Estado y adscrita a la religión evolucionista. Tampoco prohíbe invocar a Dios, o mencionarlo, o citar la Biblia en la plaza pública. Ni veda a los cristianos proponer el modelo bíblico de Gobierno: Limitado.

Expulsar la religión de la mesa de discusión de asuntos públicos fue un éxito para los enemigos de la libertad. Para sus amigos, es de lamentar. Y para los creyentes, es vergonzoso que haya sido con el acuerdo de muchos dirigentes eclesiásticos: a cambio de algunas prebendas y/o una frágil garantía para el culto privado, dieron su silencio, su conformidad o su complicidad a la estatolatría, adoración al ídolo pagano más viejo de la humanidad, y exigente cobrador de los sacrificios humanos más crueles: el Estado.

A salir de los ghettos

El camino de salida pasa por mercadear eficazmente las reformas y comunicar bien el mensaje al grueso de la opinión pública, para lo cual antes hay que entenderlo y asimilarlo hasta familiarizarse. Y transmitirlo no es fácil porque el público está muy confundido por la propaganda de izquierdas, e impotentizado por las creencias de la Nueva Era y la "Fe".

Hay que des-cubrir los hechos, explicando las relaciones que llevan de las causas a los efectos, y de los medios a fines. Hay que desentrañar las verdades históricas. Hacer comparaciones y contrastaciones. Mostrar anticipadamente las consecuencias previsibles de las políticas y cursos de acción alternativos. Y no basta tener la verdad; hay que tener también argumentos irrebatibles y respuesta de impacto, y comunicarlos con eficacia. No es fácil. Pero hay que hacer el esfuerzo, pues de otro modo no hay salida. Y es una actividad política.

Para semejante tarea hay tres grupos o categorías específicas de gente que deberá salir, al menos parte de su tiempo, de ciertos refugios confortables que les funcionan como ghettos:

- Los **cristianos** con llamados a la política, de sus Iglesias;
- los **libertarios y liberales clásicos**, de sus ghettos académicos;
- y en general los profesionales, técnicos y empresarios de **clase media**, de sus consultorios, negocios y empresas.

Y es imprescindible y urgente que todos cuestionemos los clichés anti-mercado, considerando las respuestas justas, y/o reconsiderando sus presupuestos:

1) "¡Eso es capitalismo!" ¿Y de qué otra forma se produce la riqueza?
2) "¡Es de derecha!" Sí, pero con la izquierda ya probamos, y no funciona.
3) "¡Es extremo!" Con el centro también probamos; y tampoco funciona.
4) "¡Es muy radical!" El problema es de fondo, de raíces (muy profundas).
5) "¿Y las políticas sociales?" Crear riqueza es la más social de las políticas; y la transición puede ser con vouchers estatales para educación, atención médica y jubilaciones.
6) "La Política es sucia", dice la clase media. Los demagogos más ignorantes, atrasados, brutales y

estúpidos, tienen el poder o se aprestan a tomarlo, cabalgando sobre las carencias, los sueños e ilusiones de millones de pobres e ineducados campesinos y marginales urbanos que les dan sus votos. Por supuesto: si los "limpios y puros" no se involucran, el poder irá a manos de los sucios, tramposos, viles y corruptos.

7) "Para ganar votos hay que hacer concesiones", dicen los políticos electoreros. Pero la izquierda es demandante: si haces una concesión te va a exigir otra, y luego otra más; y de concesión en concesión, terminarás igual al resto, sin una oferta nueva y fresca que te haga distinto, y perderás. David venció a Goliat con armas de otro tipo.

8) "¿Y la Reponsabilidad Social Empresarial?", dice el estúpido discurso del empresariado masoquista "apaciguador". El papel del empresario en la sociedad es ganar dinero produciendo bienes y servicios a precios económicos, creando empleo para los trabajadores, y oportunidades de inversión para los ahorristas. Para lo cual ha de racionalizar costos, a lo cual la competencia le obliga. ¿Y qué más que eso? Ya dijimos cómo es la izquierda: si regalas almuerzos para 200 niños de la calle te exigirán para 400; y si regalas 400 te exigirán 4 mil.

9) "La lucha por la libertad es primero en el campo de las ideas" dicen los campeones del free market. Vamos despacio en este punto: cuando Friedrich Hayek y sus amigos fundaron la Sociedad Mont Pelerin en 1947, los estatistas dominaban las cátedras universitarias, y la política. Ante la crónica escasez de recursos, les pareció que enfrentaban un dilema: ¿cuáles posiciones recuperar primero, académicas o políticas? La pregunta era como la de

Lenin y los bolcheviques en 1902: "¿Qué hacer?" Y Hayek erró la respuesta.

Hayek fue un genio, sin duda. Descubrió y denunció en cuatro libros, cuatro de las grandes falsificaciones del s. XX, que son **cuatro pilares del estatismo**:

– La falsificación estatal del dinero en 1929, el mismo año del crack bursátil, en "Teoría monetaria y ciclo económico";
– La de los conocimientos científico-sociales en 1952: "Contrarrevolución en ciencia. Estudios sobre el abuso de la razón";
– La falsificación de las leyes en 1960: "Los fundamentos de la libertad";
– La del lenguaje en los '70, en los tres tomos de su magistral "Derecho, legislación y libertad".

(Qué pena que no se interesó por estudiar la Biblia, ¡tal vez hubiera descubierto la falsificación del cristianismo!)

Como científico de la política Hayek se había hecho públicamente famoso en 1944 con "Camino de servidumbre". Pero cuando en 1947 recomendó a sus seguidores abandonar la política y concentrarse en la academia, alguien le dijo "Estás equivocado". Fue el filósofo anglo-español Jorge Santayana; ¡y tuvo razón!

10) "¿Y el dinero para la propaganda?" Pues a recogerlo los cristianos con llamado a la política; y los libertarios y liberales clásicos con la misma vocación; y los profesionales, técnicos y empresarios de clase media. La actividad de recolección de fondos se basa en la división del trabajo: que nadie

piense "yo voy a ser empresario durante unos años y después político, cuando tenga la plata". No es así. Cada deporte exige condiciones especiales.

11) "Política y religión no se mezclan". Siempre se mezclan, para bien o para mal; lo que debe separarse es al Estado de las Iglesias.

La salida depende del éxito o el fracaso en tender puentes entre liberales clásicos y cristianos, en el seno de la clase media. Y para esos puentes hay que clarificar los puntos de desencuentro, y encontrar los de coincidencia. Y esto es discutiendo, explicando y comparando las doctrinas de unos y otros. Único modo.

El drama de los migrantes

¿Qué candidatos ganan las elecciones? Los que mejor conectan con el problema más sentido por la gente, lo colocan al tope de la agenda, y logran persuadir al público de tener la mejor solución. Aquí en Guatemala es la emigración, el tema "conector": muy ligado a inseguridad personal, depresión de la economía, y falta de perspectivas a futuro, los tres factores que impulsan a emigrar. Y transversal: los guatemaltecos todos, de todas las capas sociales, y de todas las inclinaciones políticas y todas las creencias religiosas o irreligiosas, lo piensan o alguna vez lo han pensado. Muchos no dan el paso; otros se van: algunos se quedan y otros regresan. Siempre es un doloroso trauma para muchos, y para sus seres queridos.

No demasiados son los emigrantes que tienen éxito; la mayoría a duras penas sobrevive con lo mínimo para mantenerse y enviar algo a su familia. Y si retorna, llega con cierta carga de frustración y resentimiento, y desgarradoras historias de separaciones, fracaso, y sufrimiento. No hay familia que no sea tocada por el tema de la emigración.

El Congreso tiene más poder que el Presidente

No lo tiene si hablamos de poder para designar funcionarios y resolver así los problemas económicos de los designados y sus familias. O para otorgar contratos y resolver del mismo modo los problemas de los contratados, los suyos y sus amigos. Para estos fines tiene más poder el Presidente. O cualquier Ministro. Pero si hablamos del poder para cambiar el país para bien, entonces sin duda tiene más poder el Parlamento, que tiene la facultad para hacer las leyes, y para derogarlas, rehacerlas o cambiarlas. Y abrir así camino a las reformas.

Salvo excepciones parece que sólo llegan al Congreso ladrones y/o ignorantes. Los primeros son malos porque llegan a robar. Se llenan los bolsillos. Pero los puros ignorantes son todavía peores, porque nos llenan de leyes malas. O las reemplazan por leyes peores, más dañosas.

Imagine Ud. campañas electorales ya no para Presidente de la República sino para **diputados al Parlamento**, que destaquen y enfaticen "¡Seguridad Primero!" la oferta básica, contra el crimen, condición necesaria pero no suficiente; y las **5 reformas**, incluyendo desprohibición de las drogas, para acabar de inmediato con el sicariato y el crimen organizado.

Y además temas nuevos, propuestas frescas:

– justicia contributiva e incremento del tiempo libre; atención a las víctimas de los delitos y justicia arbitral;

– "shock de oferta" productiva y distributiva (economía "supply-side"): el libre mercado es bueno no sólo para crear riqueza sino también para distribuirla, a todos, y de abajo hacia arriba, por las vías de crecientes ingresos factoriales: sueldos y salarios, intereses, utilidades.

– Regeneración del tejido económico a muy corto plazo, con nuevos empleos privados y enriquecidos los existentes, con inversiones extranjeras y repatriadas.

– Un tema "tabú" para los economistas: la deflación. Aunque suene increíble: los ingresos y los salarios aumentando, ¡y los precios bajando!

– Y la ayuda social con los tres cupones ("vouchers") para los más pobres, hasta que dejen de ser pobres.

Dos escenarios y muchos aliados

Supongamos dos escenarios para el futuro próximo: uno bueno y otro malo:

– En el escenario bueno, el mejor de todos, se aprueba una prudente y sabia reforma constitucional, como la de ProReforma; y el mejor candidato a Presidente gana las elecciones.

– En el malo, el peor de todos, no hay reforma constitucional –o no es prudente ni sabia–; ni gana el mejor candidato a Presidente. En este escenario necesitaremos un **Congreso** con al menos algunos (pocos o muchos) diputados no solamente probos sino bien informados, capaces, y decididos; que conozcan la verdad, sepan lo que hay que hacer, y estén dispuestos a hacerlo.

¿Y en el escenario bueno? También. Piénselo. ¿Y en alguno de los escenarios intermedios? Con más razón. De todos modos, aún con una mejor Constitución, necesitamos las reformas legales (subconstitucionales). Y para eso se requiere derogar las leyes malas. En cualquiera escenario se requiere un Congreso con algunos (pocos o muchos) diputados buenos.

¿Quiénes son nuestros potenciales **aliados y votantes**? Aparte los migrantes, las cinco reformas son ofertas particularmente atractivas para ciertos sectores claves, con los cuales las alianzas serían decisivas. Veamos en cada una de las cinco reformas:

1) La Reforma del Estado y los Gobiernos es muy atractiva para los funcionarios y efectivos involucrados en los servicios estatales genuinamente públicos: militares y policías, jueces, fiscales, empleados judiciales y agentes del ministerio público, contratistas y subcontratistas de obras, etc. Sus funciones serían jerarquizadas, y mejorarían su posición social e ingresos.

2) La Reforma de la economía y los negocios:

   – es atractiva para empresarios informales, empresarios potenciales, y para todos quienes serían sus ejecutivos, gerentes y técnicos, empleados y obreros.

   – y para todos los empleados estatales involucrados en servicios no genuinamente públicos, que hallarían empleos mucho mejor pagados en los sectores privados de los mercados en pleno auge y crecimiento.

3) La de la educación: para padres y educadores, y para quien hoy en día no puede tener una capacitación esmerada. Los maestros y profesores empoderados serían dueños de los institutos donde hoy son empleados mal pagados y peor tratados; y a los educandos pobres, sus bonos les permitirían una educación de calidad.

4) La de atención médica: para los profesionales de la salud, y para quien hoy no puede acceder a un cuidado médico adecuado. Los médicos y el personal serían los dueños de los hospitales donde hoy laboran por un sueldo muy bajo; y los enfermos, discapacitados y accidentados pobres podrían tener sus bonos para una medicina de calidad.

5) Y la Reforma de las jubilaciones y pensiones: para todos los trabajadores, activos y pasivos, que disfrutarían de mejores y más elevadas prestaciones; y para todos los profesionales que hoy laboran mal pagados en el IGSS.

Más que una campaña electoral, sería una campaña por las reformas. Comenzando por las iglesias evangélicas –con la Biblia en la mano– donde se halla el "voto natural" de candidatos y partidos inspirados en principios cristianos. De cara a los medios, poniendo la agenda; y de cara al público, formando opinión, y en la calle, no sólo movilizando sino encuadrando a la clase media, en grupos y organizaciones. En su caso polarizando –siempre la mejor estrategia para el más débil– pero con el tema de las cinco reformas, no con los del **aborto, la eutanasia y los homosexuales**. Estos tres son los tópicos explosivos con los cuales siempre nos "queman" a los políticos cristianos, objetivo que logran en tanto permitimos que la agenda cristiana se reduzca a esos solos puntos.

No propongo ocultar la posición cristiana en esos tres temas polémicos, que siempre salen sobre todo en la clase media, y que es:

– Firme y decididamente a favor de la vida. Y contra el asesinato: aborto y eutanasia; porque se opone a la violencia, excepto justa defensa, propia y de otros. Y en estos dos casos bajo examen y en discusión, la violencia es contra personas que no han cometido delitos, no pueden defenderse, y no tienen o tienen disminuida su capacidad para expresar su voluntad.

– De resto –sexualidad– reconoce al César su función represiva de la violencia y el fraude, pero sin entrometerse donde no haya una ni otro, porque el derecho a establecer la diferencia entre el bien y el mal es de Dios, y no del Emperador. Lo cual nos lleva al...

Asunto de ética

Lo que propongo es evitar que esos tres temas polémicos y divisivos sean los únicos en el discurso de los candidatos cristianos, porque entonces serán políticamente crucificados (y entre varios ladrones). En estos tres temas hay un tópico de fondo, una cuestión ética, y lejos de evadirla, somos nosotros quienes debemos plantearla: la pregunta, ¿quién tiene derecho a establecer la diferencia entre el bien y el mal?

1) Para los **cesaristas**, decide el Estado. Para ellos el Estado es dios. En los ss. I y II, los paganos estatistas –todos– orgullosamente afirmaban "César es el Señor", y exigían a los cristianos corear la consigna. Porque César declaraba la diferencia entre el bien

281

y el mal, como Supremo Emperador. Y la respuesta cristiana ante esa demanda sobre quién establece la diferencia entre el bien y el mal fue "Cristo es el Señor". Fueron condenados y ejecutados.

A eso mismo se nos lleva ahora: a sustituir a los 10 mandamientos éticos de la Biblia por otros muy diferentes. La de ahora es una lista distinta, donde no aparecen "Amar a Dios sobre todas las cosas, y otros como "no fornicar". En cambio figuran muy en alta prioridad unos mandatos nuevos como "ayudar a los pobres" directamente y a la vez mediante impuestos, y "amar al planeta" y por supuesto "cuidar el ambiente", clasificar los residuos, etc.; y "no discriminar" (aunque este mandato es sólo para los privados y no para el Estado). Y desde luego el infaltable "no fumar". Lo curioso es que son preceptos éticos en su naturaleza, pero se da al Estado el poder de hacerlos cumplir, obviamente por la fuerza, su instrumento propio.

Fíjese bien por favor: cuestión aparte cuáles sean los mandamientos —si estos de ahora, los antiguos de Moisés, u otros diferentes a ambos— o si Ud. está o no de acuerdo con esta lista o la otra, el asunto es: ¿quién los promulga? ¿quién los dicta? ¡Pues el Estado! ¿Se fijó? Es la total y completa identificación entre las normas morales y las normas jurídicas. ¡Los pecados son delitos y viceversa, son lo mismo! Eso se llama totalitarismo. Los nuevos mandamientos son tratados como crímenes muy graves y por tanto tipificados penalmente, y perseguidos por el Estado. ¡Y nadie le pregunta a Ud. si está o no de acuerdo! Se da al César el poder de decidir entre el bien y el mal. ¿Y la respuesta de los cristianos ahora? "Romanos 13".

2) Para los **cristianos**, Dios es quien legítimamente establece la diferencia entre el bien y el mal, en Su Palabra; no el César. "Cristo es el Señor" fue la digna respuesta cristiana a la altiva exigencia cesarista. Y tampoco hay término medio.

No se puede ser cesarista y cristiano; cesaristas fueron los diputados del Sanedrín cuando demandaron a Poncio Pilato la crucifixión de Jesús: "No tenemos más Rey que César" (Juan 19:15). Un cristiano tiene que decidir: Cristo o César. Libertad o sumisión. El suizo Raymond Bruckberger, monje dominico, que fue capellán de los maquis (resistencia francesa antinazi) y cineasta, en su precioso libro "El capitalismo es la vida" escribió: "el cristianismo es la religión de la libertad".

Sin embargo la enseñanza política en las iglesias de hoy es cesarista:

> – Al católico se le expone una doctrina social no de la Biblia sino la de su Iglesia, que por influencia del jesuita alemán Heinrich Pesch (s. XIX) es básicamente socialdemócrata; o bien la Teología de la Liberación, su versión radical.
> – Y al evangélico se le enseña a ser un "ciudadano modelo": un sumiso y servil cesarista, buen cumplidor de leyes injustas y fiel pagador de megaimpuestos. Es por ello que muchos Gobiernos estatistas apoyan, con dinero y con influencia, a muchos pastores que predican el mensaje de conformismo y docilidad política en el púlpito, y sobre todo en la radio y la TV.

3) Pero ¿hay por fin un **punto de encuentro** con los no cristianos en esta cuestión ética? Claro que sí; y

por eso traje este tópico a la sección "Estrategias" pese a ser ético y de principios. El punto es: César reprime la violencia y el fraude. Pero no mediando una u otro, no es César sino el individuo en su conciencia moral quien decide entre aceptar a Dios y a su Revelación como fuente de sus deberes éticos; o ponerse él a sí mismo como su propio dios y darse su propia ley moral. Es su elección. Tiene derecho. Para la ética cristiana, la homosexualidad es pecado, y el sexo con animales; pero no deberían ser delitos. No es decisión del César.

En eso podemos andar de acuerdo cristianos y no cristianos. La civilización occidental fue producto de este acuerdo, y las libertades a ella asociadas, comenzando por la de conciencia. Y es vital si vamos a preservar esa civilización y esas libertades.

Plataforma, no partido

Los partidos no son malos, al contrario. Son vehículos de expresión ideológica, de articulación de opiniones, de formulación y formación de políticas, etc. Son parte imprescindibles en una democracia. Pero hoy están muy faltos de credibilidad, así como la política misma. Y los políticos, a quienes se les exige más que nunca predicar con el ejemplo.

1) La mejor estrategia tal vez no es un partido sino algo mejor: una Plataforma o programa de reformas legislativas para el Congreso. Suscrito por los candidatos al Parlamento de diferentes partidos y agrupaciones, que con su firma y de modo solemne, se comprometan a impulsar tales reformas, votarlas

y defenderlas una vez electos diputados, no importa quien sea Presidente. Un Acuerdo por las Reformas legislativas, con sólo dos puntos:

– Derogación de las leyes contrarias al ahorro, a la inversión y a la sana economía, a la justicia y a la moral, y a la razón y buen sentido;
– para abrir paso a las cinco reformas de los Gobiernos y la política, la economía, la educación, la atención médica, y los fondos de jubilaciones y pensiones.

Y abierto también ese Acuerdo a la firma de candidatos a Alcaldes que se comprometan a apoyar, promover y defender las reformas en sus municipios. Y a los candidatos a Presidente y Vice que se identifiquen con la Plataforma, que sería como una franquicia política. Como estrategia contaría con muchas ventajas, entre ellas la frescura y novedad del planteamiento. Una vez ya posicionado el Acuerdo, muchos serán los aspirantes a candidatos por la Plataforma; tantos que deberían pasar por ciertos filtros.

2) Los que ponen la agenda ganan. Si se puede centrar la agenda en las cinco reformas, podrían saltarse los adjetivos y etiquetas. No digo que sea fácil, pero con las reformas en el centro de la discusión, los epítetos infamantes como "neoliberales", "derechistas", "militaristas" y "fanáticos religiosos" deberían ceder paso a los argumentos sólidos en contra de las reformas. Los cuales no serán fáciles de hallar ni de exponer y defender, y menos encontrar alternativas viables y creíbles para oponer.

3) Mucho ayudarían posiciones radicales que marquen gran distancia con el "sistema" estatista vigente, ya muy desacreditado. P. ej. el rechazo a los subsidios estatales para los partidos y sus campañas, y la negativa a aceptarlos marcó una diferencia en los inicios del Movimiento Libertario de Costa Rica que lo hizo altamente visible y atractivo a la opinión. Impactaría más que nada el argumento ético: si es inmoral sostener a los partidos comunistas y socialistas con impuestos de quienes no lo somos, es igualmente inmoral sostener una política cristiana de ideas clásico-liberales con impuestos de socialistas y comunistas. La campaña se pagaría con un universo de pequeños y medianos aportes voluntarios al estilo de los diezmos y ofrendas en las iglesias; y haría públicas sus cuentas. Sin aportes del Estado, ni grandes donaciones privadas a cambio de concesiones, favores y privilegios especiales.

4) Difusión, capacitación, formación. Actividades que deben ser como partes de un mismo proceso. Por las características de las reformas, la difusión del material informativo y de divulgación proselitista debería ser seguida de la inmediata capacitación en talleres, charlas y grupos de lectura y discusión, y del proceso más selectivo de formación de cuadros.

5) Por fin: Escuela de Gobierno para los aspirantes al Congreso, en orden a aprender...

– a ser diputados, conociendo las técnicas e instrumentos idóneos para recolectar fondos, organizar y gerenciar campañas electorales, hacer propaganda efectiva, interpretar encuestas, fiscalizar y supervisar comicios y recuentos de votos y defender resultados, sin olvidar la oratoria y práctica parlamentaria.

– a ser buenos diputados, sabiendo distinguir las buenas leyes de las malas, para derogar o corregir las segundas, y para ejercer sobre el Poder Ejecutivo aquella "permanente vigilancia", el Principio de Thomas Jefferson.

Una conclusión. Entre los mejores aliados del socialismo se cuentan:

1) La antipolítica y la partidofobia de la clase media.
2) El opio "anarcoide" de los seguidores de Murray Rothbard: cada vez que uno de ellos abre la boca en una reunión, la gente normal sale corriendo –por eso Ayn Rand no los quería–; aunado en el otro extremo al "pensamiento flojo" de ciertos portavoces liberales imbuídos de ideas equivocadas sobre tolerancia y antidogmatismo, que parecen confundir liberalismo con laxitud gaseosa, subjetivismo y relativismo, quitando rigor y precisión a los conceptos y definiciones, y provocando que cualquiera diga "yo soy liberal pero para mí el liberalismo es" ... cualquier cosa.
3) Y el escapismo de los pietistas cristianos.

Conclusiones

Terminemos este libro con unas conclusiones. No sé las conclusiones que saca Ud. amigo(a) lector(a), pero de momento yo saco estas cuatro conclusiones:

– una sobre colaboración entre liberales clásicos y cristianos;
– otra sobre una profunda inmoralidad en nuestras clases medias;
– una tercera sobre lo bueno, lo malo y lo inútil;
– y por fin otra sobre los dos votos de los guatemaltecos: el voto con la mano y el voto con los pies. De política, para variar. O de estrategia más bien, como quiera Ud.

Liberales y cristianos

1) "¿Qué pasa con el cristiano y la política?" se pregunta en su excelente ensayo "El Cristiano y la política" el **Dr. Emilio Núñez**, Pastor, teólogo y ex Rector del SETECA, Seminario Teológico Centroamericano. Habla del pietismo. Y de Guatemala, país con demasiados graves problemas, y una apreciable proporción de evangélicos, buen número de ellos en la política, dando un testimonio irregular, salvo exepciones.

2) "¿Qué pasa con las ideas liberales en la política?" se pregunta mi amigo porteño **Dr. Gabriel Zanotti** en su artículo así titulado. Gabriel es profesor, economista austriano y filósofo católico. Cuenta que en Argentina, los poquitos liberales "nos llamamos por teléfono, a las 12 de la noche, para avisar que Fulano Adam Smith Resucitado está hablando muy racionalmente por TV en un programa [...] que no ven ni los invitados. O sea, seguiremos siendo pocos. Mientras tanto la izquierda hace películas, escribe novelas, mueve los corazones".

A mi juicio ambas preguntas tienen **idéntica respuesta**: 300 años (al menos) de enredos, malentendidos y prejuicios entre liberales clásicos y cristianos, y entre cristianos católicos y no católicos, y con los ateos, agnósticos e indiferentes, sobre temas de religión y política, muy mezclados, y confundidos.

Hay que suplir información que falta y corregir otra que es deficiente, introducir el orden en medio de un gran desorden conceptual, explicitar supuestos falsos para desmontarlos –junto con premisas equivocadas– y enderezar razonamientos torcidos, para que todos podamos ver ciertas cosas elementales:

– que religión y política son inseparables, pero la Biblia no es indiferente, ni apoya el socialismo o el relativismo, sino el Gobierno con límites o fronteras;
– y la política no es mala en sí misma, a diferencia del socialismo, que siempre es inmoral, aún cuando sea democrático.
– Que el catolicismo NO es una religión sino una "denominación", eufemismo acuñado en EEUU para lo que en Europa se llamó con más franqueza

un "partido religioso". El catolicismo es una Iglesia Profesante, la Iglesia romana, tan universal (católica) como lo es la Iglesia presbiteriana, bautista o episcopal, aunque se encuentren separadas por diferencias acerca de la verdad. Es natural tenerlas, aunque han de tratarse con criterio: la sana teología o la sabia doctrina política pueden alojarse en más de una Iglesia o denominación. Y no importa cuál sea mayoritaria, porque a la verdad no se llega contando votos. Todo lo cual muchos católicos de EEUU ya entendieron hace siglos...

– y que el cristianismo SÍ es una religión. Y el humanismo secular es otra religión, y que por la vía del utilitarismo y otras vías, tiende peligrosamente al socialismo.

– Que el ecumenismo puede ser muy malo si se pretende que borremos nuestras convicciones, pero que cristianos de diferentes confesiones, sin abdicar de nuestras respectivas creencias, podemos y debemos colaborar en la acción política –como hacer buenos negocios juntos–; e igual vale para personas no cristianas de buena voluntad y afines ideas políticas;

– Y que "religión y capitalismo son aliados, no enemigos", título de un maravilloso libro del Pastor y economista Edmund Opitz.

Los liberales clásicos tenemos que explicar economía austriana a los cristianos; y los cristianos explicar la Biblia a los liberales, y a todo el mundo. Y los de clase media "ilustrada", creyentes o no, tenemos dos tareas pendientes: aprenderlo, y explicarlo a nuestros prójimos y a prójimos de todas las clases sociales. Fusionismo.

La corrupción
y la (in)moralidad de la clase media

La nuestra es la clase confundida: cree que el problema es de inmoralidad: la corrupción y la impunidad; pero ella misma está en una honda inmoralidad, que se llama Estado Redistributivo.

¿Vio la película "Conejo en la luna" (2004), del mexicano Jorge Ramírez Suárez? (Si no, no se perdió gran cosa). Cuenta la historia de Antonio y Julie (mexicano e inglesa), una pareja de clase media en México. Por una confusión al adquirir una vivienda, los personajes se meten en un pleito de tierras. Y son atacados y secuestrados por el Secretario de Gobernación, el Procurador de la República, el Embajador mexicano en Londres, y hasta el Presidente, todos corruptos capaces de cualquier cosa con tal de seguir en el poder.

Filmes mexicanos anteriores como "Dos crímenes" (1995) y "La Ley de Herodes" (2000) son parecidos. Pero este armó cierto revuelo entre blogueros e internautas de otros países, y hasta conatos de manifestaciones, al tocar sensibles fibras de la conciencia de nuestras clases medias. Vea Ud.:

– La clase media apoya políticas socialdemócratas (o socialcristianas) o más radicales, porque prometen Estado de Bienestar: redistribución de la riqueza mediante impuestos. Es decirle al Estado: roba a Juan para darle a Pedro. Robo por poder. Hay un doble patrón moral: corrupción es cuando un funcionario o un político le roba al Estado (tal vez en connivencia con algún privado), ¡pero no cuando el Estado le roba al público!

– Y no es menos robo cuando es "para los pobres". Los pobres son el mismo vulgar pretexto de Judas Iscariote. Lo que la clase media pretende de los políticos es que "nos devuelvan nuestros impuestos en salud y educación" como dice el cliché que harto se oye en los focus groups. La clase media no sabe nada de la traslación de las cargas impositivas. Imagina que el grueso de los impuestos sale de los bolsillos de "los ricos", y lo que quiere es su almuerzo gratis, su parte en el botín. Es inmoral.

La corrupción es inherente al estatismo e inevitable. En "Teoría de la Corrupción: Teología y Economía del Pecado", Samuel Gregg y Osvaldo Schenone (Instituto Acton) nos recuerdan que sólo el Gobierno ilimitado puede crearle oportunidades a la corrupción, erigiendo muros reglamentaristas, que muchos eludirán con un soborno.

Hay dos clases de corruptos: hábiles y torpes. Los primeros borran sus huellas; los segundos dejan los rastros. Por eso la corrupción es inseparable de la industria (política) de "la denuncia". Es una farsa, un miserable espectáculo de circo: los inhábiles son las presas, y los listos son los predadores, que "denuncian" a los torpes, y se los quitan de en medio. Así es como los políticos ahora compiten por el favor del público, una vez desalojadas por completo las ideas y conceptos de la escena política, por la misma clase media, que a pesar de su relativa educación, abjura de las abstracciones. Y sólo quiere ver "nombres y apellidos", y aplaudir a los "honestos" acusadores (los hábiles) "con las pruebas en la mano". Hahaha.

293

Nuestra clase media es como el personaje de Lolita en la obra de Vladimir Nabokov: ingenua y malvada. En América latina -por no ir más lejos- cree que los políticos tienen que robarle a los ricos como Robin Hood: sin quedarse un centavo; o tal vez una razonable comisión, ¡pero no todo el botín! ¡Qué escándalo! Los Antonios y las Julies quieren "salud y educación" gratis. Por eso se obsesionan, se estresan, se desesperan y se enferman con la corrupción, porque ven el Tesoro Público como el banco de un juego suma cero: más roban los políticos, menos queda para ellos y ellas. Y toda esa moralina... (iba a decir "pequeñoburguesa" pero mejor no)

...para nada porque si por ejercicio aritmético dividimos lo que se roban los políticos entre la clase media, no es mucho lo que hipotéticamente le tocaría a cada uno. Y menos si contamos a los pobres. Así que: ¡se lo tienen merecido!

Lo bueno, lo malo y lo inútil

– Se es parte de la solución o del problema; y lo inmoral es parte del problema, no de la solución. La clase media debe comenzar por arrepentirse.

– Otra parte del problema es la inacción. Edmund Burke: "Lo único necesario para que triunfen los malos, es que los buenos no hagan nada". Amén.

– O que hagan algo pero mal. Otra parte del problema es la acción equivocada. Sobre todo cuando los malos, ¡esos sí hacen bien el mal! Lo dice el Maestro Jesús de Nazareth: "Y alabó el amo al mayordomo malo por haber sido sagaz; porque los hijos de las tinieblas son más sagaces en sus asuntos que los hijos de luz". (Lucas 16:8).

El voto con la mano y el voto con los pies

¿Son las reformas demasiado radicales? Sí; porque para los grandes males son los grandes remedios. La emigración es un gran remedio: el individual. Y muy radical.

Y es un pobre sustituto del cambio político, social y económico. Emigran los emprendedores y más decididos, menos conformistas y más arriesgados: los potenciales agentes del cambio político (las reformas), y jefes de empresa en la nueva economía. Se van, para quedarse, o para regresar inutilizados por la frustración. Los que podrían cambiar el país, cambian de país. Y envían sus remesas cada mes. O cada año. Y ya. A ellos debería dirigirse el mensaje en primerísimo lugar: a los retornados, a los residentes en el exterior, y a sus familiares.

Sí, las cinco reformas son radicales. Todas. Pero también lo es el voto radical con los pies, la decisión de muchos asediados por la desesperanza. Y lo es también votar por la izquierda, creyendo en un sueño que es una pesadilla. Es un voto radical con la mano, que responde a un mal canalizado pero enorme deseo y anhelo de cambio para mejor, que anida en mentes y corazones. La victoria espera a la fuerza política capaz de conectar con el tema de la emigración y ofrecer una solución radical.

Cuando el pobre vota con la mano rara vez lo hace por candidatos identificados con la derecha y el capitalismo; sin embargo cuando ese mismo pobre vota con los pies y decide emigrar, no es a Cuba, la meca del socialismo, a Nicaragua o a Venezuela. Es a EEUU, el país del capitalismo, donde una vez lo hubo y queda la riqueza. Con la mano o con los pies, el guatemalteco vota por un cambio radical. Sólo falta una fuerza de derechas, que nada más le pida que vote con la mano como vota con los pies: por el capitalismo.

Postfacio

Separación de Iglesia y Estado

"Libertad de cultos" es una expresión poco precisa; la posición liberal sobre el tema de la libertad religiosa es "separación de Iglesia y Estado". No es una política anticristiana, porque tiene suficiente apoyo bíblico. Es más: esta separación es un concepto de origen específicamente cristiano, desconocido en el mundo antiguo, que por eso mismo desconoció la libertad individual. Grecia y Roma no conocieron la separación, y en el viejo Israel se prefiguró a partir de la diferencia entre el sacerdocio y el funcionariado civil, liderizados uno y otro por Aarón y Moisés en el Desierto, y en Palestina por profetas ("videntes") y jueces, y por Samuel y Saúl.

Pero la separación es una novedad introducida en Occidente por el cristianismo –tras la experiencia de las persecuciones romanas– y con ella, también la libertad personal que trae consigo. Aunque la separación de Iglesia y Estado no equivale a la de religión y política, ya que toda religión implica una "cosmovisión" del mundo, la sociedad y el hombre, y por ende también de la política.

La neutralidad del Estado

La separación de Iglesia y Estado es consistente con los otros puntos clave de la doctrina liberal del Gobierno limitado —en funciones, poderes y gastos— basados en la premisa de neutralidad del Estado frente las actividades privadas de todo género. Esta neutralidad es fuente y garantía de la libertad personal, por lo cual es inseparable de ella. Y la neutralidad sólo se asegura con una estricta separación entre lo público y lo privado.

Hoy en día la "política correcta" predica lo contrario: la "alianza de gobierno y empresa" y la "cooperación de Estado y sociedad civil", y que el gobierno "debe estar muy cerca de los ciudadanos" etc. La separación entre lo público y lo privado está bajo fuerte y masivo ataque en todos los frentes, como en general toda la doctrina liberal, y cada uno de sus principios, que se ignoran, olvidan o confunden.

Esta cruzada ideológica en pro de la con-fusión entre lo público y lo privado es una más entre las tantas ofensivas del totalitarismo. Y su triunfo es seguro, a menos que usemos el único antídoto eficaz: la reivindicación del liberalismo, que comienza por darlo a conocer.

1) Gobierno limitado a sus funciones —seguridad y defensa, justicia y obras públicas— no es Gobierno "minimo" (minarquismo), porque no es cosa de "más" o de "menos" funciones, sino de funciones propias o impropias. Por lo tanto lo opuesto a Gobierno limitado no es "exceso" de Gobierno, siendo impensable un "exceso" de seguridad, de justicia, o respeto a la propiedad y demás derechos

individuales; ni es tampoco es "máximo" Gobierno, abarcando otras muchas funciones además de las propias, asumiendo que las cumple.

Lo opuesto a Gobierno limitado es lo que tenemos: estatismo, invasión de lo estatal en lo privado, pretendiendo abarcar funciones ajenas, con descuido de las propias, y por tanto inseguridad e indefensión, injusticia o ausencia de justicia, y obras públicas en abandono.

Y anarquía no es un ideal utópico como creen muchos "anarcocapitalistas"; es un resultado del estatismo que tenemos: imperio de la ley de la selva –la del más fuerte– en lugar del Estado de Derecho.

2) Mercado libre significa libre de violencia o fraude, pero también libres de reglamentaciones, inflación e impuestos excesivos. Lo opuesto es mercado "negro": reprimido, ilegal y clandestino.

3) Propiedad privada significa que deben ser privadas las empresas, pero también los partidos políticos, institutos educativos, servicios médicos y cajas de jubilaciones y pensiones; y sin privilegios: en libre competencia. Lo opuesto es la confusión de lo público y lo privado, con abandono de la neutralidad.

La separación de lo privado y lo público

En todas las áreas de la vida –desde economía y finanzas hasta religión– hay una sola manera de tener y asegurar la libertad, y es la no intromisión del Estado:

– "Estado" significa gobiernos y magistrados, legisladores y burocracias oficiales. Es decir: el poder público, encargado de la seguridad y defensa, justicia y obras públicas.

– "Privadas" son las actividades que por su naturaleza son propias de los particulares: economía, prensa y medios de expresión y comunicación, educación, práctica de la medicina y profesiones y oficios en general, actividad ideológica y político-partidista, deportes, obras de caridad etc. Y por supuesto: religión, iglesias y cultos.

La doctrina liberal afirma que la intromisión del Estado en las actividades privadas significa siempre lo mismo: dar privilegios a unos, que se niegan a otros. Y la no intromisión del Estado también significa siempre lo mismo: igualdad de derechos.

1) ¿Qué es libertad económica? Separación de la economía y el Estado. La economía es por naturaleza una actividad privada, sea agricultura, comercio, industria, minería, banca, seguros, servicios o lo que sea. Si el Estado se entromete en ellas, va a ser para ejercer el comercio en condiciones monopolísticas, en perjuicio de la libre competencia. Y/o para conceder beneficios exclusivos a unas determinadas empresas –de tal o cual clase, o región, o especialidad o lo que sea– lo cual pone a las demás en desventaja. Es una violación al principio de neutralidad.

2) ¿Qué es libertad de prensa? Lo mismo: separación de medios de comunicación y Estado: la prensa es una actividad privada. La ingerencia del Estado en la prensa siempre termina (o empieza) favoreciendo

o imponiendo tales o cuales informaciones, expresiones u opiniones en desmedro de otras, cuya difusión va a quedar en injusta desventaja; por eso el Estado debe estar bien separado. La libertad de prensa es consustancial a la libertad de expresión; y la sola garantía para ambas es la propiedad exclusivamente privada de los medios de comunicación, sin privilegios para unos en contra de otros. Toda ley de prensa es una ley mordaza. No debe haberlas porque van contra el principio de neutralidad.

3) Separación de educación y Estado. Es igual: la educación es una actividad privada. La separación de entes educativos y Estado es una garantía contra el adoctrinamiento oficial a favor de ciertas y determinadas teorías o escuelas de pensamiento, conceptos y estilos de vida, corrientes filosóficas, científicas o religiosas, metodologías de enseñanza, visiones de la historia, etc., escogidas e impuestas coercitivamente, en detrimento de otras, y en franca violación de la neutralidad estatal.

4) Separación de ejercicio médico y Estado. Igualito. Hoy en día existen infinidad de medicinas alternativas ("naturales") además de la homeopatía por ej. Y ni hablar de siquiatría y sicología. Una ortodoxia o escuela médica determinada no debe ser impuesta por ley en desmedro de otras, porque el derecho de elección corresponde al público: los pacientes, que son los usuarios y consumidores. Por eso la Medicina es por naturaleza y debe ser una actividad estrictamente privada, y los servicios médicos deben ser separados del Estado, como los de las otras profesiones.

Es un principio general: si el Estado se entromete en una actividad privada cualquiera, es para imponer opiniones y reglas a sus protegidos, y a cambio conferirles ventajas frente a sus competidores. Así es en las cuatro actividades vistas hasta aquí –economía, prensa, educación y atención médica–; y la política no es una excepción. El intervencionismo estatal es un atentado contra la libertad: no debe ser.

5) ¿Qué es libertad política? Idéntico: separación de actividad ideológica, política y partidista respecto del Estado. No debe haber subsidios para los partidos, ni "Ley de Partidos Políticos" con exigencias de ninguna clase, porque el ejercicio político es una actividad privada. Si de un partido político no te gusta a ti su doctrina o su programa, sus líderes, sus propuestas o la forma de escoger sus autoridades o sus candidatos o lo que sea, entonces simplemente votas con los pies: te vas. O no entras. Y ya.

La separación de Iglesia y Estado bien entendida

¿Qué es libertad religiosa? Igualiiiito… Separación de Iglesia y Estado. No debe haber religión oficial. Ni subsidios ni prebendas o ayudas económicas o de otra clase para las iglesias, ni "Ley de iglesias" con requisitos y exigencias de ningún tipo, porque el culto a Dios es de Dios; no es del César. Frente a Dios es una actividad pública –o sea que no es en secreto– pero frente al Estado es estrictamente privada.

Los liberales –cristianos o no, creyentes o no– aplicamos aquí el mismo e idéntico principio liberal

302

que hemos visto en las anteriores actividades privadas: si de una iglesia no te gusta a ti su doctrina, sus líderes, la forma de escoger sus autoridades o lo que sea te desagrade, entonces simplemente votas con los pies: te vas. O no ingresas. Y ya. Aunque desde luego debes aceptar el derecho que tienen a no admitirte, o a expulsarte (excomulgarte) si te han admitido; y si eres miembro debes aceptar su autoridad disciplinaria. Como en un club social o deportivo, una empresa, una asociación civil, un partido político o el Rotary Club. ¡Todas entidades privadas!

Hablando de deportes: hay que exigir la **separación del deporte y el Estado**. Basta de subsidios y de prebendas y privilegios exclusivos en beneficio de tales o cuales disciplinas, y en perjuicio de las demás. Basta de intromisiones estatales; en el fútbol especialmente. Hay que decirlo: el estatismo ha politizado el fútbol, y lo manipula con descaro para identificar al equipo de fútbol con la nación, la patria, el nacionalismo y el colectivismo. Y para la creación de una conciencia colectivista (consignas como "somos un equipo", y que "todos juntos podemos" y que "tenemos que trabajar en equipo" y otros clichés tribalistas que la gente se traga sin advertir, especialmente en países donde se ha hecho del fútbol la religión mayoritaria.

La separación mal entendida

En EEUU el principio de separación establecido en la I Enmienda prohibe una iglesia oficial, como se usaba en Europa, en los países de mayoría católica y en los de mayoría protestante. Lo que prohibe la Enmienda es que con fondos públicos se sostenga o ayude a una iglesia unida al Estado o fomentada por el

Estado. Ese es el postulado liberal. No debe existir una religión oficial, como tampoco una empresa petrolera (o de otra clase) oficial, bancos estatales, partidos estatales, institutos educativos oficiales y cosas así. A los liberales nos complace la coherencia.

No obstante lo anterior, ahora en **EEUU** la "política correcta" no quiere entender bien:

— Ese postulado no prohibe que las iglesias privadamente y con sus propios fondos tengan propiedades o empresas, mantengan obras sociales y servicios médicos, o sostengan escuelas, liceos, universidades, editoriales y librerías, etc.
— Mucho menos prohibe a las iglesias expresar sus opiniones en público sobre asuntos relativos a la vida nacional, u otra clase de temas de su interés o de pública relevancia.

En EEUU lo están entendiendo mal ahora; pero en **América latina** las entendimos mal desde el principio –tanto católicos como liberales– desde la Independencia; y por esos malentendidos hicimos mal las cosas, como siempre. Y hasta corrió sangre, mucha, como en México.

— Los católicos no entendieron ni aceptaron el principio de separación. Para ellos –al igual que para los protestantes del norte de Europa– el Estado tenía la obligación de sostener a su iglesia y a su culto, con exclusión de los demás. Y defendieron por todos los medios su posición.
— Los "liberales" separaron al Estado de la Iglesia, pero no de la educación, la economía, la prensa, la política, etc. Y siendo decididamente anticristianos,

no era una separación "de" sino "contra" la Iglesia; actitudes típicas de muchos "liberales" hasta hoy.

– Para aquellos implicaba la confiscación de las propiedades eclesiásticas, alegando que eran improductivas. Lo cual era verdad en muchos casos, pero eso no daba derecho a expropiarlas; y de hecho sus nuevos propietarios (los gobiernos "liberales" y sus amigotes y compadres) tampoco fueron muy productivos.

– E implicaba que la Iglesia Católica no tenía el derecho a la propiedad de institutos educativos ni a educar. ¡Y tampoco a opinar!

– Y el derecho de los gobiernos "liberales" a traer pastores y líderes evangélicos protestantes de Europa y EEUU, para enfrentarlos al catolicismo; ¡transplantaron iglesias enteras! Así entre nosotros el protestantismo comenzó su camino con un mal paso; y en esto no ha mejorado.

Esos malentendidos entre liberales y cristianos católicos se constituyeron en uno de los tantos factores que nos impidieron progresar. Y no se han superado, y han seguido y van a seguir como obstáculo al desarrollo y madurez de nuestros pueblos, si no los aclaramos y despejamos. Para colmo, a las viejas confusiones se han agregado otras nuevas: aborto, eutanasia, drogas, homosexualismo.

Pecados y delitos

Aclaremos primero la diferencia entre delitos y pecados. En otras palabras: entre derecho y moral... y religión. Porque las religiones, nos guste o no, son fuente de enseñanzas y mandatos éticos. Una fuente entre otras, porque también está la TV, las novelas y canciones populares, etc. etc. ¡Qué paquete!

La doctrina liberal en este punto no difiere en nada de la establecida por una consistente mayoría de tratadistas cristianos de todas las épocas, iglesias y denominaciones, antes y después de la Reforma, católicos y protestantes, tanto juristas como moralistas y escritores religiosos y políticos, desde Agustín de Hipona en el s. IV, pasando por Tomás de Aquino en s. XIII, hasta Monseñor Escrivá y Gary North. Esta doctrina es: no todo lo malo debe prohibirse, ni todo lo bueno debe ser obligatorio.

En otras palabras:

– No todos los pecados (o inmoralidades, o conductas consideradas como tales) han de tipificarse como **delitos**, sino solamente algunos de ellos: los crímenes, que son aquellos abiertamente antisociales como homicidio, robo, fraude. No los demás, por diferentes razones. Como por ejemplo la infidelidad matrimonial, porque sería demasiado atiborrar los tribunales con este tipo de causas, muy delicadas y muy complicadas. O el suicidio (por razones obvias). O el licor, o el tabaco, para algunos; "peccata minuta". O para otros, los malos pensamientos (¿Qué qué es eso? Vamos, Ud. me entiende...) ¿cómo incriminarlos?

– Y tampoco todas las conductas morales (éticas, o consideradas como tales) deben ser mandatorias como **obligaciones** bajo pena de sanción por incumplimiento. Por diferentes razones. Aquí entra por ejemplo el deber de ser caritativos con los demás, o la obligación de ir a la iglesia los domingos... no son ni pueden ser judicialmente exigibles.

Hay una línea de separación. Es curiosa porque la diferencia no tiene nada que ver con la real o percibida gravedad del hecho: si Ud. le roba la mujer a su amigo (o el marido), y así le destroza su matrimonio, su familia y su hogar, la infidelidad es sólo un pecado (o inmoralidad) y no pasa nada; pero si le roba el celular o la blackberry, y así le deja de momento incomunicado, eso ya es un delito, y puede ir preso. Pero bueno, así es nuestra cultura, y todos lo aceptamos.

Religiones populares, religión civil y religiones políticas

Muchas personas dicen "Yo no tengo religión". Pero visten la camiseta de su club de fútbol, al cual "religiosamente" van a ver cada domingo. Allí en el estadio –que es su templo– tienen su liturgia y su adoración; y en su cuarto el "santuario" privado con las sagradas imágenes de sus 11 futbolistas. ¡Su religión es el fútbol! O el rock, para los jóvenes adoradores de las bandas. O cualquier otro género musical. Para otros la religión es la política; y su dios es el Partido. Para otros más, su religión es "la ciencia" aunque de ciencia entienden tanto como de teología la mayor parte de los cristianos. Todas esas son **religiones populares**.

En 1762, el filósofo francés Juan-Jacobo Rousseau escribió su obra "El "Contrato Social", un intento de poner en claro las premisas y fundamentos a la democracia, no del liberalismo, como muchos erróneamente creen. El libro termina con un furioso ataque a la religión cristiana, que su autor considera incompatible con la democracia que proponía: la democracia totalitaria. Y es verdad: esa democracia es inconciliable con el verdadero cristianismo (aunque no con muchas de sus deformaciones populares). Rousseau propuso erradicar esa religión y suplantarla por otra: la **"religión civil".** Esa es la democracia sacralizada, el culto a la Razón y a la Democracia. Y a la Patria, la Nación y sus símbolos sagrados: bandera, escudo, himno, Constitución. Por ahí fue la Revolución Francesa, y terminó en la ciega adoración a los gobernantes, la santificación de sus políticas, ¡y horrendas carnicerías humanas!

En 1938, en Europa imperaba el socialismo en diferentes expresiones: comunismo, nazismo, fabianismo, laborismo y fascismo. En todas las naciones, socialistas de todos los colores organizaban cultos públicos y ceremonias colectivas de adoración a la Patria, a la Bandera, al Partido y su Gran Líder. Mientras tanto en EEUU prevalecía la versión americana del socialismo: el New Deal, igual pero con algo menos de fanfarria y faramalla. Ese mismo año en Alemania apareció un libro, prohibido de inmediato. Su título: **"Religiones politicas"**, así les llamó a las ideologías totalitarias su autor: Eric Voegelin. Al año siguiente estalló la Guerra Mundial (segunda, no menor a la primera en ferocidad), la más reciente de las guerras europeas de religión, esta vez entre cultores de distintas religiones políticas.

Hoy en día el estatismo es la religión política oficial, humanista, secular, laica y anticristiana. Como parte de su agenda de la "corrección política", gobiernos y políticos estatistas imponen por diversos medios –algunos muy sutiles y otros no tanto– una real y verdadera adoración y culto al Estado, el ídolo mayor de nuestra época; y poco a poco nos acostumbran a conferirle los atributos de Dios: todopoderoso, omnipresente y omnisciente, de cuya sabia Providencia todo debemos esperar con fe... los cuales pasan del Estado a gobernantes. Y asimismo pretenden conferirle al Gobierno ciertos rasgos propios de una Iglesia, como disciplinar toda la vida y conducta de los fieles conforme a su doctrina, en este caso la "política correcta". ¿No es un atentado contra la libertad religiosa?

Fíjese en los impuestos para el Estado redistributivo. Habíamos quedado en que el deber de ser caritativos es puramente moral, como el de ir a la iglesia. Son deberes obligatorios sólo para quienes los reconocen como tales; pero no caen bajo la jurisdicción de los magistrados. Sin embargo ahora los legisladores consideran que la caridad mediante impuestos es un deber jurídico, y así lo exigen, y penalizan su evasión con severidad cada vez más extrema. Y fumar. En una época que (casi) todo lo perdona y recomienda perdonar, fumar es ahora un pecado imperdonable. Sin embargo ya no es pecado el homosexualismo; y el pecado es discriminar a los homosexuales: se llama "homofobia", y es o va a ser severamente reprimido. Pero salvo unos liberales, nadie se queja de estas cosas; y de hecho muchas iglesias cristianas las aplauden. Lo que quiero que se vea es que los políticos del estatismo pretenden ahora dictarnos reglas de ética, y penalizarlas. Me pregunto ¿Con qué autoridad moral?

En estos tiempos los Gobiernos y políticos estatistas invitan y exigen a las iglesias a que sean muy indulgentes y laxas y tolerantes, y muchas lo aceptan, de buen grado o bajo presión de las circunstancias. Pero el Estado se hace cada vez más intolerante y rígido; quiere castigar con multas y cárceles, estigmas e inhabilitaciones lo que él define como pecados −como arrojar basuras en la calle p. ej., las cuales no quiere recoger− y así convierte los pecados en delitos y viceversa, anulando en la práctica la línea demarcatoria sobre la cual se construyó la convivencia civilizada en Occidente.

Aborto, eutanasia, drogas, homosexualismo

Estos temas van siempre mezclados, entre sí y con el tópico de la separación de Iglesia y Estado, porque se los mete a los cinco en la misma bolsa; lo cual es una receta infalible para entender mal las cosas y confundir los conceptos. Son asuntos muy diferentes, y por eso el tratamiento que conviene es por partes, sin mezclar. La pregunta es entonces, ¿en cuál lado de la línea los ponemos? Le invito a considerar los cuatro tópicos sin tomar en cuenta lo que actualmente dicen los gobiernos al respecto. Sólo a la luz del principio establecido: no todo lo malo debe prohibirse, ni todo lo bueno debe ser obligatorio. Pero de modo coherente.

1) **Aborto.** Seamos coherentes: matar un inocente debe ser delito, y sobre todo si la víctima indefensa es un niño, no importa si ya nació o todavía no ha nacido. ¿Vio Ud. alguno de esos abortos filmados que difunden algunas iglesias? Pues no le sugiero que los vea; mire en cambio una intervención quirúrgica prenatal. Los videos se consiguen en las Facultades de Medicina. ¡Es algo fascinante! Los médicos operan al bebé en el vientre de su madre. Le pregunto: ¿no es un niño a quien operan? Pues si es un niño cuando le operan, también es un niño cuando le matan. ¿O no?

Y por favor no me venga con "los casos extremos". No me ponga esos ejemplos sentimentales de "la pobre paralítica violada que además es deficiente mental..." porque las leyes se hacen para los casos comunes y corrientes, no para los extremos imaginarios que están muy lejos de ser frecuentes. Cuando se hacen para esos casos casi improbables, resultan malas leyes.

2) **Eutanasia**. Este caso es más difícil pero sólo porque lo disfrazan de suicidio. "Suicidio asistido" le dicen en los hospitales europeos cuando a una persona, anciana por lo común, le "medican" (drogan) y apremian con sentimientos de culpa –lavado cerebral– para hacerle firmar un papel, y así liquidarle para que no ocasione más gastos. Muchas veces con presión de sus herederos, y del (in)seguro social. Esta es una entre otras de las muchas salvajadas propias de la medicina socializada. Pero como el aborto, estamos ante el asesinato de un inocente que por debilidad es incapaz de defenderse. Y conste que las leyes pro-eutanasia fueron dictadas alegando "los casos extremos".

3) **Drogas**. Debería ser obvio que cruzamos la línea. Si un fulano o fulana se inyecta, inhala, traga o se introduce algo por el hueco de la nariz o de la oreja (u otro agujero) es algo malo, muy malo me parece; pero, ¿acaso la Prohibición detiene al consumidor? ¿Vale la pena seguir con esta inefectiva, fracasada, ridícula y costosa política de hacer delitos de estos pecados? Y cuál es la diferencia entre meterse vodka, tabaco, marihuana, cocaína, heroína o efedrina? Pues entonces, ¿cuál es la diferencia entre vender una cosa o la otra? Por favor: seamos coherentes.

4) **Homosexualismo**. Estamos de este lado de la línea: no debería ser penalizado como delito. Pero seamos coherentes con lo dicho sobre igualdad de derechos: tampoco debería recibir privilegios especiales. ¿Y qué otra cosa son los "derechos de los homosexuales"? ¿Y por qué no "derechos de los pelirrojos"? ¿O los "derechos de los que miden menos de 1.50 de estatura"?

En materia sexual vale la misma regla: neutralidad del Estado. No en contra. Pero tampoco a favor. Su conducta no debería ser modelizada como ejemplar.

Los liberales tenemos que ser coherentes (¡alguien tiene que serlo en la Era de la incoherencia!) Y recordar las sabias enseñanzas del Profesor Hayek sobre los derechos: las leyes deben ser generales, sin discriminar, es la única manera de hacerlas iguales para todos. Los derechos que son exclusivos para personas que pertenecen a determinadas clases, géneros, categorías, razas, naciones, religiones, empresas, oficios o profesiones, no son derechos sino privilegios. Y las leyes dirigidas a esas particulares categorías de personas no son leyes sino estatutos u ordenanzas. Al decretar y fijar minuciosamente los derechos y obligaciones de ciertas y determinadas clases de gente, este tipo de "leyes" discriminatorias son muy malas porque no dejan espacio a los contratos; es decir: a la libertad de las personas de arreglar libremente sus conductas de modo voluntario, sin intromisión del Gobierno.

Y una de las enseñanzas liberales que vale recordar en este caso, es que el matrimonio, por su naturaleza, es básicamente un contrato. Hoy en día no es así, porque los gobiernos pretenden regularlo –como todo– y para ese fin decretan toneladas de minuciosos estatutos sobre las condiciones, conductas, derechos y obligaciones, etc. etc. Pero si aceptamos que el matrimonio es un contrato, pues entonces cada quien lo celebra (o lo rescinde) como bien (o mal) lo decide. Y si algunos o algunas del mismo sexo quieren casarse, pues que hagan su contrato si quieren; nadie debiera impedirlo. Pero lo que ellos o ellas no debieran, es reclamar privilegios legales.

¿Y qué sobre adopción por parejas homosexuales? Veamos. Las leyes de antes no permitían a los niños muchas cosas, como comprar o vender propiedades, tomarlas o darles en alquiler, etc. Se entendían estas prohibiciones legales como una protección de la infancia. Hoy en día el paternalismo estatal no las ha disminuido: las ha aumentado, mediante ordenanzas tituladas "derechos de las niñas, niños, adolescentes y adolescentas" o algo así, que les dan a los gobiernos derechos sobre los niños que les quitan a sus padres. Y la "política correcta" tiene una feroz campaña contra algo que no se sabe si es la pornografía infantil o es Internet. Pero en medio de estas histéricas cruzadas para "proteger" a los niños... ¡se quiere permitir y fomentar su entrega en adopción a parejas de homosexuales y lesbianas! ¿Qué es esto? ¿Incoherencia? ¿O hipocresía? La política correcta está lleno de incoherencias. Y de hipocresías.

¿Y la discriminación contra los homosexuales? Las leyes no deben discriminar; pero las personas discriminamos todo el tiempo, y tenemos derecho. Los homosexuales p. ej. nos discriminan a los "homofóbicos": las personas con puntos de vista como los expuestos en este ensayo. Un homosexual no querría que yo fuese el maestro de sus hijos. Está en su derecho. Como yo estoy en mi derecho si no quiero que él lo sea de mis hijos. ¿Se entendió por qué la educación debe ser privada (como el matrimonio y el divorcio, y en general las relaciones familiares)?

¿Se entendió que la mayor parte de los problemas de la sociedad lo son del **estatismo**, y de sus instituciones colectivistas y dirigistas: educación pública, economía planificada, religiones oficiales, reglamentación estatal de las actividades privadas, medicina socializada, (in) seguro social, estatización de la familia, etc?

Addendas

Muchos temas se nos quedaron en el tintero (es decir, en el keyboard), y sin embargo por su importancia merecen ser tratados, y por su relación estrecha con los ya expuestos. Que tengan sus oportunidades entonces, fuera de los capítulos, ¿le parece?

España, cuna del liberalismo clásico

Los sedicentes libertarios de hoy en día ya no se centran en el concepto firme y claro de "Gobierno limitado", sino en los términos imprecisos, vagos, gaseosos y románticos de "amor a la libertad". Es un error, y grave. Por eso pierden.

Muchos creen que la idea liberal nació en el mundo anglosajón, y en el año 1776, mismo de la Independencia de EEUU y la publicación de "La riqueza de las naciones", formidable alegato de Adam Smith contra el mercantilismo y a favor de la libertad económica. O en el año 1668 de la "Gloriosa Revolución" en Inglaterra contra Jacobo II, que produjo la Declaración de Derechos de 1689. O en el año 1215 de la Carta Magna, una más antigua Declaración de Derechos que los nobles ingleses arrancaron al Rey Juan Sin Tierra.

Pero España tenía Declaraciones de Derechos 100 y 200 años antes, en sus "Fueros", como apunta mi maestro Alberto Benegas-Lynch (h): entre otros los de León en 1020, de Burgos en 1073, de Toledo en 1085, y de Zaragoza en 1115. Los Derechos de los ciudadanos entonces eran concebidos y declarados como prohibiciones expresas a los reyes y gobernantes, único medio para limitar sus atribuciones y poderes. La idea era clarísima, y bien plantada en los autores de la Escuela de Salamanca. Y en 1812, cuando las Cortes de Cádiz dictan una Constitución con firmes límites a los poderes políticos. Por eso en reemplazo del término "whig" usado hasta entonces, el mundo anglosajón adoptó el término "liberal", que se popularizó y se globalizó. Pero en el s. XX los socialistas anglosajones les secuestran la palabra, y se la apropian, hasta hoy; lo cual muestra que los liberales de habla inglesa no son buenos custodios de la tradición ni del léxico del Gobierno limitado.

La pregunta es: ¿cómo apareció la idea de Gobierno limitado en España durante los ss. XI y XII? Respuesta: la llevaron los judíos y los árabes. Fue una cabal expresión de la convivencia real y efectiva de "las tres culturas" (en realidad "las tres religiones") por 700 largos años hasta 1492. Las religiones pueden convivir, o al menos las tres monoteístas, cuando sus líderes no permiten que se las use como pretexto para el estatismo. Sus adeptos querían coexistir, y sin claros límites al Gobierno no hay convivencia posible. ¿Cuál de tres culturas hubiese dominado un Gobierno sin límites? ¿Cuál hubiese impuesto su cosmovisión por la coacción y la fuerza?

La idea de Gobierno limitado se incubó en la Escuela de Traductores de Toledo, interesante y colorido grupo "multicultural" de judíos, cristianos y árabes, cabal expresión de armoniosa convivencia sin abdicaciones, y sin relativismos ni sincretismos.

¡Compare Ud. con el Medio Oriente! Hoy la paz es imposible porque los socialismos árabe y sionista no pueden convivir. Pero la religión no es el problema, tampoco el "fundamentalismo" religioso, sino el socialismo. Cualquier religión (monoteísta o no), puede ser políticamente utilizada, como la religión civil de Rousseau, por Robespierre y sus secuaces. El sionismo no es una religión; es el judaísmo político. No el judaísmo religioso (observantes de la Torah); ni el judaísmo étnico o racial (nacidos judíos); ni el judaísmo espiritual: los cristianos (nacidos de nuevo), las "ramas injertadas en el lugar de las ramas desgajadas" (Romanos 11) en la Teología de Pablo y del autor de Hebreos.

Aunque la Escuela de Traductores de Toledo no era una Escuela, sus integrantes no fueron traductores profesionales, ni todos de Toledo. Vea Ud.:

– Fray Domingo Gundisalvo, Juan Hispano, el rabino Yehuda ben Moshe, Herman el Dálmata, Herman el Alemán (para distinguirlos) Gerardo de Cremona, Abraham Alfaquí, etc... fueron descubiertos en el s. XIX por el historiador francés Amable Jourdain, quien les llamó un "Collége" en francés. No una "Escuela" como hoy se entiende sino un grupo de personas dedicadas a un mismo trabajo, primero bajo la protección del Obispo Raimundo Jiménez de Rada (era raimundina) y después de los reyes castellanos hasta Alfonso X el Sabio (era alfonsina).

– Y su labor era el trabajo intelectual. Por supuesto tradujeron, y mucho. Pero como científicos, filósofos y teólogos, que estudiaban autores p. ej. griegos como Ptolomeo, Aristóteles y Galeno, o árabes como Avicena y Alfarabí, y tratados escritos en hebreo o árabe, como los del sabio judío Azarquiel, o del iraquí Abu Ali al-Haitam. Aunque también tradujeron Libros de ajedrez, de dados, y de cuentos como Calila y Dimna.

– Y no todos eran de Toledo, la primera gran ciudad musulmana de España tomada por los cristianos en 1085, y lugar desde entonces para mozárabes, castellanos y francos del ejército vencedor, y también para judíos y árabes de la ciudad. Como en otras ciudades, los cristianos encontraron grandes bibliotecas con obras que no conocían. En el imperio romano de Oriente, los árabes tradujeron, estudiaron y conservaron las obras más importantes de la Hélade, de Persia y de la India, y hasta de la China. Muchos castellanos emigraron a Toledo por la tolerancia, con su idioma, que arraigó. De las islas inglesas y de toda Europa iban gentes a estudiar a España. Hubo un gran renacimiento espiritual, intelectual, científico y tecnológico, económico y político, que se expandió a toda Iberia y después al resto de Europa.

Los liberales clásicos necesitamos ya mismo una Escuela de traductores conceptuales e ideológicos para reunirnos por encima de las diferencias religiosas. Fusionismo.

¿Aprender a razonar?

Hoy la palabra "medieval" es casi un insulto. Se toma por sinónimo de atrasado, primitivo e irracional. Sin embargo, los medievales inventaron las Universidades, en el s. XIII. Y con ellas un método excelente para enseñar a razonar a los jóvenes, basado en siete materias distribuidas en dos grupos de tres y cuatro, llamados Trivium y Quadrivium.

Y quien descubrió sus bondades en el s. XX. no fue un monje solitario en su celda, sino una guapa feminista y madre soltera, escritora de novelas policiales y obras de teatro, traductora del Dante al inglés, que trabajó en una agencia de publicidad redactando anuncios como el del tucán para la cerveza Guinness, y después se convirtió al anglicanismo. Aunque sí fue hija de Pastor, y primera mujer graduada en Oxford, del grupo de J.R.R. Tolkien (El Señor de los Anillos) y C.S. Lewis (Narnia). Se llamaba Dorothy Sayers (1893-1957), y es la Ayn Rand cristiana.

Hizo una gran contribución a la inacabada tarea de despejar mitos y prejuicios sobre la Edad Media y su gente. En su breve pero justamente célebre ensayo "Las herramientas perdidas del aprendizaje" se pregunta por qué las personas en general se ponen cada vez más ignorantes y burras a pesar de sus títulos y grados académicos. La respuesta es que desde la época de las escuelas lancasterianas y el sistema Montessori, asistimos a un permanente desfile de teorías educativas, cada cual más "moderna", que sólo crean confusión y desconcierto. Sayers se interrogó sobre la educación clásica:

319

– ¿A qué se parecían las escuelas y liceos en el pasado remoto?

– ¿Qué objetivos consideraban importantes para la educación?

– ¿Qué materias enseñaban y cuáles libros usaban?

Así descubrió el **Trivium**. La enseñanza medieval se adaptaba perfectamente a las sucesivas fases de desarrollo evolutivo en la mente de un niño y un joven. El Trivium contenía tres partes: Gramática, Dialéctica (en sentido socrático) y Retórica.

– A sus primeros 10 de años de vida el niño posee gran habilidad para memorizar grandes cantidades de material, aunque no puede entender su significado. Es el momento –y no en el bachillerato– para atiborrarle la cabeza de hechos y datos: tablas de multiplicar, teoremas, planetas y satélites, historia y geografía, fechas, eventos, clases de plantas y animales; y todo lo que se preste a la repetición y asimilación. Es el Período Gramatical, centrado en un idioma p. ej. el Latín o el Griego, para aprender y asimilar la estructura del lenguaje y los elementos en la oración: la disposición y funcionamiento de las piezas.

– De 12 a 14/15 años el niño va entendiendo lo aprendido, y comienza a estrenar su capacidad de raciocinio, con preguntas basadas en la información reunida. Aprende cómo definir sus términos, hacer declaraciones a la vez sustanciosas y precisas, y construir un argumento sólido; y cómo detectar debilidades, contradicciones y falacias en la tesis contraria. Es el Período Dialéctico; y la lógica su

320

materia principal. Y se aprende que estructuras gramaticales y categorías del pensamiento se corresponden entre sí, y con esas descripciones del ser que son predicados ontológicos de Aristóteles. Por eso hay una correlación estrecha entre expresarse bien y pensar bien.

– Y de los 14/16 años en adelante se pasa de la secuencia lógica de los argumentos, a aprender como comunicar y presentar al público; y a ejercer la crítica de una manera persuasiva y convincente, y además estéticamente agradable, o al menos aceptable. Es el período de la Retórica.

La Gramática contiene la información o el cúmulo de conocimientos; la Dialéctica enseña los principios, las cadenas discursivas, las conclusiones y el entendimiento; y la Retórica la expresión elegante, la comunicación eficaz, la presentación sagaz y atractiva.

Está en la Biblia. Es el triple distingo entre conocimiento, entendimiento, y sabiduría, referido p. ej. en Proverbios 2:6; 9:10; Daniel 1:4; 2:21, y Colosenses 1:9.

– la **información** no es poco importante o despreciable, como tiende a pensarse hoy en día: al contrario, es muy importante, es la base y fundamento, y por ello viene primero en la secuencia-;

– la **inteligencia** o comprensión (hoy también menospreciado), mediante el correcto razonamiento, lógicamente articulado, libre de errores o falacias;

– y por fin la **sabiduría**, coronación de las facultades cognitivas, que no puede darse sin las dos anteriores fases o momentos.

321

Una vez dominadas las herramientas del aprendizaje, entonces sí caben las asignaturas del **Quadrivium**: Aritmética, Astronomía, Geometría y Música... y todas las demás que requiera el pensum o programa específico para una carrera determinada.

– Se aprendía así de esta manera el uso apropiado de las "herramientas del aprendizaje", antes de aplicarlas. El idioma y la lógica pueden ser aburridos, pero son para desarrollar la mente, y hacerla capaz de dominar cualquier asignatura particular que venga después, humanística, científica, técnica o práctica.
– La moderna educación ha errado gravemente, en parte por haberse encandilado con el mito de la neutralidad filosófica en la enseñanza. No es posible neutralidad alguna en asuntos humanos; sin embargo así se han desalojado los valores del aula de clase, y se ha puesto la carreta adelante de los bueyes, esperando que los estudiantes manejen gran número de temas y asuntos "neutrales" (¿?), antes de dominar las herramientas del aprendizaje.

Sayers nos propone recuperar la **educación clásica**, y para ello, releer los grandes libros de la cultura occidental y apreciar sus enseñanzas. Y la metafísica y sus categorías aristotélicas, hace mucho tiempo eliminadas injustamente del saber filosófico, y reemplazadas por la interminable Historia de la Filosofía o de la guerra entre las escuelas, cada cual destacando unilateralmente una dimensión o aspecto, y eclipsando o negando los otros: idealismo-materialismo, empirismo-racionalismo, personalismo-individualismo, esencialismo-existencialismo, principismo-pragmatismo, etc.

Convoca a los cristianos, muchos de los cuales ya no creen en el razonamiento vigoroso y potente, porque lo suponen incompatible con la fe y la espiritualidad. Como si el pensamiento flojo y la lógica incompetente fuesen signos distintivos de devoción y santidad. ¡Y así enseñan, a sus hijos, y a sus alumnos! Sayers piensa que la Cristiandad debe impulsar en Occidente el avivamiento intelectual que se requiere con urgencia. Y no es precondición del avivamiento político: son paralelos.

La otra Derecha

¿Qué tanto se saben los cristianos su Biblia? A mediados de los '80 la SBC (Convención Bautista del Sur) de EEUU encargó al Instituto Gallup de ese país una encuesta sobre una muestra a nivel nacional de los "churchgoers": asistentes regulares a la Iglesia cristiana, de cualquier denominación, al menos una vez a la semana.

Se medían los conocimientos bíblicos en tres áreas: ética personal y familiar; mayordomía; Gobierno civil y vida política. Y los resultados fueron muy dispares:

> – casi todos los entrevistados conocían muy bien lo relativo a moral individual y familiar, citando incluso pasajes de memoria;
> – las lecciones de Mayordomía sólo eran conocidas por la mitad, y no muy bien;
> – y las enseñanzas acerca del Gobierno y la política eran casi desconocidas. La mayoría dijo: "en la Escritura no se habla de temas políticos".

Los directivos de la SBC vieron allí la causa del dispar comportamiento de los cristianos contrastados con los patrones bíblicos de conducta:

323

– Los relativos a la vida personal y familiar son bien conocidos y por tanto pueden ser practicados; por eso entre los cristianos hay menos alcoholismo y adicciones, trastornos mentales, divorcios, fracaso escolar, etc. que en la población promedio.

– Los conocimientos de mayordomía son menos recordados, por ende menos practicados; y por ello las tasas de desempleo, pobreza, deudas crónicas y quiebras en los negocios son menores entre los congregados que en el resto, pero la diferencia no es tan grande como la anterior.

– Y los preceptos políticos de la Biblia son harto desconocidos; y por eso los tremendos fracasos de EEUU como nación.

Si eso es en EEUU, ¿qué queda para nuestra América latina?

Las medidas de Obama frente a la crisis no son de libre mercado. El Estado ha nacionalizado grandes bancos, entregado fuertes subsidios a la industria automotriz, y estudia socializar toda la medicina. ¿EEUU va al socialismo? En un sondeo nacional reciente de la encuestadora Rasmussen, se hizo la pregunta sobre "el mejor sistema económico: si el capitalismo o el socialismo". Sólo la mitad respondió que el capitalismo, y la respuesta no fue muy enfática. Aparte, un preocupante 20 % declaró que el mejor sistema es el socialismo, y un alarmante 27 % dijo no estar seguro. Si eso es en EEUU, ¿qué queda para nuestra América?

La izquierda nos dice: "No es posible importar fórmulas extranjeras, ajenas a nuestra idiosincrasia". Igual respuesta daban a los libremercadistas en el s. XIX los conservadores. Lo que demuestra que la izquierda es

324

la legítima heredera de todos los defectos de la antigua derecha conservadora, y ninguna de sus virtudes. Por su lado los liberales del s. XIX se orientaron más por el "liberalismo" ideológico de la Revolución Francesa, que era positivista, anticatólico, y más mercantilista que liberal, que por el liberalismo económico tipo británico, que era más abierto y tolerante en religión. Llegado el siglo XX optaron por el socialismo.

Muchas de las críticas de la izquierda contra la Derecha "del sistema" son muy válidas. Es cierto que es dirigido desde arriba, en beneficio de unos pocos, y hunde al resto de la población en la más abyecta pobreza. Sólo que no es el libre mercado que los marxistas llaman capitalismo, sino el mercantilismo (y ya muy mixturado de socialismo); y que su más implacable crítico fue Adam Smith, unos 80 años antes que Marx y Engels terciaran en el debate liberalismo vs. mercantilismo, no para aclarar los conceptos sino para enredarlos.

Pero la mezcla socialismo-mercantilismo es ahora a nivel global, por imposición del Gobierno Mundial. No es una conspiración; es un hecho. No es un proyecto; es algo que ya existe. Y no es un secreto; es público y notorio.

Gobierno Mundial

Muchos cristianos alegan que el **fin del mundo** está muy cerca, porque las señales están a la vista; y entre ellas una muy llamativa: el Gobierno mundial, que describe Apocalipsis.

Es cierto que existe un **Gobierno mundial**, más que en ciernes. El 2 de abril pasado (2009) fue en Londres la cumbre del G-20, el grupo de países formado en 1999 por los 8 más industrializados (G-8), más 11 recién industrializados (NICs) y la Unión Europea. Y el novelista británico Frederick Forsythe denunció: "Ese es el Gobierno Mundial, aunque hablan de Gobernanza y no de Gobierno para no alarmar." Forsythe es mundialmente conocido por "El día del Chacal" y otras novelas que poco tienen de ficción. Describe dos clases de estatistas mundiales: los encubiertos y los desembozados, que hablan con franqueza, como Dominique Strauss-Kahn, actual jefe del FMI. Dice que tres fenómenos globales exigen un Gobierno global: terrorismo, cambio climático, y crisis de la economía. Y que la hoja de ruta consiste en confiar cada vez más funciones, facultades y recursos, a los organismos ya existentes. O sea: que el gobierno estatista mundial va a erigirse de igual forma que antes los estatismos nacionales.

Pero el proyecto de gobierno mundial es más bien antiguo; y en muchas ocasiones se ha intentado llevar a la práctica, con cierto éxito en algunos casos. Desde Nimrod y el Reino de Babel con su Torre (Génesis 10 y 11). Imperios políticos pretendieron después Alejandro el macedónico, y los Césares romanos. Y familias como los Habsburgos, los Romanov, los Borbones y los Hohenzollern, tratando de reconstruir el Imperio Romano. Y otras familias como los Orsini y los Borgia, los Rotschild y los Ford, tratando de construir imperios eclesiásticos y/o económicos. Sin mencionar a Carlomagno, los Otones, Napoleón, Hitler, Stalin. Y no fue el fin del mundo, aunque sí debió parecerlo a quienes sufrieron tan atroces calamidades.

Sin embargo, este Gobierno Mundial es muy poderoso, gracias a la tecnología y a la riqueza creada por el capitalismo. Y no es cosa de "los judíos" ni de "los masones", como muchos piensan, aunque el sionismo es relevante; y sociedades no tan secretas como los Illuminati. Pero su orientación no es favorable al laissez faire, como muchos piensan; más bien es lo contrario. Aunque no es homogéneo, unitario y monolítico. Hay diferencias de intereses y opiniones entre los Gobiernos de EEUU, Canadá, países de Europa occidental, Japón, Rusia, y las grandes empresas multinacionales, los grandes diarios, las internacionales de partidos y otros factores de poder. Entre las burocracias y las ONGs; y entre las Universidades, las agencias de inteligencia y los "think tanks". No hay una sola agenda, y hay lucha por el poder, aunque muchos elementos y propósitos son comunes. Sus jefes se reúnen y trazan planes, pero no siempre se realizan, al menos como son concebidos y en los plazos apuntados. Y su poder e influencia son enormes.

No hay una sino **muchas instituciones**, una gran constelación de ellas; algunas recientes, otras muy viejas. Entre otras:

1) Las Agencias de la ONU, una para cada área de la vida humana y social: agricultura, industria, comercio, educación, salud, etc., como Ministerios Mundiales, cada cual con su agenda, y relacionada con sus similares de la Unión Europea, y las agencias federales de EEUU. Constituyen las puntas del iceberg.

2) La Sociedad Fabiana, fundada en 1883 en Inglaterra, para "trabajar en favor de socialismo, pero de manera incruenta". El nombre se adoptó del general romano Quinto Fabio, quien evitó enfrentar directamente a su adversario el cartaginés Aníbal, a quien logró desgastar cortando las vías de transporte de víveres, agua, municiones y material, etc., infiltrando agentes en la filas enemigas, y obligándole a maniobras distractivas. Los primeros fabianos fueron Sidney Webb y su esposa Beatrice.

A diferencia de los marxistas creían en la evolución al socialismo por reformas discretas, graduales e incrementalistas, y la acción del Partido Laborista. En 1889 publicaron los "Ensayos Fabianos" explicando este programa, que se cumplió al pie de la letra: todas las reformas fueron puestas en práctica ya desde la Depresión del '29.

3) El Council on Foreign Relations (CFR), otro grupo privado que data de 1921 para influir en la política exterior de EEUU. Se fundó como rama americana del Royal Institute of International Affairs, constituida en 1919 en Londres, según lineamientos de The Round Table Group (fundado por Cecil Rhodes y los Rothschild europeos). El CFR publica la revista bimensual Foreign Affairs, y gerencia el Programa de Becas David Rockefeller, entre otros proyectos.

4) La Brookings Institution, fundada en 1916, dedicada a las ciencias sociales, especialmente en economía, gobierno y política exterior. El Presidente Obama acaba de nombrar Embajador en México a Carlos Pascual, vicepresidente de la Brookings y Jefe de su programa de Política Exterior.

5) La Fundación Ford, creada en 1936 por Edsel Ford, hijo de Henry. Primero funcionó bajo la dirección la familia Ford y sus socios. Tras la muerte de Edsel en 1943 y de Henry en 1947, la presidencia fue al hijo mayor de Edsel, Henry Ford II. Decidió que se debía promover la paz, la libertad y la educación en el mundo bajo una agenda "progresista". Hoy la Fundación no tiene lazos con la Ford Motor Company ni con la familia. Henry Ford II, el último en el Board of Trustees, renunció en 1976.

328

6) El Club de Roma arropa a científicos (algunos Nobel), economistas, políticos, jefes de estado, e incluso asociaciones internacionales. Se fundó en 1968, cuando se reunió en Roma un grupo de 35 notables de 30 países, para hablar de los cambios en el planeta por consecuencia de acciones humanas.

En 1972 se publicó y publicitó globalmente el Informe Sobre los Límites del Desarrollo a cargo de Donella Meadows, origen del movimiento ambientalista.

7) La Comisión Trilateral, grupo privado fundado en Tokio en 1973 para cooperación entre EEUU, Europa, y Japón, por iniciativa de David Rockefeller. La inclusión de japoneses es la principal diferencia con el Grupo Bilderberg, si bien la idea surgió de la reunión 1972 del GB como "Comisión Internacional para la Paz y la Prosperidad". Se reúnen políticos, empresarios y académicos.

Actualmente la CT es copresidida por el congresista Tom Foley de EEUU, el empresario y político irlandés Peter Sutherland, y el presidente de Fuju-Xerox, Yotaro Kobayashi. Son miembros George Bush Sr., Jimmy Carter, Bill Clinton y Henry Kissinger.

8) La actual Internacional Socialista nació en la Conferencia de Clacton-on-Sea Inglaterra, 1946, a propuesta de los laboristas británicos. Se quería contener el imperialismo de la URSS, pero sin frenar la expansión ideológica del marxismo y de las tesis neoizquierdistas. Pues lo han logrado.

Las Internacionales Democristiana y Liberal siguen más o menos las mismas líneas del socialismo democrático "tercerista" de camisa blanca: economía "social" de mercado.

9) El Consejo Mundial de Iglesias, fundado en 1948, con sede en Ginebra, motor del movimiento ecumenista. No es el **ecumenismo de los altos estándares**, que nos obliga a los cristianos a no ser sectarios, a recordar lo que nos une, reconocer el hecho de la diversidad, encontrar lo positivo del pluralismo, y cooperar en terrenos comunes, pero sin abandonar convicciones teológicas de iglesias y denominaciones.

Este otro es el **ecumenismo de los bajos estándares**: pretende que renunciemos a nuestras creencias distintivas, en pos de un relativismo posmoderno, un eclecticismo aguado e insulso, o de una imposible "neutralidad". Al final siempre termina en la "Alta Crítica" antibíblica, en el cristianismo "liberal" (socialista) y el evolucionismo cristiano, y en el ecofemipacifismo, la Nueva Era y la Teosofía.

Y este segundo ecumenismo es uno de los principales motores del Gobierno Mundial, que nos lleva a su complemento: la Religión Mundial. Se inició entre los cristianos cuando iglesias y ministerios empezaron a colaborar "en las luchas por la paz, la justicia y la solidaridad con los necesitados". El CMI se vincula al Parlamento Mundial de Religiones fundado en Chicago, 1893, aunque el Consejo Directivo se formó en 1988, en mira al Congreso de 1993 para el centenario. Impulsó la extraña "Sala de Meditación" de la ONU, en un sótano del edificio de la Asamblea

General, abierta en octubre de 1952, y ampliada en 1956. La idea fue del Secretario General Sr. Dag Hammarskjöld que creía que los jefes políticos "debían contar con una sala dedicada al silencio, en sentido externo, y a la calma, en sentido interno".

10) El Grupo Bilderberg es tal vez el más controversial. Su muy amplia agenda excede la política, economía y finanzas, e incluye temas de filosofía, religión y cultura, así como de seguridad y defensa.

Nació el GB en 1954 en el Hotel Bilderberg de Oosterbeek, Holanda, por invitación del Príncipe Bernardo, cofundador con David Rockefeller. Revistan líderes de la política, economía, banca, los medios, el ejército y los servicios secretos, junto a científicos y universitarios, líderes religiosos, músicos y hasta Hugh Hefner (Playboy).

Los miembros se eligen por cooptación. Se reúnen una vez al año 4 días en primavera, y cada vez en una ciudad diferente, en castillos o lujosos hoteles (previamente vaciados), en plena naturaleza o rodeados de un parque, y de cientos de policías, militares y servicios especiales de seguridad propios y del país huésped. Los invitados llegan en helicópteros negros y limusinas de cristales ahumados. Las discusiones son a puertas cerradas. Algunos periodistas complacientes pueden estar, pero nada debe trascender. Es prohibido tomar notas o hacer declaraciones a la prensa. Los fotógrafos autorizados toman fotos de exterior, a la llegada de los invitados.

11) Y si Ud. cree que el Foro Económico Mundial de Davos, Suiza, está en una línea pro capitalista y liberal, revise su data:

– Cada año hay 10 o 12 asambleas regionales en áreas subdesarrolladas, para un contacto directo entre líderes empresariales y de gobiernos con las ONG de neoizquierda.
– Promueven miles de "empresas sociales" en todo el mundo, p. ej. con a la Schwab Foundation for Social Entrepreneurship.
– "Iniciativas" como la de Salud Global (Global Health Initiative, GHI) reúne grupos estatales, privados y ONGs de neoizquierda en temas de HIV/AIDS, malaria, etc.
– La Iniciativa de Educación Global (Global Education Initiative, GEI) reúne a líderes de empresas globales con educadores y gobiernos socialistas del Tercer Mundo.

La línea en Davos parece ser conformar la derecha del Gobierno Mundial, y dejar que los manifestantes antiglobalización, y organizaciones como el Foro Social Mundial y las ONGs más radicales, conformen la izquierda globalizada.

En vista de lo anterior, ¿está cerca el fin del mundo y la Segunda Venida? No sé, porque mi Señor Jesucristo tampoco lo sabía: "Sólo Mi Padre" (Mateo 24:36 y Marcos 13:32); aunque algunos predicadores pretenden saber más que Él. Lo que mi Biblia dice es que puede ser en cualquier momento: hoy, mañana o pasado; pero también más tarde, más adelante... Y por eso mismo no debo esperar cruzado de brazos, sino ocupado trabajando en el Reino (Lucas 19:13). Y sé que es muy contradictoria –y antagónica a la Escritura– la posición de quienes ven el fin del mundo (y el Rapto) para hoy o mañana, y en lugar de obrar en consecuencia por esa esperanza, y motivarse a trabajar con mayor ahínco y eficiencia, toman su creencia como pretexto para lo contrario: no hacer nada, como el siervo negligente de Mateo 25:26.

Lord Acton, modelo de político católico

En 1864 se publicó en Francia "La ciudad antigua", del historiador francés Numa Fustel de Coulanges (1830-1889), sobre Grecia y Roma. Su tesis era que la religión primitiva de los dioses lares o domésticos fue la base de la familia, y la familia, el fundamento de la cultura y la civilización. Los antiguos griegos y romanos no conocieron la libertad personal. Ni la intimidad, la libertad de enseñanza, mucho menos la libertad religiosa. Esas preciadas conquistas las debemos al cristianismo. En la Edad Antigua el individuo era nada ante la autoridad sagrada de la "patria" o "Estado", identificada con la familia y la religión. El sociólogo Emile Durkheim dedicó su tesis universitaria a la memoria de Fustel, por su trabajo sobre el papel de las religiones en las sociedades. Y Fustel influyó mucho en ciertos pensadores de la época, entre ellos Lord Acton.

1) En una magnífica semblanza, el economista José Carlos Rodríguez nos cuenta la vida de John Dahlberg Acton (1834-1902), inglés nacido en Italia de padres católicos. Fue criado en un hogar culto, rico y cosmopolita, entre viajes, lecturas, discusiones y estudios. Fueron sus mentores el segundo esposo (inglés) de su mamá (alemana), el Conde Granville, un anglicano "whig", y el Padre Ignaz Döllinger, un católico liberal.

Desde temprano Acton combinó el vivo interés por la ciencia con el gusto por la historia y las humanidades, y la pasión por la política, con el amor a la verdad. Se inició como director del semanario The Rambler (El Divagador), cuyo lema era "Una Iglesia libre en un Estado libre".

2) En 1861 el secretario de Estado del Vaticano le pidió abandonar su defensa de la causa italiana contra el poder temporal de la Santa Sede, soberana de una buena porción del territorio de Italia. No retrocedió Acton ni ante la amenaza de ser excomulgado, y sacó una nueva revista: Home and Foreign, clausurada un año después por orden del Vaticano.

¿Qué pensaba Acton? Pues que la Iglesia Católica debía renunciar al poder temporal y político, y ser como es hoy: una guía espiritual y moral de la humanidad, en un clima de plena libertad de expresión y cultos, sin arreglos políticos. Y creía que el catolicismo no era incompatible con la verdad, por lo que no debía pelear con la ciencia ni con el liberalismo.

Sin embargo Pío IX convocó a un Concilio Ecuménico en defensa de la doctrina de la infalibilidad papal: que cuando el Papa habla desde su cátedra sobre fe y moral, su palabra es la verdad incontestable. Era doctrina inaceptable para un historiador: "los papas fueron a menudo tan inmorales como los reyes y Emperadores". Acton juzgó que en el fondo del asunto estaba la vieja idea de que el fin (la autoridad) justifica los medios (acallar las conciencias). Con Döllinger, otro amante de la verdad y revoltoso ante la injusticia (como el Padre Mariana) asumieron el liderazgo intelectual de la minoría de cardenales opositores, que finalmente perdió.

3) Acton se hizo Lord ese año 1869, a sus 35. Según un biógrafo era un "católico mal llevado con su jerarquía, político sin cartera e historiador sin cátedra". Y comenzó a escribir su "Historia de la Libertad", que no pudo terminar. Escribió de la libertad que es "el dominio sobre uno mismo". Y que "un hombre es libre cuando puede hacer aquello que cree es su deber, independiente de la presión de la autoridad, de la mayoría, de la costumbre y de la opinión".

4) En 1882 se publicó una Historia del Papado por Mandell Creighton. En su reseña, Lord Acton se opuso a que la crítica histórica disimulara las faltas de papas y reyes sólo por haber gozado del poder. Y en esa reseña estampó su después famosa sentencia: "El poder corrompe, y el poder absoluto corrompe absolutamente". Desconfiaba del poder, y de la democracia: "La democracia tiende naturalmente a realizar su principio, la soberanía del pueblo, y a eliminar todos los límites y condicionamientos a su ejercicio".

En vida no publicó Acton un solo libro, fracasó en la política, chocó con su Iglesia, y sintió que acababa solo y mal comprendido. Sin embargo, su muy dispersa obra ha sido recuperada y valorada: sus esfuerzos no fueron en vano. Aunque los políticos católicos de éxito fueron los democristianos de izquierda, como p. ej. Francesco Saverio Nitti (1868-1953) autor de "El socialismo católico", libro de mucha mala influencia dentro y fuera de Italia.

Abraham Kuyper, político cristiano

Entre los evangélicos la participación política es tema controversial.

– Para algunos **está vetada**: Jesús no se involucró en la política, y tampoco debe hacerlo el cristiano.
– Para otros, la política es elevada expresión de amor al prójimo, y es **una obligación**.
– Los segundos suelen ser de izquierda, y predominan (entre otras razones) porque los primeros se inhiben de participar.

Pero la política no está al cristiano prohibida ni obligada: es una **vocación o llamado**, como la música o la literatura, el deporte o el comercio. Es una libertad. Y es como el pastorado: hay quienes tienen el llamado; otros no. Pero hay **normas y principios**, y están en la Escritura. Para quien tenga ese llamado y lo siga, es obligante caminar bajo la guianza de la Santa Biblia, y no a su real gana. Los cristianos somos libres para hacer o no política, pero no de cualquier modo, ni con cualesquiera ideas.

– Y ambas vocaciones en principio son excluyentes. La llamada al Pastorado es de Dios, y por ello irrenunciable e indeclinable. Y por el postulado de separación entre Iglesia y Estado, la política es en principio para los laicos. Por eso muy sabias Constituciones de muchos países prescriben la reducción previa al estado laical de los clérigos que aspiran a cargos públicos.
– Lo que no impide que un Pastor, por excepción, se sienta llamado por Dios a la política también, y

temporalmente decline, no ya la función pastoral, sino su ejercicio. Como el Pastor Abraham Kuyper, Primer Ministro de su país en la primera década del s. XX, bajo la reina Guillermina. Es una historia aleccionadora.

1) Abraham Kuyper nació en 1837 en Maasluis, Holanda, hijo de un ministro de la calvinista Iglesia Reformada. En 1855 ingresó a la Universidad de Leiden matriculado en literatura y filosofía. Estudió árabe, armenio, griego, física y biología, entre otras asignaturas. En 1862 obtuvo el Doctorado en Teología y fue nombrado Ministro de la Iglesia. En 1863 se casó con la joven Johanna Schaay de 21 años, y se hizo cargo de su primera parroquia en el distrito (entonces rural) de Beesde. El muy feliz matrimonio tendría ocho hijos: cinco varones y tres mujeres.

El Pastor Kuyper simpatizaba con los ortodoxos de su Iglesia. Sostenía la necesidad de volver a la fe reformada. Se opuso al gobierno eclesiástico centralizado, y objetó el papel del Rey y del Gobierno en los asuntos religiosos, abogando consistente por la estricta separación de Iglesia y Estado, cada cual "soberano en su esfera". Mas no el divorcio de religión y política, pues el cristianismo es una cosmovisión, con un cierto concepto de la realidad, del hombre, de la sociedad y la vida política, y un modelo bíblico para el Gobierno civil.

2) En 1867 fue invitado a pastorear la iglesia en Utrecht, lo que hizo hasta 1870 cuando se mudó a Amsterdam. En la capital del Reino comenzó a publicar en el periódico El Heraldo. Pero en 1872

fundó su propio diario El Estándar. En 1873 Kuyper declinó en su coPastor el ejercicio de la función pastoral, y se presentó como candidato a diputado por el distrito de Gouda. Hizo campaña. Y ganó.

Ya en el Parlamento se interesó en educación. Y en 1878, espantado por la roja marea comunista que azotaba a Europa, fundó el Partido Contra-Revolucionario. Y en 1880 fundó la Universidad Libre de Ámsterdam -que aún existe- en la que fue profesor de Literatura, Historia, y Teología, y su "Rector Magnificus". En 1884 fue reelecto diputado.

3)   En 1886 su querida Iglesia Reformada cayó en una profunda crisis doctrinal, por la infiltración de ideas humanistas e iluministas. La dejó, con otros que en 1892 fundaron la Unión de Iglesias Reformadas. Pero Kuyper fue uno de los campeones de un trato amable y cordial entre personas que piensan diferente, sin renunciar a sus convicciones, con consideración y respeto (y sentido del humor). En 1901 viajó a EEUU para dictar sus archifamosas Seis Conferencias sobre Calvinismo, y la U. de Princeton le dio un Doctorado Honoris Causa.

4)   Ese mismo año 1901 su partido ganó las elecciones en alianza con los católicos. Y el Pastor Kuyper fue Primer Ministro de Holanda, a sus 64 años, viudo de su querida Johanna, fallecida dos años antes. No tuvo mayoría parlamentaria sólida, lo que le obligó a hacer concesiones a los socialistas, causa de algunos fracasos.

– En el cargo de PM demostró mano dura según sus partidarios, y autoritaria según sus opositores. En aquella época el Estado no reconocía a las Universidades cristianas ni los grados que otorgaban. Kuyper propuso una Ley de Educación Superior que equiparaba su status y sus diplomas a los de las Universidades estatales, proyecto rechazado en el Senado. Con la autoridad conferida por un sistema parlamentarista, Kuyper disolvió el Senado y convocó a una nueva elección, y luego de ocurrida, su proyecto fue aprobada por la nueva Cámara.

– En 1903 se desató una violenta huelga ferroviaria, a la que el Premier combatió. Enemigo Kuyper de la violencia y de las huelgas, no lo era de los obreros, ni de los sindicatos, a los cuales concebía en sus tres funciones propias, o sea: como centros de capacitación profesional; como instrumentos de corretaje con las empresas en los mercados de trabajo -en términos voluntarios y no forzosos, abiertos y no restrictivos o monopolistas-; y como eficientes administradores de hospitales, cajas de jubilaciones y fondos de pensión.

5) En 1905 su Partido perdió las elecciones y Kuyper pasó a la oposición, y fue brillante, a sus 68. En 1908 fue nombrado "Ministro del Estado" honorario por sus aportes a la cultura y a la nación. En 1909 todavía participó del comité que escribiría las reglas ortográficas para la lengua holandesa. Y ese mismo año recibió otro Doctorado Honorario de la Universidad Católica de Lovaina en Bélgica.

Kuyper leía bien su Biblia, y sabía que la salvación no es por obras, pero sí las recompensas. Y que la obra de Dios sobre los creyentes es visible, pero no de un modo teatral o espectacular, sino en la vida diaria y el rol de cada quien. Y en su rol político fue íntegro, de claras posiciones, consistentes y firmes. Rechazó el concepto de soberanía popular al estilo democrático francés, "los derechos surgen del pueblo". Y el concepto prusiano (alemán) autoritario de soberanía, "los derechos surgen del Estado". Y de la Gran Bretaña combatió la idea totalitaria de unión entre Iglesia Anglicana y Casa Real. Kuyper favoreció a los Orange, pero en desacuerdo con las intromisiones de la Monarquía en asuntos eclesiásticos. Y en el espíritu de los puritanos, sintió más afinidad con el talante político del protestantismo de EEUU.

Hubo éxitos en la carrera política del Pastor Kuyper. Pero también derrotas, tanto estando en el Gobierno como en la oposición, hasta en el interior de su partido. Cristianamente las soportó. Fue acusado e investigado por una Comisión que al fin lo encontró inocente, pero luego de mucha agitación en la prensa y la opinión pública. En 1913 todavía participó en la reforma constitucional de su país, y en la Academia de la Lengua Holandesa. Pero una vez retirado de la política activa y dedicado a escribir, volvió humildemente al ejercicio del Pastorado.

Abraham Kuyper dejó su testimonio en sus escritos y en su vida familiar, académica y política. Enfrentó a todos los "ismos" humanistas seculares e iluministas: idealismo, hegelianismo, positivismo, utilitarismo, nacionalismo, darwinismo, socialismo, romanticismo, anarquismo y nihilismo. Sus dos textos claves: "Calvinismo: fuente y salvaguarda de nuestras libertades constitucionales" (1874), y el "Programa del Partido Contra-Revolucionario" (1879). Tras una vida muy activa e intensa, devolvió su alma al Creador en 1920, en La Haya, con 83 años.

No fue un cristiano perfecto ni un político perfecto, pero sí es un valioso ejemplo.

La Gracia común

Muchos cristianos evangélicos creen que Dios cuida amorosamente de ellos y no del resto de la gente. Se aferran un tanto mágicamente a las generosas promesas que se leen en Deuteronomio 28:1-14, y en Salmos, en Proverbios y los Profetas escritores, olvidando que tales promesas no son incondicionales: en tanto dependen de cumplir la Ley de Dios a las Naciones, son para los pueblos obedientes. Y en política el evangélico promedio abriga una idea utópica y antibíblica del buen Gobierno: que los gobernantes sean evangélicos, lo cual será cuando sea evangélica el 100 % de la gente.

Kuyper no pensaba así. Como calvinista compartía la vieja doctrina cristiana de la "Gracia común": **la bondad del Creador para con toda Su Creación**, distinta de la gracia salvadora. En el Reino de Dios se halla el conjunto de las gentes que conoce y respeta Su Voluntad y "pone por obra" sus mandamientos. Pero el Reino es más amplio que la Iglesia, porque muchos hacen Su Voluntad sin tener intención ni conciencia de ello. Por la Gracia común el Autor del Universo mantiene a la depravación refrenada. El poder entrópico (degenerador) del pecado es tal, que sólo el poder restrictivo del Espíritu Santo impide que todo el planeta se torne ya mismo un caos horrible, insoportable e indescriptible de mentira, desorden, crueldad y violencia. La familia, el derecho, el gobierno y la policía, el comercio y el trabajo, el ahorro y la inversión, son permitidos sólo por la Gracia común, derramada sobre creyentes e incrédulos. "París come!" decía Bastiat, por la gracia de Dios y a través del funcionamiento más o menos normal de los mercados. Si dejara Dios de conservar cierto grado de verdad, sensatez, orden, comercio y decencia en el común de las gentes, ¿qué sería del país? ¿desearía vivir alguien allí?

La moralidad, la veracidad y la decencia no son exclusivas de los cristianos, las hay en los increyentes también, y en algunos hasta más. Y por eso es posible y deseable el comercio y las relaciones económicas, profesionales, educativas etc., entre cristianos y no cristianos. Y también actividades políticas. Sin sectarismos.

Las utopías y el cristianismo

En "Las raíces de la inflación" (1982), J. Rousas Rushdoony escribió que cuando la economía se subordina al Estado se hace política: deja de ser economía, y pasa a ser mesianismo. O sea Utopía, una propuesta que parece maravillosa y fantástica, ideal, perfecta, excepto por el "pequeño" detalle de que para concretarla se requiere como condición nada menos que cambiar la entera naturaleza humana, quitando al hombre todos sus alegados fallos y defectos naturales, reales o supuestos, como "la codicia". En palabras del Che Guevara, que leyó mal a San Pablo: "Construir el hombre nuevo". El hombre perfecto, sin pecado. No funciona.

Y como no funciona, no pocos utopistas se radicalizan hacia la izquierda, como muchos evangélicos en Venezuela, y tratan de imponer "el sueño" por todos los medios a su alcance: mentira o engaño, fraude o dinero, sudor y sacrificio, lágrimas, sangre y fuego, lo

342

que sea, para liquidar al hombre viejo. Pero el país de leche y miel que describen sus "soñadores", de niños felices y madres arrobadas y atendidas por el papá-Estado, jamás se concreta en la realidad, nunca se ve, excepto en la propaganda. No obstante en el camino quedan instituciones rotas, países arruinados por la miseria, la opresión y la tiranía, corrupción gigantesca, privilegios para unos pocos, desorden y sufrimiento. Y hasta unos cuantos millones de muertos en el peor de los casos, y el menos malo unos cuantos millones de pobres, hambrientos y desesperados, huyendo o tratando de huir. Y gobernantes ricos.

1) El cristianismo mal entendido ha sido y es el **motor principal** de todas las grandes utopías humanistas, p. ej. el socialismo, esa herejía cristiana desde los días de San Francisco de Asís en el s. XII), y de los franciscanos radicales de todas las épocas, y de Thomas Müntzer y los anabaptistas del s. XVI.

– El estatismo es una utopía, de la cual el mercantilismo es la variante menos insoportable, y el socialismo la más extrema y cruel.
– La utopía opuesta es el anarquismo. Murray Rothbard y sus seguidores los anarquistas de mercado creen descubrir la rueda; pero es que no leyeron al conde ruso Leo Tolstoi y su "anarquismo cristiano". Ni Josué 1:7, "Esfuérzate y sé muy valiente, cuidando de obrar conforme a toda la Ley que mi siervo Moisés te mandó; no te apartes de ella ni a un lado ni a otro lado, para que seas prosperado en todas las cosas que emprendas". ¿A un lado o a otro lado de qué...? Del Gobierno con fronteras: ni estatismo ni anarquismo.

2) Sin embargo hay sólo una **defensa eficaz** contra toda utopía: el Evangelio bien leído, con su visión realista del pecado. No hay régimen de gobierno perfecto ni gobernante santo. Hay un modelo político adaptado a la naturaleza humana, al modo como la gente es. P. ej. el mejoramiento de nuestra propia condición es el primer móvil de nuestras acciones, y la ganancia el del comercio. Y el afán de poder es más grave que el afán de dinero, porque sus límites son más lejanos: por más dinero que Ud. tenga comerá tres veces al día y no más, y usará sólo un par de zapatos a la vez, pero ¿cuál es el límite al afán de poder?

La enseñanza cristiana es que si la naturaleza humana pudiera cambiarse, y los hombres dejar de pecar, Nuestro Señor Jesucristo no hubiese pasado el Calvario. Lo que la Teología enseña de la Cruz es que fue un sacrificio vicario, sustitutivo. Él murió por nosotros, en lugar nuestro, por nuestros pecados: y los míos y los suyos (sí, de Ud.) Este es el cristianismo esencial, el "mero cristianismo" (C.S. Lewis) y médula del Catecismo. El sacrificio del Gólgota fue necesario porque la naturaleza humana ha sido incurablemente herida por el pecado, en todas sus dimensiones y aspectos ("depravación total"). Y esa naturaleza no puede ser cambiada por el hombre, mucho menos aún por "la sociedad", eufemismo para aludir al Gobierno. No puede cambiarse por medios humanos, digamos, por una "revolución", por profunda que sea, ni siquiera una revolución "interna", en el corazón humano mismo, como predican (y exigen) los utopistas.

En su novela "La esfera y la cruz" (1908) Chesterton comparó la utopía con el intento de achicarle la cabeza a alguien para que le entre el sombrero, en lugar del realismo: buscar otro sombrero a medida de su cabeza. Volvió a esta figura en "Enormes minucias" (1909). Chesterton fue un filósofo realista muy agudo, como Maritain y otros católicos, por desgracia no muy consistentes con su filosofía a la hora de hablar de Economía y política: su incomprensión del sistema de libre empresa les llevó al pensamiento utopista que tanto detestaron.

Pero si una política requiere como condición para concretarse el cambiar la naturaleza humana, es un engaño. Un mero pretexto para robar. O matar. En la política hay sólo dos posibilidades: la utópica y la realista. Sin término medio; hay que escoger.

– La utópica es recortar la cabeza para que entre el sombrero. "El hombre nuevo". O sea la carnicería, en el mejor de los casos, y la pobreza y la miseria para todos excepto para la elite gobernante, en el menos malo.
– La realista es el régimen de gobierno apropiado para una naturaleza caída. Que toma en consideración nuestros defectos, como "la codicia materialista" y le busca cauce apropiado: el libre mercado. Y también toma en cuenta la codicia del poder, y le busca valla y le impone freno: límite al Gobierno. En palabras de Chesterton, un sombrero apropiado para la cabeza...

La gran responsabilidad

El evangélico promedio tiene siempre las mismas respuestas: Dios puede cambiar Guatemala; pero el cambio "debe comenzar desde adentro": será cuando toda la población se haga cristiana y vaya a la iglesia, e

345

igual el Presidente y sus Ministros, diputados, jueces etc. No importará entonces cuál sistema rige: ¡cualquiera va a funcionar de maravillas, porque esos gobernantes no van a robar, ni a mentir, ni a abusar del poder!

¿Es así? Dios sí puede cambiar Guatemala, eso es verdad. Pero no lo hace, ni en país alguno de América latina, pese a que desde hace años se hacen oraciones, ayunos, clamores y rogativas para que Dios ayude a la nación e ilumine a sus autoridades. ¡Qué mal testimonio! ¡Los no creyentes dirán que nuestro Dios es sordo!

¿Y 100 % de población cristiana? Según Mateo 7, el Señor Jesucristo dijo que la inmensa mayoría entra por la puerta ancha y espaciosa (verso 13), y por la senda pequeña y angosta transita sólo una minoría selecta (verso 14). Sin embargo el concepto del cristiano promedio es que todos seamos evangélicos incluso (sobre todo) los gobernantes, para que el estatismo funcione. Pero en Guatemala los evangélicos somos mayoría (o casi), y hubo dos Presidentes evangélicos: Efraín Ríos Montt (1982-1983) y Jorge Serrano Elías (1991-1993), en cuyos lapsos las altas y medias posiciones en el Gobierno fueron para sus correligionarios, de su fe (y de su denominación, y hasta de su iglesia local). Todos eran cristianos conocidos, de confesión pública y compromiso, de oración y ayuno, citas bíblicas de memoria, y algunos muy místicos. ¿Y qué pasó? Que eso del "hombre honesto en cualquier sistema" (y "no importa el sistema") es imposible, no funciona. Porque el sistema importa. Y sobremanera.

1) El cap. 8 de I Samuel es una larga requisitoria en contra del estatismo. Y contra la madre del estatismo: la democracia. Tras enumerar todos

las calamidades que traerán los Césares judíos o romanos a los pueblos, el verso 18 dice: "Y en aquél día clamaréis por causa del gobernante que habréis escogido; mas no escucharé!"

Es verdad que Dios es todopoderoso e infinitamente bueno, y por la Gracia Común mantiene al mal bajo freno. Pero también es un Ser racional, infinitamente inteligente y sabio. E infinitamente justo, y visita en juicio al desobediente; y eso incluye a las naciones rebeldes. Se mencionan el la Escritura muchas naciones juzgadas. Tiranías, crisis, depresiones económicas y opresiones políticas son instrumentos y recordatorios de la justicia divina.

2) Dios espera que el cambio lo hagamos nosotros, "sal de la tierra". Él ha dado consejo a las naciones. Y Deuteronomio 28 dice que si se ponen por obra los estatutos, preceptos y mandatos de Dios, buenas consecuencias se seguirán. Y resultados malos si se desobedecen.

¿Cree Ud. que una nación puede tener un modelo de Gobierno estatista y sin límites, y sus gentes esperar trabajo, justicia, prosperidad, orden, paz y armonía? En otras palabras: **¿cree que Dios puede ser burlado**? ¿o que se equivocó cuando nos prescribió a las naciones un Gobierno limitado? ¿Cree que Dios no sabe de Economía, Sociología y Ciencias Políticas? ¿Debe tomar lecciones de Marx o Keynes?

Deuteronomio 4:5-6 dice que Dios se testifica en sus Estatutos. Quiere que se vea la **sabiduría y eficacia de sus Decretos**. Para ello que sean "puestos por obra", que se apliquen, para que todo el mundo observe los

347

buenos resultados producidos en términos de bienestar y felicidad humana. Poniendo así de manifiesto que el Autor de la naturaleza humana y social y política, y sus leyes naturales, es el Autor de la Revelación escrita y sus mandatos positivos. ¿Acaso sus normas de Gobierno limitado, mercados abiertos y propiedad privada no congenian a la perfección con las leyes naturales de la economía y la producción, de la demanda y la oferta, la escasez y la abundancia, los precios y el comercio? ¡Que lo digan los economistas sabios! (Aunque no hay muchos).

Amable lector(a): no estoy sugiriendo que la Ley bíblica es perfectamente sabia y justa porque la Biblia es la Palabra de Dios. Lo que estoy sugiriendo es lo opuesto: que podemos conocer y estar ciertos que la Biblia es la Palabra de Dios, ¡puesto que su Ley es perfectamente sabia y justa! Y lo es aún cuando está expresada en lenguas muertas, y en términos algo vetustos, antiguos pero no arcanos, pues la Biblia no es una revelación secreta ni privada, sino un documento público, y está en las buenas bibliotecas —y hasta en las malas— y a la venta en cualquier librería, cristiana o no (y también la regalan). Y aún cuando cuesta cierto trabajo y esfuerzo comprenderla. ¡Lo que vale, cuesta!

Para los cristianos, el demostrar la sabiduría y eficacia de las normas de Dios (Teonomía) es tarea pendiente. Y mostrarlo en la práctica. Eso es ser "Luz del mundo". Se le puede llamar la **Gran Responsabilidad**.

Reconocimientos

Las personas nombradas no por ello comparten estos planteamientos; pero de un modo u otro ayudaron o contribuyeron a que esta obra se escribiera y/o se publicara, aunque muchas de ellas no lo saben, ni de qué manera.

De todos modos, la tarea hubiese sido del todo imposible sin la generosa cooperación de mis amigos y hermanos Lic. Sandrie Alvarado de la Universidad San Pablo, General Benjamín Godoy Búrbano de Coalición Cristiana por Guatemala, autor del Prólogo, y Dr. Guillermo Méndez, del Instituto de Servicios a la Nación.

Y muy especialmente de quienes más me alentaron y ayudaron para quedarme en Guatemala, privilegio por el cual quedo eternamente agradecido a Dios y a todas estas personas:

Carlos Iván Aguilar; Alberto de Aragón (& Eulalia); Dr. Ottavio Benfatto; Freddie Bernal; Beatriz de Borrayo; Dr. Harold Caballeros; Marco Tulio Cajas; Karen Cancinos; Naim y Gloria Dahda (& Michelle); Omar Díaz; Viviana España; Jorge Ibarra; Dr. Giancarlo Ibárgüen; Rocío Jordán; Betty Lobos Bollat; Erwin Lobos (& Ana Sofía); Lucy Martinez-Montt; Hugo Mesa; Clarita Oliva; Jessica Paduan (& Andrea); Ramón Parellada; Pastor Max Pérez; José Pivaral; Carlos Sabino; Juan Carlos Simons; Dr. Pedro Trujillo Alvarez; y Edgar y Mario Roberto Vides. Muchas pero muchas gracias..

Y a Alfonso Abril; Juan Abril; Gerardo Alonzo; Edgar Alvarado; Cristian Alvarez; Luis Pedro Alvarez; Jorge Amaya; Francisco Ancheyta; Antonio Anleu; Juan Carlos Aparicio; Ricardo Arias; Chepe Ascoli; Ana Beatriz Asensio; Otto Ayala; Manuel Ayau; Dorita Balcells; Alejandro Baldizón; Manolo Benfeldt; Celeste Bonilla; José Guillermo Butts; Jose Pepe Cabrera; José Carlos Castañeda; Rodrigo Colmenares; Roland Comparini; Dr. Roberto Cordón; Jesús Chico; Julio César De Leon Barbero; Edgar De León; Juan Manuel Díaz-Durán; Alvaro Dubón; Edwin Roquel; Walter Espina; Benjamin Feinstein; Santiago Fernández O.; Eduardo Fernández-Luiña; Luis Figueroa; Giovanni Fratti; Luis Fernando Gálvez; Pastor Rigoberto Gálvez; Gabriel García; Mario García; Dr. Oscar García Soto; Sergio Garzaro; John Gemmell; Estuardo Godoy B.; Enrique Godoy; Willy Gómez; Roberto González Díaz-Durán; José Luis González Dubón; Cecilia Guzmán; Jorge Jacobs; Dr. James Jankowiak; Leslie Johnson (y Harold); Alfred Kaltschmitt; Joseph Keckeissen; Fernando Leal Sr. & Jr.; Augusto Lopez; Gabriel Lucas; Ronny Madrid; Juan Jose Marroquin; David Martínez-Amador; Lilian América Martínez; Dr. Hugo Maúl; Gunther Meléndez; Paty Monge; Byron Monzón; Edward Morales; Rodolfo Morales Marcucci; Pastor José Antonio Moreno; Pastor Emilio Núñez; Dr. Warren Orbaugh; José Carlos Ortega; Oscar Quintero; Leonel Rendón; María Eugenia Reyes; Enrique Rincón; Alexia Ríos; Héctor Manuel Rivera; Pastor Gilberto Rodríguez; Lic. Edwin Roquel; Dr. Estuardo Salazar (& Andres Estuardo); Lic. Sara Salazar de Pezzarosi; Don Juan Sánchez Jaraba; José Domingo Solano; Pastor Luis Fernando Solares; Fernando Solís; José Pepo Toledo; Carlos Torrebiarte; Byron Vargas; Sammy Vásquez; Julio Vela; Roberto Velásquez; Gral. Víctor Ventura; Harris Whitbeck (& Erzi Espinoza); Dr. Gabriel Zanotti y Julio Zelaya. También muchas gracias.

Anexo:

Autores y Bibliografía EGI

Autores

Casi todos pueden adquirirse en las grandes librerías virtuales, con las cuales hoy en día el que es burro es porque quiere. Los hay de diversas especialidades y tendencias:

1) **Historiadores.** Ya vimos que la Biblia puede ser materia de interpretaciones torcidas y derechas. Pero, ¿en cuáles países (y épocas) predominó una exégesis favorable al Gobierno limitado? ¿y en cuáles las interpretaciones contrarias? Vea Ud. las "vidas paralelas" de la religión cristiana y la economía, al menos en los cinco países que estrenaron el capitalismo liberal: Suiza, Holanda, Escocia, Inglaterra y EEUU. Pero como también la historia puede malinterpretarse, escoja fuentes confiables:

– Nathan Rosenberg y L.E. Birdzell Jr., How the West Grew Rich: The Economic Transformation of the Industrial World (1987).

- Thomas E. Woods (católico), Cómo la Iglesia construyó la civilización occidental (2007).
- Fareed Zakaria (musulmán, editor de Newsweek), From Wealth to Power: The Unusual Origins of America's World Role (1998).

2) **Socialistas**. Ludwig Feuerbach sobre la religión: "La esencia del cristianismo" (1841) muy influido por el teólogo de izquierda David Strauss en "La vida de Jesús" (1835) sobre los evangelios como relatos míticos. Estas son las ideas adoptadas por Marx y también por su adversario Lassalle, fundadores respectivos del socialismo revolucionario y democrático, y por sus representantes en la siguiente generación, v. gr. Lenin y Martov en Rusia.

3) **Cientistas sociales**. El ya citado sociólogo alemán Max Weber, sobre todo en "La ética protestante y el espíritu del capitalismo" serie de ensayos escritos en 1904-5 en oposición a Marx. Se le objetó que en su tiempo esa ética ya no era esa la que imperaba en la economía, y Weber respondió que cuando el capitalismo se consolida, las pautas puritanas ya no son necesarias porque el sistema se autosostiene... ¡otro grave error de Max Weber!

4) **Especialistas en judaísmo**. Israel Kirzner es uno de los mejores economistas de la Escuela austriana. Hijo de un famoso rabino y talmudista, nació en Londres en 1930 y emigró a Sudáfrica y luego a EEUU donde en 1957 fue alumno de Mises. Su obra mayor es tal vez The Meaning of Market Process (1992). Discípulo del célebre Dr. Isaac Hutner, Kirzner es un rabino ordenado, y lidera la misma sinagoga que antes su padre en Brooklyn, Nueva York.

5) **Católicos**. Por lo menos lea a Michael Novak, "El espíritu del capitalismo democrático" (1982) y "La ética católica y el espíritu del capitalismo" (1993). Y a sus discípulos Robert Sirico, Fundador y Presidente del Acton Institute, y Jeffrey Tucker, VP del Mises Institute.

6) **Protestantes**. El Pastor Edmund Opitz, fundador de la antigua FEE (Foundation of Economic Education); especialmente Religion and Capitalism, Allies Not Enemies (1992) y The Libertarian Theology of Freedom (1999). Y la larga serie de sus discípulos: Ronald Nash, Calvin Beisner, Mark Skousen, Gary North, Gary De Mar, y Stephen Perks.

Ud. es mayor de edad y puede leerlos o no; pero si no los lee, ¿cómo hablar de ese tema?

Bibliografía EGI
(en Español y gratis por Internet)

Artículos, ensayos y libros, por autores en su mayoría cristianos aunque de diversas confesiones, pero todos en español y en línea por Internet

Teología

- Francisco Bianchi Castillo: La batalla de los dos reinos
- Peter Y. De Jong: El Reino de Dios según la Escritura
- Stephen C. Perks: La adoración a Baal, antigua y moderna
- Eric Voegelin: Joaquin de Fiore y el Simbolismo Gnóstico
- Oswald T. Allis: El dispensacionalismo y la unidad de la Escritura
- Stiles J. Watson: El autogobierno bíblico
- Theodore Plantinga: El Movimiento Reformacional, ¿necesita una historia?
- Christopher J. Ortiz: Los cristianos rechazan a Dios
- Samuel Gregg y Osvaldo H. Schenone: Una Teoría de la Corrupción: Teología y Economía del Pecado
- Jean Ladrière: La concepción cristiana del hombre

- Gary DeMar: La Verdad detrás de "Dejados Atrás"
- Raymond-Leopold Bruckberger: La historia de Jesucristo
- Rousas J. Rushdoony: El Plan de Dios para la Victoria

Filosofía

- Ricardo García Damborenea: Diccionario de Falacias
- Steve Bishop: Introducción a la filosofía reformacional
- J. M. Spier: ¿Qué es la Filosofía Calvinista?
- Monseñor Octavio N. Derisi: El Fundamento de la Metafísica Tomista
- Ayn Rand: Selección de artículos en español
- Richard Russell: Fundamentos Bíblicos para la Filosofía
- Fray Ramón Hernández Martín O.P. ¿Qué es el tomismo?
- Jerry Solomon: Cosmovisiones
- Juan Luis Lorda, Universidad de Navarra: Las cuatro cosmovisiones actuales
- Armando de la Torre: la ética del lucro

Cultura

- Alberto Benegas-Lynch: Un bosquejo de la otra España
- Roy Clouser: "¿Hay una visión cristiana para todo, desde la sopa hasta las nueces?"
- Abraham Kuyper: Seis Lecciones sobre Calvinismo
- Henry Van Til: El Concepto Calvinista de la Cultura
- Michael W. Kelley: El Impulso del Poder. Los ideales

formativos de la cultura occidental
- Pablo Molina: Los orígenes del pensamiento progre
- Jerry Solomon, James F. Williams: El arte y los cristianos
- Lawrence Harrison: Valores culturales y progreso

Educación

- William Cox, Kenneth White: Por favor pastores, promuevan la educación cristiana
- Frédéric Bastiat: Bachillerato y Socialismo
- Dorothy Sayers: Las Herramientas Perdidas del Aprendizaje
- Fritz Hinrichs: Introducción a la Educación Clásica
- Gregg Strawbridge: Educación Clásica y Cristiana. El Enfoque Educativo del Pasado

Política y gobierno

- Giancarlo Ibárgüen: ¿Soy liberal?
- Gottfried Dítze: La democracia tal como es y la democracia apropiada
- Oscar Mertz: Fundamentos de la teoría política democrática liberal
- David T. Koyzis: Introducción a la teoría política de Herman Dooyeweerd
- Gary North: Heredarán la Tierra
- Gary North: Liberación del Planeta Tierra
- Ludwig von Mises: Políticas de salarios, desempleo e inflación
- Friedrich Hayek: El camino desde la servidumbre. Entrevista para Reason
- Felipe Giménez Pérez: Reseña de "La esencia de lo político" Julien Freund

- Hans-Hermann Hoppe: Las elites naturales, los intelectuales y el Estado
- Erik Von Kuehnelt-Leddihn: Por qué el socialismo se rehúsa a morir
- Ellis Sandoz: Selección de escritos de Eric Voegelin
- Rubén Alvarado: Equilibrio de Poder. La Iglesia, el Estado y la Libertad
- Pedro Schwartz: Los peligros de la democracia mayoritaria.
- Alberto Mansueti: La Derecha boba o por qué la Izquierda manda
- Alberto Mansueti: ¿Por qué murió el gobierno limitado? Raíces bíblicas del Liberalismo Clásico
- Alberto Mansueti: Cuba, cuándo y cómo se dejó someter. Lecciones para Venezuela.
- Gabriel Zanotti: Ideas liberales, ¿qué pasa?
- Cristina Losada: La izquierda tras el 11-S: la revancha por un fracaso

Derecho y Justicia

- Frederic Bastiat: La Ley
- Frederic Bastiat: El Estado
- Frank Hanft: Influencia de la Ley divina en el derecho humano
- Domingo J. Anglas Castañeda: Análisis Económico del Derecho
- Wendy McElroy: La no-absurdidad del derecho natural
- Enrique Ghersi: Corrupción y leyes costosas
- Julio H. Cole: ¿Se justifican las patentes en una economía libre?
- Álvaro Márquez Cárdenas: La víctima en el sistema de justicia restaurativa

- ONU: Principios fundamentales de justicia para las víctimas de delitos y abuso de poder
- Francisco Moreno: Lex mercatoria, Derecho de la globalización sin Estado
- Paolo Grossi: Derecho sin Estado, la autonomía, fundamento de la constitución medieval

Economía

- Carlos Sabino: Grandes Economistas. Diccionario de Economía y Finanzas
- Frederic Bastiat: Lo que se ve y lo que no se ve
- Henry Hazzlitt: La Economía en una Lección
- Mark Ahlseen: La Economía Bíblica Reconsiderada
- Kevin Craig: Economía, centro de la Educación Cristiana
- Rafael Termes: Prólogo para "Economía y ética" de Alejandro Chafuen
- Ludwig von Mises: El significado del laissez faire
- Juan Carlos Simons: Libertad política y libertad económica
- Juan Carlos Simons: Keynes, Caballo de Troya de Occidente
- Anastasia O'Grady: EEUU ataca a defensor del libre mercado en Guatemala
- Juan Carlos Cachanosky: La escuela austríaca de economía
- Jesús Huerta de Soto: Liberalismo
- Entrevista a Douglass North: Crear instituciones que produzcan crecimiento
- Douglass C. North: La nueva economía institucional
- Gustavo A. Prado Robles: El Pensamiento Económico de Douglass North